Kristiane Müller-Urban • Eberhard Urban

Deutschlands Ferienstraßen

Kristiane Müller-Urban • Eberhard Urban

Deutschlands Ferienstraßen

Die schönsten Routen zwischen Rügen und Bodensee

STEIGER

Die Autoren:
Kristiane Müller-Urban und *Eberhard Urban* haben
bereits mehr als 40 Bücher zu den Themenbereichen
Touristik, Technik und Kulinarik veröffentlicht, darunter
im Steiger Verlag die Freizeitführer „Automobilmuseen
in Deutschland und seinen Nachbarländern" sowie
„Museumseisenbahnen in Deutschland".

Die Deutsche Bibliothek - CIP-Einheitsaufnahme

Ein Titeldatensatz für diese Publikation ist bei
der Deutschen Bibliothek erhältlich

Alle Informationen und Hinweise ohne jede Gewähr und
Haftung.

Es ist nicht gestattet, Abbildungen dieses Buchs zu
scannen, in PCs oder auf CDs zu speichern. Ebenso
unzulässig ist die Veränderung oder Manipulation
in PCs/Computern, es sei denn mit schriftlicher
Genehmigung des Verlags.

Gedruckt auf chlorfrei gebleichtem Papier.

Steiger Verlag München 2000
© Weltbild Ratgeber Verlage GmbH & Co KG, München
Alle Rechte vorbehalten

Lektorat: Frank Auerbach
Reproduktion: Typework, Augsburg

Einbandvorderseite: Deutsche Alleenstraße auf Rügen;
Einbandrückseite: Bramgau-Route;
Seite 1: Lohr am Main, Deutsche Ferienroute
Alpen – Ostsee;
Seite 2/3: Heinlesmühle in Alfdorf, Idyllische Straße.

Printed in Germany
ISBN 3-89652-179-9

Inhalt

Übersichtskarte......................... 7
Die Ferienstraßen in
    alphabetischer Reihenfolge............. 8
Einführung............................. 10

1 Grüne Küstenstraße.................. 12
2 Obstmarschenweg.................... 14
3 Erika-Straße....................... 17
4 Elbuferstraße,
    Niedersächsische Mühlenstraße
    und Niedersächsische Spargelstraße ... 19
5 Via Hansa – die Kulturstraße
    des Nordens........................ 21
6 Deutsche Ferienroute
    Alpen – Ostsee 23
7 Deutsche Alleenstraße 26
8 Alte Salzstraße 31

9 Romantische Heidestraße............. 32
10 Straße der Weserrenaissance
    und Wesertalstraße 34
11 Deutsche Fachwerkstraße............. 36
12 Deutsche Fehnroute................. 43
13 Artland-Route, Bramgau-Route
    und Osning-Route 45
14 Route der Industriekultur 48
15 Westfälische Mühlenstraße 51
16 Historische Orgelroute 52
17 Hochstift-Dichterstraße 54
18 Wege in die Romanik:
    Rund um den Harz, Elm-Hochstraße
    und Harz-Hochstraße 56
19 Straße der Romanik 62
20 Märkische Eiszeitstraße.............. 65
21 Sächsische Weinstraße 67

Erika-Straße: Kutschfahrt durch die Lüneburger Heide.

22	Weinstraße Saale – Unstrut	68	
23	Fürstenstraße der Wettiner	70	
24	Sächsische Silberstraße	72	
25	Thüringer Porzellanstraße	74	
26	Klassikerstraße Thüringen	76	
27	Reußische Fürstenstraße	78	
28	Sieg-Freizeitstraße und Historische Raiffeisenstraße	80	
29	Technische Denkmäler im Märkischen Kreis	81	
30	Sauerland-Brauerstraße und Höhenstraße Hochsauerland	83	
31	Wittgensteiner Kirchentour	85	
32	Kannenbäckerstraße und Lahn-Ferienstraße	87	
33	Solmser Straße	89	
34	Ahr-Rotweinstraße	91	
35	Grüne Straße Eifel – Ardennen und Große Eifel-Route	93	
36	Route Gottfried von Bouillon	94	
37	Deutsche Wildstraße	97	
38	Eichenlaubstraße und Skulpturenstraße	99	
39	Römische Weinstraße	100	
40	Moselweinstraße und Saar-Riesling-Route	102	
41	Naheweinstraße	104	
42	Deutsche Edelsteinstraße	106	
43	Hunsrück-Schiefer- und Burgenstraße und Hunsrückhöhenstraße	107	
44	Rheingoldstraße	110	
45	Loreley-Burgenstraße	112	
46	Rheingauer Riesling-Route	113	
47	Bäderstraße	115	
48	Deutsche Limes-Straße	117	
49	Hochtaunusstraße	122	
50	Ringstraße Hoher Vogelsberg	123	
51	Hochrhönring und Hochrhönstraße	125	
52	Spessart-Höhenstraße	127	
53	Hessische Apfelweinstraße	128	
54	Straße der Kaiser und Könige	130	
55	Goethestraße	133	
56	Deutsche Märchenstraße	135	
57	Deutsche Schuhstraße	138	
58	Deutsch-Französische Touristikroute	140	

59	Deutsche Weinstraße	142	
60	Nibelungen-Siegfried-Straße	144	
61	Bergstraße und Liebfrauenstraße	147	
62	Mittelfränkische Bocksbeutelstraße und die Bocksbeutelstraße bei Würzburg	149	
63	Steigerwald-Höhenstraße	153	
64	Frankenwaldhochstraße, Frankenwaldstraße und Panorama- und Saaletalstraße	155	
65	Bier- und Burgenstraße	157	
66	Fränkische Bierstraße und Aischgründer Bierstraße	159	
67	Thüringisch-Fränkische Schieferstraße	162	
68	Deutsche Spielzeugstraße	164	
69	Glasstraße und Die Goldene Straße	166	
70	Porzellanstraße und Fichtelgebirgsstraße	169	
71	Bayerische Eisenstraße	171	
72	Die Burgenstraße	172	
73	Fränkische Wehrkirchenstraße	174	
74	Straße der Fachwerk-Romantik	176	
75	Romantische Straße	178	
76	Schwäbische Weinstraße	180	
77	Schwäbische Dichterstraße	182	
78	Schwäbische Albstraße	185	
79	Schwäbische Bäderstraße	187	
80	Straße der Staufer	188	
81	Hohenzollernstraße	192	
82	Idyllische Straße	194	
83	Oberschwäbische Barockstraße	195	
84	Badische Weinstraße	198	
85	Badische Spargelstraße	200	
86	Schwarzwald-Bäderstraße und Bertha-Benz-Straße	202	
87	Schwarzwald-Hochstraße und Schwarzwald-Tälerstraße	204	
88	Deutsche Uhrenstraße und Schwarzwald-Panoramastraße	206	
89	Grüne Straße – Route Verte	209	
90	Deutsche Alpenstraße, Spitzingstraße und Westallgäuer Käsestraße	210	

Ortsregister ... 213
Bildnachweis ... 216

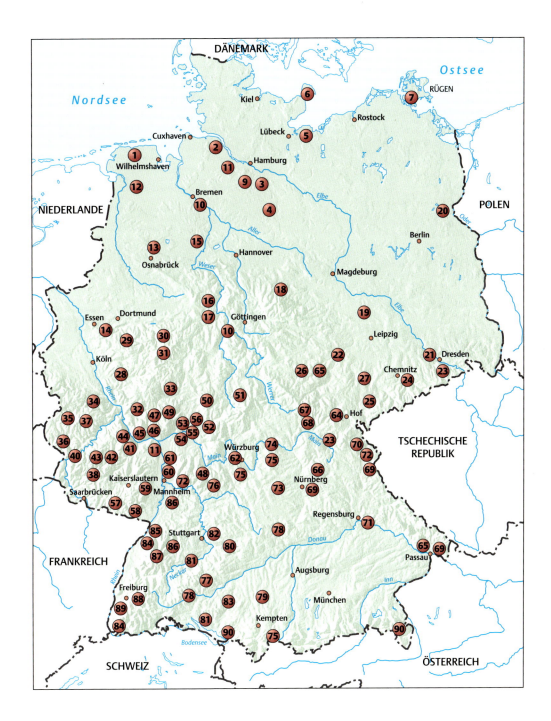

Ferienstraßen in alphabetischer Reihenfolge

Ahr-Rotweinstraße 91
Aischgründer Bierstraße 161
Alte Salzstraße 31
Artland-Route 95

Bäderstraße 115
Badische Spargelstraße 200
Badische Weinstraße 198
Bayerische Eisenstraße 171
Bergstraße 147
Bertha-Benz-Straße 203
Bier- und Burgenstraße 157
Bocksbeutelstraße 150
Bramgau-Route 46
Burgenstraße, Die 172

Deutsche Alleenstraße 26
Deutsche Alpenstraße 210
Deutsche Edelsteinstraße 106
Deutsche Fachwerkstraße 36
Deutsche Fehnroute 43
Deutsche Ferienroute Alpen – Ostsee 23
Deutsche Limes-Straße 117
Deutsche Märchenstraße 135
Deutsche Schuhstraße 138
Deutsche Spielzeugstraße 164
Deutsche Uhrenstraße 206
Deutsche Weinstraße 142
Deutsche Wildstraße 97
Deutsch-Französische Touristik-Route 140
Dornröschen-Route 137

Eichenlaubstraße 99
Elbuferstraße 19
Elm-Hochstraße 57
Erika-Straße 17

Fichtelgebirgsstraße 170
Frankenwaldhochstraße 155
Frankenwaldstraße 156
Fränkische Bierstraße 159

Fränkische Wehrkirchenstraße 174
Frau-Holle-Route 136
Fürstenstraße der Wettiner 70

Glasstraße 166
Goethestraße 133
Goldene Straße 168
Große Eifel-Route 94
Grüne Küstenstraße 12
Grüne Straße – Route Verte 209
Grüne Straße Eifel – Ardennen 93

Harz-Hochstraße 58
Hessische Apfelweinstraße 128
Historische Orgelroute 52
Historische Raiffeisenstraße 80
Hochrhönring 125
Hochrhönstraße 125
Hochstift-Dichterstraße 54
Hochtaunusstraße 122
Höhenstraße Hochsauerland 85
Hohenzollernstraße 192
Hunsrückhöhenstraße 109
Hunsrück-Schiefer- und Burgenstraße 107

Idyllische Straße 194

Kannenbäckerstraße 87
Klassikerstraße Thüringen 76

Lahn-Ferien-Straße 88
Liebfrauenstraße 148
Loreley-Burgenstraße 112

Märkische Eiszeitstraße 65
Mittelfränkische Bocksbeutelstraße 149
Moselweinstraße 102

Naheweinstraße 104
Nibelungen-Siegfried-Straße 144
Niedersächsische Mühlenstraße 20

Niedersächsische Spargelstraße 20

Oberschwäbische Barockstraße 195
Obstmarschenweg. 14
Osning-Route 46

Panorama- und Saaletalstraße 156
Porzellanstraße 169

Reußische Fürstenstraße 78
Rheingauer Riesling-Route. 113
Rheingoldstraße 110
Ringstraße Hoher Vogelsberg 123
Romantische Heidestraße 32
Romantische Straße 178
Römische Weinstraße. 100
Route der Industriekultur 48
Route Gottfried von Bouillon 94
Route Verte – Grüne Straße 209

Saar-Riesling-Route 103
Sächsische Silberstraße. 72
Sächsische Weinstraße 67
Sauerland-Brauerstraße 83
Schwäbische Albstraße. 185
Schwäbische Bäderstraße 187
Schwäbische Dichterstraße 182
Schwäbische Weinstraße 180
Schwarzwald-Bäderstraße. 202
Schwarzwald-Hochstraße 204
Schwarzwald-Panoramastraße 208
Schwarzwald-Tälerstraße. 205
Sieg-Freizeitstraße 80
Skulpturenstraße 100
Solmser Straße 89
Spessart-Höhenstraße 127
Spitzingstraße 212
Steigerwald-Höhenstraße 153
Straße der Fachwerk-Romantik. 176
Straße der Kaiser und Könige 130
Straße der Romanik 62

Straße der Staufer 188
Straße der Weserrenaissance. 34

Technische Denkmäler im Märkischen Kreis . 81
Thüringer Porzellanstraße 74
Thüringisch-Fränkische Schieferstraße 162

Via Hansa 21

Wege in die Romanik. 56
Weinstraße Saale – Unstrut 68
Wesertalstraße. 35
Westallgäuer Käsestraße 212
Westfälische Mühlenstraße 51
Wittgensteiner Kirchentour 85

Einführung

Deutsche Ferienstraßen – auf den schönsten Routen durch Deutschland

Folgen Sie uns durch Deutschland auf den interessantesten Straßen – wir zeigen Ihnen die Schönheiten entlang der Ost- und Nordseeküste, wir führen Sie von der Ostsee bis ins wunderschöne Berchtesgadener Land, vorbei an reich verzierten Fachwerkhäusern, wir fahren durch romantische Flusstäler, sagen Ihnen, wo die berühmtesten Schlösser und Burgen stehen, wo Museen und Freizeitparks zum Staunen und Entspannen einladen. Freuen Sie sich auf grandiose Industriedenkmäler, auf Wind- und Wassermühlen, auf wuchtige Wehrkirchen und klangvolle Kirchenorgeln, auf Brauereien und Weingüter, auf Porzellan- und Steingutmacher. Fahren Sie mit uns auf den Höhen des Harzes und des Fichtelgebirges, des Taunus und der Rhön und der vielen anderen Gebirgszüge in unserem Land.

Einige Straßen – wie die Deutsche Weinstraße, die Märchenstraße, die Bergstraße oder die Deutsche Fachwerkstraße – sind berühmt und allgemein bekannt. Andere aber – wie die Alte Salzstraße, die Route Gottfried von Bouillon oder die Wittgensteiner Kirchentour – kennen nur wenige. In diesem Buch lernen Sie sie alle kennen, die Fehnroute und die Erika-Straße, die Schuhstraße und die Uhrenstraße, die Weinstraßen und die Bierstraßen, die Spargelstraße und die Käsestraße, die Goldene Straße und die Eisenstraße, die Porzellanstraße und die Glasstraße, die Straße der Staufer und die Straße der Reußen.

Wir haben alle deutschen Ferienstraßen beschrieben, die mit dem Auto zu befahren sind. Die Routen führen durch unsere landschaftlich reizvolle Heimat und passieren anheimelnde Dörfer und hübsche Städtchen mit unzähligen Sehenswürdigkeiten. Der Name der Ferienstraße sagt bereits etwas über Geschichte und Kultur der Straße aus. Die Erika-Straße führt durch die einzigartige Heide südlich von Hamburg; an der Käsestraße im Allgäu liegen mehrere Käsereien, die besichtigt werden können; die Bier- und Burgenstraße zwischen Bad Frankenhausen und Passau schlängelt sich an Ortschaften mit Brauereien und trutzigen Burgen entlang. Die Kannenbäckerstraße führt durchs Kannenbäckerland zu Töpfereien und Keramikmuseen; die Klassikerstraße in Thüringen reist auf den Pfaden von Bach und Brahms, Luther und Reuter, Goethe, Schiller und Wieland.

Einführung

Unter dem Stichwort *Tourist-Information* finden Sie jeweils die richtigen Ansprechpartner, die Ihnen auf Wunsch und manchmal gegen ein kleines Entgelt ausführliches Text- und Kartenmaterial für die Ferienstraße übersenden.

Vielleicht sind Sie schon öfter die eine oder andere Ferienstraße entlang gefahren, konnten aber der Eile wegen nicht auf Hinweisschilder achten. Wir haben in diesem Buch nicht nur das Erkennungszeichen der jeweiligen Touristikstraße abgebildet und wichtige Informationen aufgelistet, sondern alle Routen so beschrieben, dass Sie sich vor Antritt der großen oder kleinen Reise genau darüber informieren können, was es zu sehen gibt. Und Sie können entscheiden, ob Sie entlang der schönen Straße vielleicht auch wandern oder radeln wollen, ob Sie eines der vergnüglichen Feste, ob Sie Höhlen, Freilicht- und andere Museen, Bergwerke und Freizeitparks besuchen möchten oder lieber in Burgen, Schlössern und Kirchen die Kunst früherer Jahrhunderte bewundern wollen. Bei uns erfahren Sie, wo eine Museumseisenbahn unter Dampf steht oder ein Museumsschiff zur Besichtigung einlädt. Gut überschaubare Karten und Wegbeschreibungen lassen jede Fahrt auf einer der Ferienstraßen zum Erlebnis für die ganze Familie werden.

Wenn Sie nur einen kleineren Abschnitt einer Ferienstraße kennen lernen möchten, und zwar ohne Auto, erreichen Sie viele Orte ebenso gut mit der Bahn. Von Ihrem Ausgangsort können Sie auf Rad- oder Wanderwegen die Umgebung erkunden. Einige Ferienstraßen eignen sich gut zum Radfahren. Dort, wo es auf der gesamten Strecke neben der Ferienstraße einen Rad- oder Wanderweg gibt, haben wir dies am Anfang des Kapitels unter dem Stichwort *Anfahrt* vermerkt.

Manche Ferienstraßen sind noch im Auf- und Ausbau begriffen, manche werden von ihren Initiatoren nicht weiter betreut; Ferienstraßen, die viele Jahren existierten, sind von der Landkarte verschwunden, wie beispielsweise die Oldtimer-Route; andere, wie die Märkische Schmiedestraße, sind projektiert; wiederum andere, wie der Störtebeker-Weg oder die Fontane-Tour, sind Rad- und/oder Wanderwege.

Alle Angaben in diesem Buch haben wir aktuell recherchiert, trotzdem kann es vorkommen, dass eine Telefon- oder Fax-Nummer nicht mehr stimmt, dass ein Fest nicht mehr gefeiert wird, dass eine Straße einen anderen Verlauf nimmt. Wenn Sie solche Änderungen feststellen, würden wir uns über eine Mitteilung an den Verlag freuen.

Verlag und Autoren wünschen Ihnen eine erlebnisreiche und erholsame Zeit auf den Deutschen Ferienstraßen!

Grüne Küstenstraße

Die Grüne Küstenstraße, zu erkennen an dem grünen Neptun-Dreizack, führt von Skagen im Norden von Dänemark entlang der Nordseeküste durch Schleswig-Holstein und Niedersachsen bis nach Amsterdam in den Niederlanden. In Deutschland beträgt die Länge dieser erlebnisreichen Ferienstraße rund 600 km. Hier finden Sie herrliche Naturlandschaften, Möglichkeiten für geruhsame und sportliche Radwanderungen, teilweise auf Deichen; Wanderer und Wassersportler kommen hier ebenso auf ihre Kosten wie Feinschmecker, Kunstinteressierte und natürlich Kinder, für die es reichlich lustige und spannende Angebote gibt.

Beginnen wir unsere Reise entlang der Grünen Küstenstraße an der dänischen Grenze in **Süderlügum (1)** mit seiner schönen Backsteinkirche (13. Jh.), und fahren wir über Braderup nach **Niebüll (2)**. Von hier geht der Autozug über den Hindenburgdamm nach Westerland auf Sylt ab. Diese Insel ist ein altes deutsches Heilbad mit herrlichen Stränden und malerischen Dörfern. Von Niebüll führt die Grüne Küstenstraße weiter nach **Bredstedt (3)**, einem kleinen, familienfreundlichen Ort in Schleswig-Holstein; hier bieten sich täglich Fahrten hinüber zu den Halligen an. Weiter geht die Straße nach **Husum (4)**, einer alten Hafen- und Handelsstadt, der Stadt von Theodor Storm, der hier 1817 geboren wurde. Neben den Museen sind das Schloss, die St.-Marien-Kirche, der Hafen mit den Krabbenkuttern und die schönen Kaufmannshäuser am Markt und in der Großstraße sehenswert.

Über Friedrichstadt kommen wir nach **Heide (5)**. Hier findet jeden Samstag auf dem größten deutschen Marktplatz der traditionelle Wochenmarkt statt. Von **Meldorf (6)** mit dem schönen alten Dom (13. Jh.) und einer interessanten Altstadt führt die Grüne Küstenstraße durch das fruchtbare Dithmarschen bis nach **Brunsbüttel (7)**, wo der Nord-Ostsee-Kanal in die Elbe mündet. In **Glückstadt (8)** mit dem bemerkenswert gut erhaltenen Stadtkern machen wir wieder Halt. Von dort geht es mit der Fähre über die Niederelbe nach **Wischhafen (9)** und weiter nach **Cuxhaven (10)**. Diese Stadt ist das größte deutsche Seebad am Nationalpark Niedersächsisches Wattenmeer; sehenswert sind 12 km Sand- und Grünstrand, das Wrackmuseum und das Hafenbollwerk „Alte Liebe". Von hier fahren die Schiffe hinüber nach Helgoland; Cuxhaven ist auch Ausgangsort für Wattwanderungen und Wattwagenfahrten. Nach **Dorum (11)** und **Bremerhaven**

Highlights
Hansestädte Hamburg und Bremen, Seehäfen Cuxhaven, Bremerhaven und Wilhelmshaven; Museen aller Art, Deiche und Dünen, Nationalpark Niedersächsisches Wattenmeer; Hamburger Hafengeburtstag.

Anfahrt
Die Autobahnen A 1, A 7, A 23, A 27, A 29 und A 31 führen in den Bereich der Grünen Küstenstraße.
Von Cuxhaven nach Emden immer dicht an der Nordseeküste entlang existiert für Radler und Wanderer der „Störtebeker-Wanderweg".

Die Grüne Küstenstraße führt auch ins Nordseeheilbad Cuxhaven. Zu den Sehenswürdigkeiten zählt die Hafenanlage „Alte Liebe".

12

Tourist-Information
Arbeitsgemeinschaft
Grüne Küstenstraße
Tourist-Information
Historisches Rathaus
Großstraße 27
25813 Husum
Tel. 0 48 41 / 8 98 70
Fax 0 48 41 / 89 87 90

Die Nordsee GmbH
Olympiastraße 1/Geb. 3
226419 Schortens
Tel. 0 44 21 / 97 89 23
Fax 0 44 21 / 97 89 40
E-Mail: dienordsee@t-online.de

Feste und Veranstaltungen
Husumer Hafentage im August;
Friedrichstädter Feste, letztes Juli-Wochenende, ein Volksfest mit Lampionfahrten durch die Grachten und großem Feuerwerk;
Kutterregatta in Büsum, 2. August-Wochenende, mit Trödelmarkt und Regattaball;
Heider Marktfrieden in Heide, alle zwei Jahre (gerade Zahlen) Anfang Juli;
Hamburger Hafengeburtstag im Mai, mit Schlepperballett und Auslaufparade;
Musik-Festival in Schleswig-Holstein, im Juli/August, klassische Musik in Kirchen, Scheunen und Schlössern;
Bremer Freimarkt, zwei Wochen im Oktober.

(12) mit den Deutschen Schiffahrtsmuseum erreichen wir **Bremen (13)**. Wer die Freie und Hansestadt Bremen, die Heimat der Bremer Stadtmusikanten und des Roland, genauer kennen lernen möchte, braucht etwas Zeit für den Dom St. Petri, das alte Rathaus, die malerische Altstadt, die Bürgerhäuser am Markt, die berühmte Böttcherstraße sowie das alte Schnoorviertel.

Weil die Grüne Küstenstraße nicht geradlinig verläuft, sondern sich auch einmal nach Osten oder Westen wendet, führen wir Sie wieder zurück nach **Heide (5)** und fahren zum Luftkurort **Burg (14)** direkt am Nord-Ostsee-Kanal. Von hier geht's weiter über **Itzehoe (15)** und **Elmshorn (16)** nach **Hamburg (17)**, dem „Tor zur Welt". Hamburg besitzt den größten deutschen Hafen; einen schönen Blick über die Stadt genießen die Betrachter vom „Michel", der Michaeliskirche (17. Jh.), aus. Zu einem Hamburg-Aufenthalt gehören neben dem Besuch eines der zahlreichen hervorragenden Museen ein Spaziergang entlang der Alster, ein Einkaufsbummel über den Jungfernstieg; die prunkvollsten Wohnhäuser findet man in Pöseldorf und an der Elbchaussee. Nachdem Sie den Stadt-

Kulinarische Köstlichkeiten
Wo, wenn nicht hier an der Küste, schmeckt der frische Fisch nach Meer und mehr? Dorsch in Senfsoße, gebackenes Rotbarschfilet oder gebratene grüne Heringe mit Kartoffelsalat, Matjes mit Pellkartoffeln, Aal in Gelee mit Vollkornbrot, grüner Aal mit Dillsoße, Krabben mit und ohne Scholle, eingelegte Gänsekeulen mit Bratkartoffeln, Räucherfisch und Deichlammbraten mit jungem Gemüse sowie Sylter rote Grütze heißen einige der Delikatessen, die Sie unbedingt versuchen sollten.

teil Altona passiert haben, fahren Sie auf der linken Elbseite weiter über **Stade (18)**, **Bremervörde (19)** und **Osterholz-Scharmbeck (20)**, die Gartenstadt am Teufelsmoor, nach **Bremen (13)**.

Von Bremen aus führt die Grüne Küstenstraße über **Delmenhorst (21)** nach **Oldenburg (22)**, einer alten Residenzstadt mit sehenswerter Altstadt, der St.-Lamberti-Kirche (18. Jh.) und dem Landesmuseum für Kunst- und Kulturgeschichte im Schloss. Über **Cloppenburg (23)**, **Friesoythe (24)** und **Papenburg (25)** kommt man an die niederländische Grenze nach **Bunde (26)**. Hier ist an der tiefsten Stelle in Deutschland die Windwasserschöpfmühle Wynhamster Kolk zu bewundern.

Von **Papenburg (25)** führt die Grüne Küstenstraße über **Weener (27)** und **Leer (28)** nach **Emden (29)**. Neben vielen anderen Sehenswürdigkeiten gibt es in Papenburg 40 km Kanäle mit Klapp- und Drehbrücken sowie ein Schifffahrt-Freilichtmuseum zu besichtigen. In Emden kommen auch Freunde moderner Kunst in der Kunsthalle auf ihre Kosten. Von Emden führt die Ferienstraße gen Norden nach **Greetsiel (30)** und über **Wittmund (31)** nach **Wilhelmshaven (32)**. Hier, am größten Marinestützpunkt Deutschlands, laden ein Seewasseraquarium und ein Küstenmuseum die Besucher zum Verweilen ein. Nachdem wir uns tüchtig den Seewind um die Nase haben wehen lassen, folgen wir der Route über **Dangast (33)** zurück nach **Oldenburg (22)**. Von Oldenburg führt die Grüne Küstenstraße auch über Bad Zwischenahn, Friedeburg und Wittmund nach **Wilhelmshaven (32)**.

Obstmarschenweg

Obstbäume so weit das Auge reicht: Äpfel, Birnen, Kirschen, Zwetschgen, dazwischen Sträucher mit Johannisbeeren und Stachelbeeren. Das Alte Land, das größte Obstanbaugebiet Deutschlands, wurde 1932 geteilt, zwei Drittel gehören zu Stade, ein Drittel zu Hamburg. Historischer Mittelpunkt ist jedoch **Jork (2)**. Neben der Natur bietet eine Fahrt entlang des Obstmarschenwegs reichlich Kultur. Es gibt zahlreiche interessante Museen, die über Vor- und Frühgeschichte des Landes, über Ökologie, Obstbau, Handwerk und Technik informieren.

Highlights
Das Alte Land; Altländer Blütenfest, Obstblüte im Mai im Alten Land, Matjesfest; Natureum an der Ostemündung, Naturschutzgebiet an der Elbmündung.

Südwestlich von Hamburg erreichen wir **Hove (1)** in idyllischer Lage an der schiffbaren Estemündung. Weiter führt uns der Obstmarschenweg auf unserer rund 65 km langen Tour nach **Jork (2)**. Früher tagte hier das höchste Gericht des Alten Landes. Sehenswert sind unter anderem der ehemalige Gräfenhof, ein liebevoll restaurierter Fachwerkbau, der heute als Rathaus dient, der Wehrt'sche Hof sowie das Museum Altes Land.

Wir kommen vorbei an Obstplantagen und erreichen über Mittelnkirchen **Steinkirchen (3)** mit der dekorativen Hogendiekbrücke, der Nachbildung einer holländischen Zugbrücke. In der barocken Backsteinkirche (13. Jh.) bewundern wir die berühmte Arp-Schnitger-Orgel von 1687.

Dicht neben der Elbe führt uns der Weg über Wetterndorf vorbei an riesigen Obstplantagen zu dem Doppelort **Hollern-Twielenfleth (4)**. Der Wehrturm der Hollerner Kirche steht auf romanischen Resten aus dem 13. Jh. Die schöne Fachwerkkirche stammt aus dem 17. Jh. Die Museums-Windmühle trägt den romantischen Namen „Venti Amica" (Freundin des Windes), sehenswert ist außerdem das Schifffahrtsmuseum im Leuchtturm.

Wir passieren **Stade (5)**, die tausendjährige Hansestadt (siehe hierzu auch die Beschreibung unserer Route 3: der Eri-

Anfahrt
Die Orte entlang des Obstmarschenwegs sind über die Autobahnen A 1 und A 7 und über die Bundesstraßen B 73 und B 74 zu erreichen.
Für Radwanderer wird der Nordseeküsten-Rundwanderweg eingerichtet, der identisch ist mit dem Radfernweg Hamburg – Cuxhafen.

Farbenfrohe Blütenpracht im Alten Land im Frühling.

2

Tourist-Information
Tourismusverband
Landkreis Stade/Elbe
Am Sande 1
21682 Stade
Tel. 0 41 41 / 29 10 61
Fax 0 41 41 / 92 10 63
www.tourismusverband-stade.city-map.de
E-Mail: tourismusverband-stade@city-map.de

Feste und Veranstaltungen
Backfest mit Handarbeitsausstellung
in Hüll (Drochtersen) im April;
Frühlingsfest in Jork im April;
Altländer Blütenfest in Jork Anfang
Mai;
Matjesfest in Drochteresen-
Krautsand im Juni;
Apfelsaisoneröffnung in Jork im
September;
Tag des offenen Hofes im Rahmen der
Altländer Apfeltage im September
entlang des Obstmarschenweges;
in den Sommermonaten gibt es
fast überall Backtage, Schützenfeste
sowie Ortsführungen in historischen
Trachten.

Kulinarische Köstlichkeiten
Das Alte Land lockt seine Gäste mit
Kirschsuppe und zarten Grießklöß-
chen, süßen Apfelpfannkuchen mit
Zimtzucker, Apfelauflauf mit Zwie-
back, Altländer „Bratkartoffeln"
(gemeint sind in Butter gebratene
Apfelspalten) mit Vanilleeis, Butter-
kuchen, aber auch mit Herzhaftem
wie Altdeutschem Apfeleintopf mit
saftigem Schweinenacken, Katen-
schinken mit Schwarzbrot, leckerer
Hochzeitssuppe sowie würzigen
Mettwürsten und vielfältigen
Zubereitungen von frischen
Nordseefischen.

ka-Straße). Stade hat nicht nur den großen Brand von 1659 überstanden. Zu Beginn des 9. Jh. ließ Karl der Große die Stader Bevölkerung nach Süden bringen. Stattdessen zogen verlässliche christliche Untertanen aus dem Süden in die Stadt und bauten Hafen und Stadtkern mit Wall und Graben so um, wie wir sie heute noch sehen.

Jetzt machen wir uns auf den Weg nach **Kehdingen (6)**. Modernste Eindeichungen gewähren Schutz vor der ständigen Bedrohung durch den „Blanken Hans", die Sturmflut. Von den Deichen aus genießen wir einen herrlichen Blick ins Kehdinger Land und auf einen der größten Schifffahrtswege der Welt, die Elbe.

Und immer wieder fahren wir durch weite Obstanbaugebiete, kommen vorbei an den Siedlungen Schnee und Götzdorf, bis wir **Bützfleth (7)**, einen der bedeutendsten Industriestandorte an der Unterelbe, erreichen. Wir sollten auf jeden Fall einen Abstecher zur Festung Grauerort machen, einem preußischen Artilleriefort aus dem 19. Jh. Weiter geht's über **Assel (8)** mit der St.-Martins-Kirche, einer schlichten Wurtenkirche mit wertvollen Schätzen im Innern, und Ritsch nach **Drochtersen (9)**. Auf einer Länge von 15 km grenzt diese Gemeinde an das seeschifftiefe Fahrwasser der Elbe; deshalb sind hier auch zahlreiche Küsten- und Binnenschifffahrtsbetriebe angesiedelt. Krautsand heißt Drochtersens vorgelagerte Elbinsel mit Häusern auf Wurten und Sandstränden, Wattflächen, Schilfwäldern und idyllischen Jachthäfen.

Unsere Reise führt uns jetzt vorbei an zahleichen Obsthöfen und alten Bauernkaten bis **Wischhafen (10)**. Von hier kann wer mag über den Strom setzen nach Glückstadt in Schleswig-Holstein. In Wischhafen lohnen der Besuch des Küstenschifffahrtsmuseums und ein Spaziergang ins Hamelwördener Moor oder ins Oederquarter Moor, wo seltene Pflanzen gedeihen.

Nun ist es nicht mehr weit bis **Freiburg (11)**, das ein Rathaus mit ungewöhnlichen Türen besitzt. Früher war dieses Gebäude ein Gefängnis, in dem Spitzbuben ihre Strafe verbüßten. Freiburg ist Ausgangsort für Fahrten mit dem „Vogelkieker" in den Naturpark. Hier werden die verschiedenen Vogelarten beobachtet und fachkundig erklärt.

Der Obstmarschenweg endet am Ostesperrwerk oder an der Ostefähre in **Itzwörden (12)**. Von hier gelangen wir zum Natureum, einem Naturmuseum an der Ostemündung, in dem man viel Wissenswertes über Flora und Fauna der Niederelbe erfahren kann.

Erika-Straße

Diese Ferienstraße mit dem Zeichen der erikafarbenen Maid wurde zunächst für die Reisenden aus Japan erdacht, die Hamburg oder Hannover besuchen und die Umgebung näher kennen lernen möchten.

Der Einfachheit halber beginnen wir unsere Reise in **Plön (1)**: in dem berühmten Sommererholungsgebiet am Plöner See in Schleswig-Holstein. Von hier sind es nur wenige Kilometer bis an die Ostsee – oder nach Westen an die stürmischere Nordsee. Plön liegt inmitten der Holsteinischen Schweiz, einem herrlichen Gebiet zum Wandern und Radfahren; der große See ist ein Paradies für alle Wassersportler.

Von hier fahren wir auf der B 76 nach **Travemünde (2)**, einem noblen Badeort an der Ostsee mit schönen Badestränden an der Lübecker Bucht. Von Travemünde laufen große und kleine Fähren in Richtung Mecklenburg-Vorpommern, Osteuropa und Skandinavien aus.

Bis nach **Lübeck (3)** sind es nur wenige Kilometer. Lübeck ist eine der ältesten und am besten erhaltenen Städte in unserem Land. Berühmt wurde die Hansestadt auch durch das Holstentor, das hervorragende Marzipan und die Kaufmannsfamilie der „Buddenbrooks", deren Haus zu besichtigen ist. Die Geschichte dieser Familie entwarf Thomas Mann in seinem berühmten großen Roman gleichen Titels. Die Stadt konnte bereits 1993 ihren 850. hanseatischen Geburtstag feiern.

Jetzt machen wir einen Schlenker nach Westen und fahren auf einer Landstraße oder auf der A 1 nach **Hamburg (4)**. Die Freie und Hansestadt Hamburg gilt als grünste deutsche Stadt mit all ihren Alleen, Parks und Wäldern. Fleete und Kanäle durchqueren die Metropole. Am Elbufer führt einer der attraktivsten Wanderrouten Norddeutschlands entlang. Hamburg lockt mit 40 Museen, zahlreichen Theatern, Einkaufsstraßen und Einkaufspassagen. Hamburg ist die größte deutsche Hafenstadt, deshalb gehört eine große Hafenrundfahrt zum Besuchsprogramm. Frühaufstehern und Nachtbummlern sei der Besuch des Fischmarkts am Sonntagmorgen empfohlen. Wählen Sie in Hamburg den Weg durch den Elbtunnel und fahren Sie auf einer Landstraße oder auf der B3/73 bis nach **Stade (5)**. Der Weg führt durch das Alte Land, das größte Obstanbaugebiet Deutschlands.

Begeben wir uns zurück nach **Lübeck (3)**. Von hier führt die Erika-Straße auf der B 207 nach **Ratzeburg (6)**, einem kleinen

3
ERIKA-STRASSE

Highlights
Die Hansestädte Hamburg und Lübeck, das Alte Land mit Stade; Wilhelm-Busch-Museum in Hannover, die Obstbaumblüte im Alten Land im Frühling, die blühende Heide im Herbst.

Anfahrt
Mit dem Auto erreicht man Hamburg über die Autobahnen A 1, A 7 und A 24.

Tourist-Information
Tourismus-Zentrale
Hamburg GmbH (TZH)
Steinstraße 7
20095 Hamburg
Tel. 0 40 / 30 05 10
Fax 0 40 / 30 05 12 20
www.hamburg-tourism.de
E-Mail: info@hamburg-tourism.de

3

Feste und Veranstaltungen
Hamburger Hafengeburtstag im Mai; der Dom (Hamburger Volksfest) im März/April, Juli/August, November/Dezember; Hamburger Fischmarkt, jeden Sonntag zwischen 6 bis 10 Uhr, frische Fische, Trödel; Hengstparade in Celle, Ende September/Anfang Oktober; Hannover-Messe im Frühjahr in Hannover; Till-Eulenspiegel-Spiele im August in Mölln; Heideblütenfest im August in verschiedene Orten in der Lüneburger Heide, das größte Fest findet in Schnevedingen statt.

Kulinarische Köstlichkeiten
In Hamburg und in Schleswig-Holstein sind die Fische fangfrisch und schmecken hier natürlich am besten. Besonders lecker: Krabbenbrot oder Krabbensalat, Hamburger Aalsuppe, Labskaus mit Spiegelei und rote Grütze. Nördlich von Hamburg schmeckt der Katenschinken mit gestovten Kartoffeln. In der Lüneburger Heide gibt es frisch geräucherte Aale und Forellen und den saftigen Heidschnuckenbraten.

Städtchen, welches auf einer Insel liegt und von drei Seen umgeben ist. Ratzeburg ist berühmt wegen seines romanischen Doms (12./13. Jh.), den Heinrich der Löwe errichten ließ. Der Eingang zur Kirche wird immer noch von dem berühmten Löwen bewacht.

Ein paar Kilometer weiter sind wir in **Mölln (7)**. Die Sage berichtet, dass hier im 14. Jh. ein Schelm namens Till Eulenspiegel sein Unwesen trieb. Damit niemand in der Stadt den Spaßvogel Till vergisst, steht er in Bronze gegossen vor der Nikolai-Kirche.

Nach Schwarzenbek und Lauenburg erreichen wir **Lüneburg (8)** in der Lüneburger Heide, wo im August die Erika-Pflanzen in voller Blüte stehen. Wer nicht durch die blühende Landschaft wandern möchte, wählt eine Kutsche und zockelt auf romantischen Wegen durch die farbenprächtige Natur. Die schönen alten Häuser in der Stadt lassen noch heute den einstigen Wohlstand der Bürger erkennen, denn die Stadt war seit dem 14. Jh. Hansestadt.

Weiter geht die Tour auf der B 4 und B 191 nach **Celle (9)**. Das Stadtbild wird geprägt von den typischen, zur Hälfte hölzernen Gebäuden im Barockstil. Sehenswert ist das Schloss (13. Jh.) mit der ältesten bespielten Bühne Deutschlands. Auf dem staatlichen Gestüt finden im frühen Herbst Pferdeparaden statt.

Auf der B 3 erreichen wird Niedersachsens Hauptstadt **Hannover (10)**. Hier wird der Welt größte Handelsmesse veranstaltet, und hier ist Prinzessin Caroline von Monaco seit ihrer Heirat mit dem Welfenspross Ernst August zu Hause, zumindest zeitweise. Theaterfreunde kommen im Sommer im Herrenhäuser Schlossgarten auf ihre Kosten. Und wer ein Verehrer von Max und Moritz ist, wird das Wilhelm-Busch-Museum nicht links liegen lassen.

Die blühende Heide (auch Erika genannt) überzieht die Landschaft mit einem violetten Teppich.

18

Elbuferstraße, Niedersächsische Mühlenstraße und Niedersächsische Spargelstraße

4

Eine Autowanderung durch die herrliche Elbtalaue erschließt den Betrachtern eine friedliche Landschaft zwischen dem flachen Elbmarschland und der hügeligen Geest mit ausgedehnten Wäldern. Die Elbtalaue ist eine in Europa einmalige naturbelassene Flussauenlandschaft. Wer Flora und Fauna näher betrachten möchte, steigt an beliebiger Stelle aus, setzt sich ans Ufer der Elbe und lauscht den Stimmen der Natur: vielfältigem Vogelgezwitscher, dem monotonen Quaken der Frösche, dem aufgeregten Klappern der Störche und den Rufen der Wildgänse. Überall ergibt sich auch die Möglichkeit, die Wanderung zu Fuß oder mit dem Rad fortzusetzen. Von Lauenburg und Bleckede aus kann die Elbe per Fahrgastschiff erkundet werden.

Highlights
Lauenburg, Elbtalaue, Bleckede; Findlingsgarten, unberührte Flusslandschaft, 75 Mühlen in der Lüneburger Heide.

Anfahrt
Lauenburg über die Bundesstraßen B 5 und B 209, Schnackenburg über die Landstraße L 423; nach Lüneburg gelangt man über die Autobahn A 250, nach Celle über die Bundesstraßen B 3, B 191 und B 214, nach Uelzen über die B 4, B 71, B 191, nach Dannenberg über die B 191 und B 248; Burgdorf ist über die A 2 und B 3 zu erreichen. Von Hamburg bzw. von Lauenburg führt ein Radwanderweg parallel zur Elbuferstraße bis nach Schnackenburg.

Elbuferstraße

Die rund 120 km lange **Elbuferstraße**, die kein besonderes Symbol besitzt, beginnt in **Lauenburg (1)**, einer entzückenden kleinen Stadt am baumbestandenen Steilufer der Elbe. In der historischen Unterstadt sind aus dem 16. und 17. Jh. zierliche Schifferhäuser mit Fachwerk erhalten. Das Elbschifffahrtsmuseum in der Elbstraße ist täglich geöffnet. Die Route führt uns fast immer am Elbufer entlang, bis wir **Bleckede (2)** erreichen. Von der ehemaligen Wasserburg kann man heute nur noch die mächtige Turmruine besichtigen. Im Elbtal-Haus wird anschaulich die Einzigartigkeit der verschiedenen Lebensräume in der Elbtalaue gezeigt. Die UNESCO hat die „Flusslandschaft Elbe" als Biosphärenreservat 1997 anerkannt; der „Nationalpark Elbtalaue" wurde ein Jahr später gegründet. Zwischen April und September können von Bleckede aus Storchensafaris mit dem Planwagen gebucht werden.

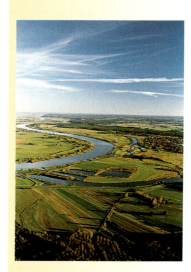

In schönen Bögen fließt die Elbe durch eine unberührte Naturlandschaft, die Elbtalaue.

4

Blick auf die malerischen Häuser von Bleckede.

Tourist-Information
Elbuferstraße:
Verkehrsverein Elbtalaue
Lauenburger Straße 15
21354 Bleckede
Tel. 0 58 52 / 9 77 22
Fax 0 58 52 / 9 77 99

Niedersächsische Mühlenstraße:
Tourist-Information
Am Markt
21335 Lüneburg
Tel. 04 31 / 30 95 93
Fax 04 31 / 30 95 98

Niedersächsische Spargelstraße:
Stadt Burgdorf
Vor dem Hannoverschen Tor 1
31303 Burgdorf
Tel. 0 51 36 / 89 81 36
Fax 0 51 36 / 89 81 12

Feste und Veranstaltungen
Musikalischer Frühling in Bleckede, eine Woche Ende Mai/Anfang Juni; Jazz im Schlosshof in Bleckede, Anfang Juli; Historisches Burgfest in Bleckede, 1. Sonntag im August. Hengstparade in Celle, Ende September/Anfang Oktober; Heideblütenfest in verschiedenen Orten in der Lüneburger Heide im August.

Kulinarische Köstlichkeiten
Spargel wird in Niedersachsen im Frühjahr besonders häufig und besonders gut aufgetischt. Eine andere Delikatesse ist frischer und geräucherter Süßwasserfisch. Die Spezialitäten in der Lüneburger Heide heißen Heidschnuckenbraten, Heidehonig und Backwaren aus Buchweizenmehl.

Und wer sich für alte Steine interessiert, dem sei der Findlingsgarten in Bleckede-Breetze empfohlen.

Die geruhsame Tour führt weiter über **Hitzacker (3)**, **Gorleben (4)** bis nach **Schnackenburg (5)**. Hitzacker ist ein kleiner Ort mit einer hübschen Innenstadt und bemerkenswerten Fachwerkhäusern. Gorleben wurde weit über seine Grenzen hinaus bekannt durch die umstrittene Atom-Endlagerstätte in den Salzstöcken. Das Ende unserer Tour, Schnackenburg, ist eine alte Fischersiedlung mit einer spätromanischen Backsteinkirche aus dem 12. Jh.

Niedersächsische Mühlenstraße

Die **Niedersächsische Mühlenstraße** führt durch stille Heidetäler, das Gemüseanbaugebiet der Bardowicker Marsch, die Flusslandschaft der Elbaue und das Hannoversche Wendland mit seinen Rundlingsdörfern. An der Mühlenstraße reihen sich 75 alte, betriebsfähige Museumsmühlen, rustikale Wohnmühlen und moderne Mühlen in den Landkreisen Celle, Uelzen, Lüneburg und Lüchow-Dannenberg. Die Celler Ratsmühle beispielsweise mahlt heute in einer Stunde rund 200 Tonnen Getreide für ein berühmtes schwedisches Knäckebrot. Die niedersächsischen Mühlen verarbeiteten in der Hauptsache das Getreide aus der Umgebung, aber es wurde auch Öl gepresst, Holz gesägt, Wolle gewalkt; Bakenmühlen zerstampften die hölzernen Flachsstängel und legten so die feinen Leinenfasern frei.

Niedersächsische Spargelstraße

Sie wurde 1999 ins Leben gerufen und verbindet verschiedene Spargelorte in Niedersachsen wie Burgdorf, Gifhorn, Hoya, Celle, Isernhagen, Lehrte und viele andere. Während der Erntesaison wird das königliche Gemüse in vielfältigen Variationen in den Restaurants entlang der Spargelstraße angeboten. Die vielen anderen Sehenswürdigkeiten machen diese Route auch außerhalb der Spargelsaison (Mai und Juni) attraktiv.

Via Hansa – die Kulturstraße des Nordens

Diese rund 400 km lange Ferienstraße führt entlang der Ostseeküste mit ihren mondänen Badeorten und traditionsreichen Hansestädten. Teilweise ist die Straße mit dem Symbol einer Kogge gekennzeichnet. Beginnen wir in der Hansestadt **Lübeck (1)** – siehe dazu auch die Beschreibung der Route 3: *Erika-Straße* –, fahren wir durch eine Gegend an der Lübecker Bucht, die Klützer Winkel heißt, passieren wir das **Ostseebad Boltenhagen (2)** und kommen wir nach **Wismar (3)**. Der stattliche Marktplatz dieser Hansestadt ist der größte an der Ostseeküste. Imponierend ist hier auch der Brunnen „Wasserkunst", dessen Inschriften die Geschichte dieser wasserspendenden Anlage aus dem 16. Jh. erzählen. Hier am Platz steht außerdem der „Alte Schwede", ein ansehnliches altes Bürgerhaus (14. Jh.). Darüber hinaus besitzt Wismar einige schöne Kirchen (St. Marien, Heilig-Geist-Kirche, Georgenkirche und St. Nikolai).

Die Straße führt uns weiter über Neubukow und Basdorf ins **Ostseebad Kühlungsborn (4)** mit seinen schönen alten Häusern entlang der Seepromenade. Weiter geht's über das Ostseebad Heiligendamm nach Bad Doberan, dabei fahren wir die längste deutsche Lindenallee entlang. Nach einer kurzen Etappe erreichen wir **Rostock (5)**. Die alte Hansestadt hat ein schönes altes Rathaus mit einer spätgotischen Fassade. Die wuchtige Marienkirche (13. Jh.) besitzt eine dekorative astronomische Uhr (15. Jh.), die Nikolaikirche (13./15. Jh.) beherbergt in ihrem ausladenden Satteldach mehrere Etagenwohnungen. Schön anzuschauen ist auch das Kröpeliner Tor, dessen unterer Teil aus dem 13. Jh. stammt. In dem ehemaligen Kloster zum Heiligen Geist befindet sich das Kulturhistorische Museum. Empfohlen sei auch der Besuch des großartigen Schifffahrtsmuseums. Von Rostock sind es nur wenige Autominuten bis Warnemünde.

Unsere Ferienstraße schlängelt sich eng an der Küste entlang, passiert das Seeheilbad Graal-Müritz, in dem sich einst

Highlights
Hansestädte Lübeck, Wismar, Rostock, Greifswald und Anklam; Naturpark Vorpommersche Boddenlandschaft, Warnemünder Drachenfest, erholsame Badeorte.

Anfahrt
Lübeck ist über die Autobahn A 1 zu erreichen, Rostock über die A 19, Wismar auf den Bundesstraßen B 105 und 106, Stralsund auf der B 105, B 194 und B 96 a, Anklam auf der B110, B197 und B 109.

Tourist-Information
Fremdenverkehrs-Marketing
Gesellschaft mbH
Platz der Freundschaft 1
18059 Rostock
Tel. 03 81 / 4 03 05 00
Fax 03 81 / 40 30 5 55
www.tmv.de
E-Mail: info@tmv.de

Hafenidylle am Lohberg in Wismar.

5

Feste und Veranstaltungen

Handwerkermarkt „Anno dazumal" in Lübeck, 10 Tage ab dem 1. Donnerstag im Mai; Tonnenabschlagen in Born (in der Nähe von Rostock und Ribnitz) am 1. Sonntag im August; Warnemünder Drachenfest in der Nähe von Rostock am 2. September-Wochenende.

Kulinarische Köstlichkeiten

Wenn Plockfinken auf der Speisekarte stehen, dann bekommen Sie einen feinen Eintopf, für den kleinen Hunger zwischendurch empfehlen wir Rührei mit Bückling oder Granat (Krabben), nachmittags schmeckt zum Kaffee oder Tee saftiger Butterkuchen und abends wärmt ein stärkender Eiergrog. In Mecklenburg-Vorpommern wird alles von der Gans gekocht, gebraten, gefüllt oder geräuchert – unbedingt probieren: Pommerschen Kaviar (geräucherter Gänsemagen), köstlich schmecken auch Heringe in Sahnesoße und Klopfschinken mit neuen Kartoffeln.

Franz Kafka von der Tuberkulose zu erholen versuchte, und führt über Klockenhagen mit dem Freilichtmuseum nach **Ribnitz-Damgarten (6)**. Von hier geht's über das **Ostseebad Ahrenshoop (7)** auf dem Darß über Zingst und Barth nach **Stralsund (8)**. Der Darß ist eine Halbinsel im Naturpark Vorpommersche Boddenlandschaft. Das malerische Ahrenshoop war einst ein beliebter Ort für Künstler, und noch heute finden im Kunstkaten Wechselausstellungen statt. Beliebtes Fotomotiv in Stralsund ist das Rathaus (15. Jh.), sehenswert sind auch die Marienkirche (14./15. Jh.) mit dem achteckigen Turm sowie das Meeresmuseum im ehemaligen Dominikanerkloster St. Katharinen.

Von **Stralsund (8)** bietet sich ein kleiner Abstecher gen Süden nach **Demmin (9)** an. Zu den Sehenswürdigkeiten dieser Hansestadt gehören die St.-Bartholomäi-Kirche (14. Jh.), die Burgruine Haus Demmin (12. Jh.), die Speicher am Hafen mit Resten der alten Stadtmauer sowie der alte Wasserturm mit dem Planetarium.

Wieder zurück in **Stralsund (8)**, führt unsere Route nach **Greifswald (10)**, der Geburtsstadt des Malers Caspar David Friedrich. Das Stadtmuseum zeigt eine Auswahl seiner grandiosen Werke. Schenken Sie auch dem Dom St. Nikolai (13./14. Jh.) und der Marienkirche (13./16.Jh.) sowie dem gotischen Rathaus Ihre Aufmerksamkeit! Wir folgen unserer Route und fahren über Eldena, Wolgast, Koserow, die Seebäder Bansin, Heringsdorf und Ahlbeck nach Usedom und weiter nach **Anklam (11)**. In Koserow stehen heute die Salzhütten, die für das Einsalzen der Heringe verwendet wurden, unter Denkmalschutz. In Anklam befindet sich für seinen berühmtesten Sohn, den ersten fliegenden Menschen, das Otto-Lilienthal-Museum. Wer möchte, fährt von hier über Ducherow nach Ueckermünde am Stettiner Haff und an die polnische Grenze.

Die maritime Tradition ist im Museumshafen von Greifswald lebendig geblieben.

22

Deutsche Ferienroute Alpen – Ostsee

6

Sie gehört mit zu den längsten Ferienstraßen Deutschlands und führt von Puttgarden auf Fehmarn im Norden nach Berchtesgaden in den Alpen nach Süddeutschland. Diese spannende Ferienroute durchquert die Bundesländer Schleswig-Holstein, Niedersachsen, Hessen, Baden-Württemberg und Bayern. Mal beeindrucken die trutzigen Burgen und märchenhaften Schlösser, mal erfreut sich das Augen an unberührten Landschaften; alte Orte mit ihren schmalen Gassen und hübschen Fachwerkbauten, Museen und Kirchen laden zum Verweilen ein. Überall entlang der Ferienroute lässt es sich gut wandern und Rad fahren.

Wer die gesamte Ferienroute auf 1730 km erkunden will, muss dafür schon viele Tage einplanen, um in den Genuss aller Natur- und Kultursehenswürdigkeiten zu kommen. Wir können hier nur einige Etappen beschreiben.

Die Fahrt beginnt in **Puttgarden (1)** auf der drittgrößten Insel Deutschlands. Die einzige Stadt auf Fehmarn ist Burg. Hier befindet sich in der Nähe das Vogelschutzgebiet Wallnau; von den zahlreichen Beobachtungsständen aus kann man die geschützten Vogelarten sehen. Unser Weg führt über die Fehmarnsund-Brücke entlang der Hohwachter Bucht, vorbei am Plöner See durch die Holsteinische Schweiz über Eutin zur Lübecker Bucht mit ihren schönen Stränden. Der Reichtum der Hansestadt Lübeck spiegelt sich auch in ihren sechs stolzen Backsteinkirchen und dem Holstentor (15. Jh.) wider. Für Rotweintrinker sicher interessant: **Lübeck (2)** gilt als eine der wichtigsten Rotweinstädte in Deutschland, denn hierher werden Zigtausende von Litern französischen Rotweins importiert, die in Kellern unter der Stadt ver-

Highlights
Holstentor in Lübeck, Badestrände an der Lübecker Bucht, Naturpark Lüneburger Heide; Automuseum Wolfsburg, Elfenbeinmuseum in Erbach, Willibaldsburg im Altmühltal; Wasserburg am Inn, Schloss Herrenchiemsee (Ludwig II.) und die Benediktinerinnen-Abtei Frauenchiemsee; Nationalpark Berchtesgaden mit dem Königssee.

23

6

Anfahrt

Alle Orte entlang der rund 1730 km langen Ferienroute sind über Autobahnen und Bundesstraßen mit dem Auto zu erreichen.
Auf der gesamten Strecken führt ein Rad- und Wanderweg parallel zu den Autostraßen.

Tourist-Information

Deutsche Ferienroute Alpen – Ostsee:
Parkstraße 6
34576 Homberg/Efze
Tel. 0 56 81 / 77 52 76
Fax 0 56 81 / 77 54 38;

Berchtesgadener Land:
Königsseer Straße 2
83471 Berchtesgaden
Tel. 0 86 52 / 96 70
Fax 0 86 52 / 63 3 00
www.berchtesgadener-land.com
E-Mail: marketing@berchtesgaden.de

Feste und Veranstaltungen

Handwerkermarkt „Anno dazumal" in Lübeck ab dem 1. Donnerstag im Mai für 10 Tage;
Kinderzechwoche in Dinkelsbühl im Juli für 10 Tage, Festumzug, historisches Festspiel „So retteten die Kinder im Dreißigjährigen Krieg die Stadt";
im Berchtesgadener Land im Mai, Juni und September Königs-Serenade, abendliche Romantikfahrten über den Königssee nach St. Bartholomä; Kirchweih im Juli in Marktschellenberg, Drachenflugtage im August.

edelt werden. Der „Rotspon" ist ebenso ein hanseatischer kulinarischer Genuss wie das weltberühmte Lübecker Marzipan.

Wir folgen der gekennzeichneten Route über **Lüneburg (3)** durch die Lüneburger Heide und nach **Celle (4)**, vorbei an Wolfsburg, durch das Wolfenbütteler Land, durch den Harz bis nach **Göttingen (5)**, der altehrwürdigen Universitätsstadt. Die Stadt an der Leine wurde weitgehend von der Kriegszerstörung verschont, das Zentrum mit den prachtvollen Fachwerkhäusern sorgfältig restauriert; in der Roten Straße finden Sie das älteste Fachwerkhaus Norddeutschlands, es soll aus dem Jahr 1276 stammen.

Die Ferienroute führt nun durch das hessische Bergland, durch das Märchenland der Brüder Grimm, weiter durch das Kurhessische Bergland mit seinem Holzreichtum bis nach **Homberg/Efze (6)**. In den vielen kleinen Orten entlang unserer Route fallen jetzt besonders die zahlreichen Fachwerkhäuser auf, die auf den Waldreichtum hinweisen. Homberg/Efze liegt unterhalb einer Burgruine und besitzt besonders großartige Fachwerkbauten. Weiter geht's durch den Knüllwald, vorbei an Alsfeld und Schotten bis nach **Büdingen (7)**. Hier gibt es das Fürstenschloss, eine alte Stadtbefestigung, eine ehemalige Wasserburg und wieder zahlreiche wunderschöne Fachwerkbauten zu besichtigen. Nach wenigen Kilometern erreichen wir die Barbarossa-Stadt Gelnhausen. Wir kommen durch den Naturpark Bayerischer Spessart, fahren an Lohr am Main vorbei (oder wir machen hier Halt und lernen im Spessartmuseum, was es mit den Spessarträubern auf sich hatte), machen einen Abstecher nach Michelstadt mit seinem berühmten Fachwerk-Rathaus und fahren nach **Erbach (8)** im Odenwald. Erbach ist das einzige Elfenbeinschnitzzentrum in Europa, einen Besuch des Elfenbeinmuseums sollte niemand versäumen.

Weiter geht's über Eberbach am romantischen Neckar und Jagsthausen mit der Götzenburg durch die Waldenburger, Limburger und Ellwanger Berge nach **Dinkelsbühl (9)** mit seinen spätmittelalterlichen Häusern. Die Stadt ist von einer mächtigen Wehrmauer und 18 Türmen umgeben. Die spannende Geschichte der Stadt erfahren Interessierte im Historischen Museum; ein Museum ganz anderer Art ist das der Dritten Dimension – ein optisches Vergnügen für Jung und Alt.

Langsam nähern wir uns dem Ende der Ferienroute. Wir fahren vorbei an Oettingen, Treuchtlingen durch das mäandernde Altmühltal bis nach **Eichstätt (10)**. Das Wahrzeichen der Stadt ist die Willibaldsburg (14. Jh.), sehenswert auch im

24

Wallfahrtskirche St. Bartholomä am Königssee.

Ortsteil Rebdorf das ehemalige Augustiner-Chorherrenstift und weiter flussabwärts das Figurenfeld, ein Mahnmal gegen Krieg und Gewalt. Die Straße schlängelt sich weiter durchs Altmühltal, vorbei an herrlichen Landschaften, entzückenden Dörfern, Kultur- und Naturdenkmälern. Nach Mainburg und Landshut erreichen wir die von einer Innschleife umschlossene Stadt **Wasserburg am Inn (11)**, eine Perle des bayerischen Mittelalters. Hier sind zahlreiche historische Gebäude wie die alte Burg, verschiedene schöne Kirchen und das Rathaus zu sehen. Das Erste Imaginäre Museum im Heiliggeist-Spital zeigt weit über 400 weltberühmten Kunstwerken nachempfundene Exponate.

Weiter führt unsere Route durch das schöne Oberbayern, immer wieder sind bei guter Sicht die markanten Konturen und Gipfel der Alpen zu erkennen. Und schon stehen wir vor dem Chiemsee, den wir etwa zur Hälfte umrunden, wobei ein Besuch von Herrenchiemsee und Frauenchiemsee unumgänglich ist. Zum Rasten und Schauen laden die Gasthäuser am Seeufer ein. Renken, Aale, Zander und Hechte werden hier aufs Köstlichste zubereitet. Jetzt erreichen wir bald Traunstein und tauchen ein ins Berchtesgadener Land. **Berchtesgaden (12)**, das Ziel unserer Reise, liegt am Fuße des Watzmann, des mit seinen 2713 Metern zweithöchsten Berges Deutschlands. Nicht nur Kindern wird der Besuch des Salzbergwerks gefallen. Die Gäste werden mit Bergmannskleidung versehen und gelangen unter anderem über Rutschen zum 150 m tiefer gelegenen Salzsee. Naturfreunde machen sich auf in den Nationalpark Berchtesgaden und zum vielbesungenen Königssee mit seinen fjordähnlichen Buchten.

Kulinarische Köstlichkeiten
Im Norden sind es die Fische und Meeresfrüchte, die hier am besten schmecken. In der Lüneburger Heide sollten unbedingt der Heidschnuckenbraten sowie Buchweizenbrot und Buchweizenpfannkuchen probiert werden. In Niedersachsen und Hessen wird hervorragend mit Kartoffeln gekocht, hier schmecken im Frühjahr Spargel und anderes junges Gemüse. In Hessen heißt das bevorzugte Getränk Apfelwein, und dazu schmeckt der Handkäs mit Musik (ein Sauermilchkäse mit Zwiebeln, Essig und Öl); weiter südlich raten wir Ihnen zu frischen und geräucherten Süßwasserfischen, in Bayern wird gern Deftiges aufgetischt wie Hax'n mit Kraut, Leberkäs, Semmelknödel mit Schwammerln (Pilzen).

7 Deutsche Alleenstraße

Highlights
Müritz-Nationalpark, Mecklenburgische Seenplatte; Schloss Rheinsberg, Dresden; Karl-May-Festtage in Radebeul; Lutherstadt Wittenberg, Rhön, Vogelsberg, Limburger Dom; Rhein in Flammen, Naturpark Pfälzer Wald.

Anfahrt
Mit dem Auto fahren Sie auf Bundesstraßen und Landstraßen. Größere Städte sind mit Autobahnen verbunden.

Die Deutsche Alleenstraße bei Neuruppin.

Nach der Wiedervereinigung Deutschlands bangten Naturfreunde aus Ost und West um die alten und schönen Baumbestände entlang den Straßen; es bestand die Gefahr, dass sie Baumfällaktionen zum Opfer fielen oder fallen könnten. Sogar ein „Alleen-Notruf-Telefon" wurde eingerichtet, bis ein pfiffiger Mensch vom ADAC die rettende Idee hatte: Die Arbeitsgemeinschaft Deutsche Alleenstraße wurde aus der Taufe gehoben, und im Mai 1993 konnte das erste Stück der Deutschen Alleenstraße zwischen Sellin auf Rügen und Rheinsberg in Brandenburg eröffnet werden. Wenn das letzte Stück zwischen Karlsruhe und Bodensee vollendet ist, beträgt die Länge dieser Ferienstraße rund 2500 km. Die Deutsche Alleenstraße ist insofern etwas Besonderes, als sie nicht nur zu Natur- und Kunstschätzen führt, sondern selbst einen Schatz darstellt, den Genießer mit dem Auto, auf dem Rad oder zu Fuß entdecken können.

Beginnen wir mit unserer Fahrt auf Rügen, der vielgestaltigen größten deutschen Insel in der Ostsee, und zwar im traditionsreichen **Ostseebad Sellin (1)** mit seinen ausgedehnten Sandstränden. Weiter geht's am Greifswalder Bodden und der „weißen Stadt" Putbus vorbei bis nach **Stralsund (2)**. Von dem achteckigen Turm der Marienkirche (14./15. Jh.) genießen wir bei schönem Wetter einen herrlichen Rundblick bis zur Insel Rügen hinüber (siehe dazu auch die Beschreibung der Route 5, der *Via-Hansa-Route*). Es folgen Demmin und **Malchin (3)** am gleichnamigen See in der Mecklenburger Schweiz. In **Malchow (4)** mit der schönen Klosterkirche (19. Jh.) befinden wir uns bereits in der Mecklenburgischen Seenplatte und passieren den Müritz-Nationalpark. Die Fahrt verläuft auf lichtdurchfluteten Alleen durch die Strelitzer Seenplatte bis **Rheinsberg (5)**. Hier lohnt ein Besuch des Schlosses und des Schlossmuseums, in dem

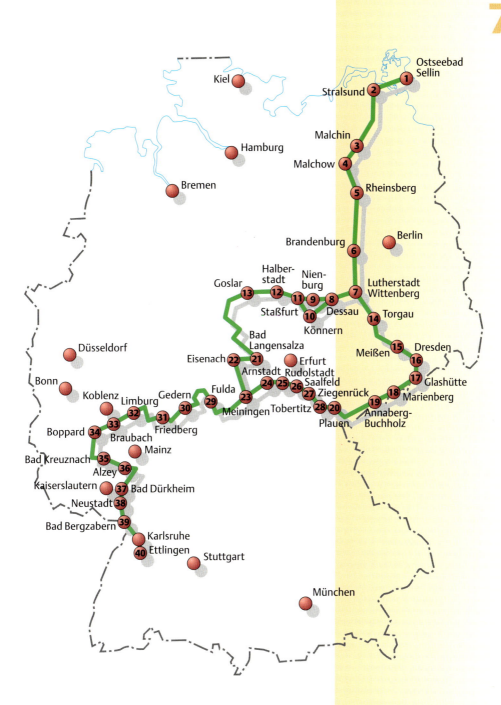

7

Tourist-Information
Deutsche Alleenstraße
Am Westpark 8
81373 München
Tel. 0 89 / 76 76 69 36
Fax 0 89 / 7 60 83 00

Tourismusverband
Mecklenburg-Vorpommern
Platz der Freundschaft 1
18059 Rostock
Tel. 03 81 / 4 03 05 00
Fax 03 81 / 4 03 05 55
www.tmv.de
E-Mail: info@tmv.de

Feste und Veranstaltungen
Badewannen-Rallye in Plau mit Wannenball und Feuerwerk, Mitte Juli;
Walpurgisnacht-Spektakel in Penzlin bei Neubrandenburg in der Nacht vom 30. April auf den 1. Mai;
Baumblütenfest in Werder an der Havel, Ende April / Anfang Mai;
Karl-May-Festtage im Frühsommer in Radebeul;
Luthers Hochzeit in Wittenberg, 2. Juni-Wochenende;
Rhöner Wirtefest (in Tann, nördlich von Ehrenberg), 2. September-Wochenende;
Sommergewinn Eisenach, 3 Wochen vor Ostern;
Weinlesefest in Neustadt an der Weinstraße in der ersten Oktoberhälfte;
Dürkheimer Wurstmarkt in Bad Dürkheim am 2. und 3. September-Wochenende;
Rhein in Flammen am Romantischen Rhein zwischen Mai und September.

an Kurt Tucholsky erinnert wird, der 1912 Schloss Rheinsberg mit seinem Buch „Rheinsberg, ein Bilderbuch für Verliebte" berühmt machte. Unser Weg führt uns nun durch die Ruppiner Schweiz, über Nauen und **Brandenburg (6)** durch die Märkische Heide, vorbei an Belzig, bis wir an der Elbe die **Lutherstadt Wittenberg (7)** erreichen. Hier schlug am 31. Oktober 1517 Luther seine berühmten 95 Thesen an das Portal der Schlosskirche, hier lebte und lehrte er bis zu seinem Tode. Von Wittenberg aus fahren wir über Roßlau oder Wörlitz nach **Dessau (8)**, weltberühmt geworden durch das „Bauhaus" des Architekten Walter Gropius in den 30er Jahren des 20. Jh. Von Dessau fahren wir nach Köthen und von dort über **Nienburg (9)** nach **Staßfurt (11)** oder über **Können (10)** und Alsleben nach Staßfurt, der „Wiege des Kalibergbaus". Im Heimatmuseum ist eindrucksvoll die Geschichte der Stadt und des Kalibergbaus dargestellt. Weiter geht's über **Halberstadt (12)** nach **Goslar (13)** im Harz. Halberstadt war einst eine der bedeutendsten Bischofsstädte in Deutschland; noch heute prägt der gotische Dom die Silhouette der Stadt. Goslar ist so schön, dass die UNESCO es in die Liste des „Kultur- und Naturerbes der Menschheit" aufnahm.

Von **Wittenberg (7)** können wir auch gen Süden über **Torgau (14)** und **Meißen (15)** nach **Dresden (16)** fahren. Torgau besitzt ein sehenswertes Schloss; und Meißen, die Stadt der gekreuzten Schwerter, ist natürlich bekannt durch das kostbare Porzellan, das hier schon 1710 auf der Burg Augusts des Starken hergestellt wurde. In der Manufaktur können Sie nicht nur edles Porzellan einkaufen, sondern auch zusehen, wie es entsteht, gebrannt und bemalt wird.

Wer kennt ihn nicht aus Kindertagen: Old Shatterhand? In der gleichnamigen Villa in Radebeul, nördlich von Dresden, in der einst Karl May lebte und schrieb, wurde ein interessantes Museum eingerichtet. Einmal im Jahr finden in Radebeul die Karl-May-Festtage statt. Sehenswert, ebenfalls nördlich von Dresden, das Schloss Moritzburg, ein ehemals bescheidenes Jagdhaus der Sachsenfürsten, die es immer weiter ausbauten, bis ein prächtiges Schloss dastand. Hier befindet sich auch eine Gedenkstätte mit Bildern und Grafiken der Künstlerin Käthe Kollwitz. **Dresden (16)** besitzt unzählige Sehenswürdigkeiten, unter anderem den Zwinger, eine prächtige Kunstsammlung und die „Weiße Flotte": Fahrgastschiffe, die von der Brühlschen Terrasse aus die Elbe bis Bad Schandau oder Meißen befahren.

Nach **Dresden (16)** passieren wir die Uhrmacherstadt **Glashütte (17)**, **Marienberg (18)**, **Annaberg-Buchholz (19)**, wo einst der Mathematiker Adam Riese lehrte, und gelangen über Aue, Eibenstock, Morgenröthe und Schöneck nach **Plauen (20)**. Die Stadt ist kulturelles Zentrum des Vogtlandes, sehenswert sind Rathaus, Malzhaus, Postmeilensäule und die aus Bruchsteinen gebaute Elstertalbrücke. Plauener Spitzen werden heute meistens maschinell gefertigt.

Eine andere Route auf unserer Ferienstraße beginnt wieder in Goslar und wendet sich nach Osten. Von **Goslar (13)** führt unser Weg über Northeim, Duderstadt und Mühlhausen nach **Bad Langensalza (21)**, der Stadt der Türme und Tore, und **Eisenach (22)**. Hier besuchen wir die wuchtige Burganlage aus dem Mittelalter, die Wartburg, auf der Luther 1521 die Bibelübersetzung begann. Unser Weg führt uns weiter durch die nördliche Rhön über **Meiningen (23)**, **Arnstadt (24)** und **Rudolstadt (25)** nach **Saalfeld (26)**. Wir fahren durch den Thüringer Wald bis **Ziegenrück (27)**. Von hier führt ein Weg über Altengesees, Lobenstein und Ruppersdorf nach **Tobertitz (28)**, ein anderer Weg geht über Schleiz und Tanna nach Tobertitz, von hier fahren wir wieder nach **Plauen (20)**.

Der Zwinger, einst Festplatz für höfische Spiele, wurde durch den Baumeister Pöppelmann 1711 – 1728 mit Bauwerken geschmückt.

7

Kulinarische Köstlichkeiten

Mecklenburg-Vorpommern: Gänsegerichte für jeden Geschmack, Rahmkuchen; Brandenburg: Rindfleisch mit Rosinensoße, Schmorgurke, Ente mit Rübchen; Sachsen-Anhalt: Braunbiersuppe, Halberstädter Birnenklöße; Sachsen: Quarkkeulchen, Leipziger Allerlei; Thüringen: Rotkohlrouladen, Thüringer Brat- und Blutwurst, Thüringer Klöße; Hessen: Kartoffelsuppe, Grüne Soße mit gekochtem Rindfleisch, Handkäs mit Musik; Niedersachsen: Harzer Schwärchen, Zungenragout; Rheinland-Pfalz: Hasenpfeffer, Dampfnudeln, Pfälzer Saumagen, Kirschenmichel; Baden-Württemberg: Spätzle, Wildgerichte, Zwiebelkuchen, Maultaschen und Gugelhupf.

Manche Teilstrecke – hier bei Friedberg in Hessen – lädt zum Genussradeln ein.

Von **Meiningen (23)** gelangen wir auf schönen Alleenstraßen durch die Rhön über Ehrenberg, Gersfeld nach **Fulda (29)** mit seinem barocken Dom (18. Jh.) und weiter über Schlitz und Lauterbach durch das Vulkangebiet Vogelsberg bis **Gedern (30)**. Schlitz und Lauterbach sind kleine Städtchen von bilderbuchartiger Schönheit. Das Gebiet des Vogelsbergs ist Europas größtes Vulkangebiet mit sauberen Bächen, klarer Luft und stattlichem Baumbestand.

Die Straße führt uns weiter über Nidda und Florstadt nach **Friedberg (31)**, wo einst Evis Presley, „The King of Rock 'n' Roll", stationiert war. Wir fahren nördlich an der Bankenmetropole Frankfurt am Main vorbei, legen vielleicht einen Stopp ein in Bad Nauheim, Weilburg oder Runkel, bis wir die Bischofsstadt **Limburg (32)** erreichen. Hier machen wir einen Spaziergang durch die hügelige Altstadt mit dem eindrucksvollen Bauensemble Dom und Burg (13. Jh.), bevor wir über Diez, Kloster Arnstein, Bad Ems nach **Braubach (33)** an den Rhein gelangen. Braubach liegt mit seiner wuchtigen Marksburg am Romantischen Rhein, der jährlich Tausende aus aller Welt mit seinem Burgenreichtum und den Weinbergen und entzückenden Weinorten an den vielbesungenen Strom lockt.

Nachdem wir uns an köstlich kühlem Rheinwein und einer stärkenden Brotzeit gelabt haben, nehmen wir etwas südlich von Braubach die Autofähre hinüber nach **Boppard (34)**. Hier bewundern wir das in Deutschland besterhaltene römische Kastell. Dann fahren wir weiter durch den Hunsrück über Simmern nach **Bad Kreuznach (35)**, **Alzey (36)** bis nach **Bad Dürkheim (37)** an der Weinstraße (siehe unsere Route 59: *Deutsche Weinstraße*). Bad Kreuznach mit seinen malerischen Brückenhäusern ist ein rund 2000 Jahre altes Zentrum der Weinkultur an der Nahe. Wanderer sollten auf jeden Fall in Bad Dürkheim für längere Zeit Station machen; von hier gehen unzählige Wanderwege durch den Pfälzer Wald. Wir können auch durch den Naturpark Pfälzer Wald über Hochspeyer und Johanniskreuz bis nach Siebeldingen fahren oder den Weg von Bad Dürkheim über **Neustadt an der Weinstraße (38)** nach Siebeldingen nehmen; dann passieren wir **Bad Bergzabern (39)** und fahren bis nach **Karlsruhe / Ettlingen (40)**.

Vorläufig findet hier die Deutsche Alleenstraße ihr Ende; aber es wurden bereits für das achte und letzte Stück dieser beschaulichen Ferienstraße neue Bäume gepflanzt, sodass es nicht mehr lange dauern wird, bis sie von Sellin auf Rügen über Baden-Baden, Freudenstadt, Tübingen und Ravensburg bis Konstanz am Bodensee führt.

Alte Salzstraße

Unsere knapp 100 km lange Tour entlang eines alten Handelsweges führt durch ein herrliches Erholungsgebiet mit Seen und Wäldern, zu verträumten Dörfern und alten Städten mit prachtvollen Kirchen und Plätzen. Wann in Lüneburg Salz gefunden wurde, liegt im Dunkeln. Die Sage berichtet von einem weißen Wildschwein, welches einst ein Jäger erlegt hatte. Es war aber kein Albino, sondern ein lustvolles Tier, das sich in Salz gesuhlt hatte. Die Lüneburger Saline ist über 1000 Jahre alt. Von hier schafften Fuhrleute das „weiße Gold" nach Lübeck. Im ganzen Ostseeraum wurden viele Tonnen Salz für das Haltbarmachen von Heringen benötigt. Damals dauerte eine Fahrt ungefähr 20 Tage, heute sind es mit dem Auto nicht einmal zwei Stunden, wenn man sich unterwegs keine Zeit für die Schönheiten neben dem Fahrweg lässt.

Starten wir in **Lüneburg (1)**, und versäumen wir nicht, das prächtige Rathaus zu besuchen. Die Lüneburger Heide ist einer Freveltat zu verdanken. Einst standen hier üppige Wälder. Weil die Menschen für die Salinen Holz benötigten, wurden die Bäume im Laufe der Jahre abgeholzt, und die dekorative Erika-Pflanze konnte sich ausbreiten, zumal weidende Schafherden das Gras niedrig hielten. Von Lüneburg folgen wir der ausgeschilderten Straße und erreichen bald **Lauenburg (2)** an der Elbe (siehe auch die Beschreibung der Route 3: *Erika-Straße*). Im nahe gelegenen Geesthacht können Eisenbahnfreunde mit der Dampflok „Karoline" die schöne Strecke nach Bergedorf erkunden. Das malerische Lauenburg erstreckt sich schön am Elbufer entlang. Auch damals hatten die Menschen es eilig, deshalb gruben sie im 14. Jh. einen Kanal, der zum großen Teil dem alten Lauf der Stecknitz folgte. 600 Jahre später feierte man in der Region diese technische Meisterleistung mittelalterlicher Wasserbau- und Ingenieurskunst.

Weiter geht die Fahrt über Büchen nach Mölln (siehe auch *Erika-Straße*). Auf unserem weiteren Weg zur Eulenspiegelstadt sind zwischen **Hornbek (3)** und **Mölln (4)** noch Teile der Alten Salzstraße erhalten. Wie haben doch damals die Fuhrleute aufgeatmet: Wenn sie den Turm von St. Nikolai in Mölln erblickten, dann hatten sie bereits ein gutes Stück des Weges hinter sich! Mölln war jahrhundertelang eine befestigte Anlage, die die Salzstraße gegen Raubritter und Wegelagerer schützte. Nicht nur Kinder werden ihren Spaß im Mölln-Museum haben. Wer sich hier heute zu Fuß oder auf dem Rad fortbewegt, wird begleitet von dem Elbe-Lübeck-Kanal, der

Highlights
Naturpark Lauenburgische Seen, Elbe-Lübeck-Kanal, Speicher in Lübeck.

Anfahrt
Lüneburg ist von Hamburg aus über die Autobahn A 24 und A 250, Lübeck über die A 1 zu erreichen.
Von Lüneburg bis Lübeck gibt es entlang der Alten Salzstraße einen ausgeschilderten Radfernweg.

8

Tourist-Information
Tourismusverband Alte Salzstraße
Am Markt 10
23909 Ratzeburg
Tel. 0 45 41 / 20 06
Fax 0 45 41 / 8 45 53

Feste und Veranstaltungen
In Lübeck findet für 10 Tage ab dem 1. Mai der Handwerkermarkt „Anno dazumal" statt; weitere besuchenswerte Feste sind Rund um die tolle Knolle im September in Buchhorst; Till-Eulenspiegel-Festspiele im August in Mölln; Musik-Festival in Schleswig-Holstein, im Juli/August, klassische Musik in Kirchen, Scheunen und Schlössern.

Kulinarische Köstlichkeiten
Aus Lübeck kommt das feine Lübecker Marzipan; Holsteiner Katenschinken und frische Fische aus der Ostsee sind ebenso delikat wie der Lauenburgische Teller, ein besonders Gericht, bei dem mit Produkten aus dem Herzogtum Lauenburg die Teller in jedem Gasthaus auf andere Art und besonders lecker beladen und garniert werden.

Die Till-Eulenspiegel-Stadt Mölln aus der Luft gesehen.

in die „Fußstapfen" des alten Stecknitzkanals getreten ist und, kaum 100 Jahre alt, bereits unter Denkmalschutz steht. Segler und Paddler finden ein ausgedehntes Wasserparadies im Naturpark Lauenburgische Seen.

Ratzeburg (5) mit seiner Bischofskirche und seiner Barlach-Gedenkstätte liegt malerisch eingebettet zwischen grünen Wäldern und blauen Seen und sollte nicht links liegen gelassen werden. Weiter geht's über **Berkenthin (6)** nach **Lübeck (7)**. Hier wurde das kostbare Salz in speziellen Speichern gelagert. Eine alte Terrakottatafel an einem Lübecker Salzspeicher weist mit den beiden Wappen von Lüneburg und Lübeck auf die Verbindung beider Städte hin.

9

Highlights
Naturschutzpark Lüneburger Heide; Heidekirchen, Hünengräber, Wind- und Wassermühlen, Heideblütenfest.

Anfahrt
Über die A 7 nach Egestorf/Salzhausen oder über die B 75 nach Sprötze. Es sind auf Teilstrecken schöne Rad- und Wanderwege vorhanden.

Romantische Heidestraße

Die Nordheide südlich von Hamburg ist ein beliebtes und vielfältiges Erholungsgebiet mit farbenprächtiger Heidelandschaft, reetgedeckten Häusern, romantischen Heidekirchen, hölzernen Glockentürmen und alten Backhäusern. Im Naturschutzgebiet weiden heute rund 2000 Heidschnucken und ebenso viele Lämmer. Die Romantische Heidestraße, deren Zeichen ein Schäfer ist, dem Schäferhund und Heidschnucke „über die Schulter gucken", schlängelt sich rund 40 km und teilweise durch den Naturschutzpark Lüneburger

Heide. Ein besonderes Erlebnis verspricht eine Fahrt mit der gelben Postkutsche, aber auch Radfahrer, Wanderer und Reiter finden hier herrliche Ausflugsmöglichkeiten.

Unsere Tour beginnt in **Sprötze (1)**; sehenswert ist die Höllenschlucht mit ihren verschiedenen Pflanzenarten. Die höchste Erhebung ist mit 129 m der Brunsberg, von dem aus die Betrachter über die Heidefläche hinweg bis nach Hamburg schauen können. Weiter geht es nach **Holm-Seppensen (2)** mit dem Büsenbachtal, das wegen seiner wundervollen Wacholderbestände und seiner Unberührtheit zu den schönsten und eigenartigsten Naturdenkmälern in der Nordheide zählt. Hier in Seppensen befindet sich auch der Schmetterlingspark. Von **Holm (3)** aus können wir einen Ausflug zum benachbarten Wörme machen, wo auf dem Krögerschen Hof ein historisches Backhaus steht. In der Gutswassermühle (18. Jh.) in Holm an der Seeve finden regelmäßig kulturelle Veranstaltungen statt.

Wir fahren über Inzmühlen nach **Wesel (4)**, Ausgangspunkt zahlreicher wunderschöner Heidewanderungen und Kutschfahrten. Von Wesel gelangen wir nach **Undeloh (5)** und **Sahrendorf (6)**. In Undeloh finden in den Sommermonaten jeden zweiten Sonntag in der St.-Magdalenen-Kirche (12. Jh.) Konzerte im Rahmen der Veranstaltung „Musik in alten Heidekirchen" statt. Von Sahrendorf sind es nur wenige Autominuten bis zum Wildpark Lüneburger Heide in Hanstedt-Nindorf, in dem fast alle Großwildarten Europas sowie große und kleine Vögel gehalten werden.

Von Sahrendorf führt die Route weiter nach **Egestorf (7)**. In der schönen Fachwerkkirche St. Stephanus (12. Jh.) gibt es wie in Undeloh sonntags Konzerte im Rahmen der Veranstaltung „Musik in alten Heidekirchen". In Dresslers Huus, einem über 160 Jahre alten Fachwerkhaus, veranschaulichen Bilder das alte Egestorf; es gibt eine Schneiderstube mit altem Mobiliar und eine herrliche handgeschnitzte Tür aus dem Amtszimmer des berühmten Heidepastors Bode sowie eine alte Hufschmiede, die heute noch genutzt wird. In **Eyendorf (8)** ist die 1897 gebaute Holländer-Windmühle noch in Betrieb. Von hier sind es nur wenige Kilometer bis nach **Salzhausen (9)**. Die Kirche St. Johannis (15./17. Jh.) mit ihren hohen Findlingsmauern und dem angebauten Natursteinturm ist eine typische Heidekirche. Das Feuerwehrmuseum mit dem Schlauchturm von 1902 stellt wahrscheinlich das kleinste Museum Deutschlands dar. Von Salzhausen ist es nicht weit nach Luhmühlen, dem Mekka des deutschen Military-Reitsports.

Tourist-Information
Urlaubsland Romantische Heide
Rathaus
21268 Hanstedt
Tel. 0 41 84 / 8 03 27
Fax 0 41 84 / 8 03 49

Feste und Veranstaltungen
Hanstedter Pfingstmarkt in Hanstedt; Reiterveranstaltungen im Sommerhalbjahr in Luhmühlen; Windmühlenfest Ende Mai in Eyendorf; Heideblütenfest in Amelinghausen und Holm-Seppensen im August.

Kulinarische Köstlichkeiten
Die Spezialitäten der Lüneburger Heide sind neben Heidschnuckenbraten und Heidehonig süße und pikante Backwaren aus Buchweizenmehl, frische und geräucherte Fische, Roastbeef oder Sülze mit Bratkartoffeln.

Wanderung durch die blühende Lüneburger Heide im August.

33

10

Straße der Weserrenaissance und Wesertalstraße

Straße der Weserrenaissance

Highlights
Hansestadt Bremen, herrliche Bauten aus vergangener Zeit; Weserbergland, die Rattenfängerstadt Hameln, Naturparks; Zusammenfluss von Fulda und Werra zur Weser in Hannoversch Münden; Kassel in Nordhessen.

Anfahrt
Bremen ist über die Autobahnen A 1, A 27 und A 28 zu erreichen, Paderborn über die A 33 und A 44, Minden über die A 7, Hannoversch Münden über die A 7, Kassel über die A 7, A 44 und A 49.
Rad- und Wanderwege sind in Teilbereichen der Ferienstraßen ausgeschildert, insbesondere parallel zur Weser.

Tourist-Information
Straße der Weserrenaissance:
Fremdenverkehrsverband
Teutoburger Wald
Bad-Meinberger-Straße 1
32760 Detmold
Tel. 0 52 31 / 9 58 50
Fax 0 52 31 / 95 85 75
E-Mail: info@ttl.net.de

Wesertalstraße:
Fremdenverkehrsverband
Weserbergland – Mittelweser
Inselstraße 3
31787 Hameln
Tel. 0 51 51 / 9 30 00
Fax 0 51 51 / 93 00 33
E-Mail: weserbergland-touristik@t-online.de

Ein märchenhaftes Vergnügen für Jung und Alt: das alljährliche Rattenfänger-Freilichtspiel in Hameln.

Was ist Weserrenaissance? Das gleichnamige Museum im Schloss zu Brake, an der B 212 zwischen Bremerhaven und Bremen gelegen, erläutert anschaulich und ausführlich diesen Begriff. Dieser europäische Baustil des 16. und 17. Jh. hat im Weserraum besondere Ausprägung erfahren.

Die Ferienstraße der Weserrenaissance windet sich auf verschlungenen Wegen von Bremen bis nach Kassel. Über 200 Schilder erleichtern die Orientierung. Beginnen wir unsere schöne und erlebnisreiche Tour in der Hansestadt **Bremen (1)** mit ihrem herrlichen Rathaus (siehe hierzu auch unsere Route 1: *Grüne Küstenstraße*). Über Achim, einen Ortsteil von Bremen, verlassen wir die Hansestadt und erreichen schon bald **Verden (2)** an der Aller. Von hier gelangen wir über **Hoya (3)** nach **Nienburg (4)**, wo ebenfalls ein schönes altes Rathaus zu bewundern ist. Wir fahren durch den Naturpark Steinhuder Meer bis nach **Neustadt am Rübenberge (5)** in der Nähe der Messestadt Hannover. In Neustadt gehört zum Besichtigungsprogramm das schöne Schloss mit dem schlichten Schlosshof. Wassersportlern sei ein Abstecher zum Steinhuder Meer empfohlen.

Wir fahren weiter durch eine Landschaft mit abwechslungsreicher Mischwald- und Flurlandschaft und erreichen **Minden (6)**. Östlich von Minden steht das prachtvolle Bückeburger Schloss, das besichtigt werden kann. Das Mindener-Lübbecker-Land ist reich an frühgeschichtlichen Wallanlagen, Kulturdenkmälern, Burgen, Schlössern, Herrensitzen, Kirchen und Bürgerhäusern. Einmalig in und um Minden das Wasserstraßenkreuz und die Porta Westfalica, ein tiefer Einschnitt zwischen Weser- und Wiehengebirge. Erhalten sind

34

noch Teile der Wallanlagen der ehemaligen Fluchtburg des Sachsenherzogs Widukind. Über **Stadthagen (7)** geht's weiter zur Rattenfängerstadt **Hameln (8)** mit ihrer romantischen Altstadt und den dekorativen Fachwerkbauten. Südlich von Hameln treffen wir auf das Schloss Hämelschenburg, es gilt als prächtigstes Schloss der Weserrenaissance.

Wir fahren durchs schöne Weserbergland und kommen über **Bad Pyrmont (9)** nach **Detmold (10)** im Lipper Land mit seinen vielfältigen kulturellen Sehenswürdigkeiten und einem reichen Freizeitangebot. Anschauen sollte man unter anderem das Residenzschloss, die historische Altstadt sowie die romantische Adolfstraße mit den schmucken Häuserzeilen. Auf unserem weiteren Weg passieren wir das berühmte 53 m hohe Hermannsdenkmal und fahren gemächlich durch den Teutoburger Wald bis nach **Paderborn (11)**, der alten Hanse-, Kaiser- und Bischofsstadt. Von hier geht es wieder zurück an die Weser nach **Höxter (12)**. Im Ortsteil Bödexen sind Hügelgräber zu besichtigen.

Über Holzminden und Dassel gelangen wir in die Bierstadt **Einbeck (13)**. Nach einem erholsamen Bummel durch die hübsche Altstadt mit ihren Fachwerkhäusern fahren wir über **Uslar (14)** – sehenswert ist der Schmetterlingsgarten – nach **Hannoversch Münden (15)**, wo sich am Weserstein Fulda und Werra zur Weser vereinigen. Ein EXPO-2000-Projekt wird in Hannoversch Münden realisiert: „Wasserspuren – Wasser sichtbar machen". Zu den Sehenswürdigkeiten dieser malerisch gelegenen Stadt gehören auch die historische Werrabrücke, das Rathaus (17. Jh.), die Kirchen St. Blasii und St. Aegidien mit dem Grabstein des Doktor Eisenbart, die Tillyschanze mit dem Aussichtsturm und das Welfenschloss im Stil der Weserrenaissance.

Unsere letzte Etappe bringt uns ins Nordhessische nach **Kassel (16)**. Sehenswert ist hier die Herkulesstatue auf der Wilhelmshöhe, im Schloss Wilhelmshöhe gibt es eine schöne Gemäldegalerie und im Bergpark verzaubern die Wasserspiele die Besucher auf einschmeichelnde Art

Wesertalstraße

Diese Ferienstraße ist rund 210 km lang und führt von **Minden (6)** über **Hameln (8)** immer an der Weser entlang über Holzminden nach **Höxter (12)** bis nach **Hannoversch Münden (15)**, wo sich Fulda und Werra treffen und sich zur Weser vereinen. Diese Ferienstraße ist nicht durch ein besonderes Zeichen ausgeschildert.

Feste und Veranstaltungen
Doktor-Eisenbart-Spiele in Hann. Münden, Mai bis August; Rattenfänger-Freilichtspiele in Hameln von Mai bis September; Mindener Hafenkonzerte, Mitte Mai bis Mitte September jeden Sonntag ab 10.30 Uhr; Corveyer Musikwochen im Mai/Juni und Vituswoche, 2. Woche im Juni in Höxter; Liborifest in Paderborn Ende Juli/Anfang August; Straßentheaterfestival (in den geraden Jahren) in Detmold im August; Bremer Freimarkt in der 2. Oktober-Hälfte.

Kulinarische Köstlichkeiten
Wie wäre es mit flambierten Rattenschwänzen, einem Golddukatenteller, Rattenkiller und einer Rattenfängertorte? Das alles wird in und um Hameln angerichtet.

11

Deutsche Fachwerkstraße

Häuser werden auf der ganzen Erde mit Holz gebaut, aber kein Land auf dieser Erde besitzt einen so großen Fachwerkschatz wie Deutschland, nämlich rund 2,5 Millionen Gebäude. Im Laufe der Entwicklungsjahre der etwa 2000 km langen Deutschen Fachwerkstraße wurden acht Routen zusammengestellt, die den Fachwerkreichtum veranschaulichen.

Route 1: Stade bis Alfeld

Stade (1) an der Unterelbe besitzt eine faszinierende Altstadt, die die Besucher allein durch ihre Ausstrahlung ins Mittelalter versetzt. Bürgerhäuser, Kirchen und Profanbauten wurden sorgfältig restauriert. Zur reizvollen Umgebung der Stadt gehört das Alte Land, das größte Obstanbaugebiet Deutschlands. Unsere nächste Etappe führt nach **Nienburg (2)**. Die 1000-jährige Geschichte der Stadt hat das Gesicht der historischen Altstadt mit ihren Gebäuden aus verschiedenen Epochen geprägt.

Highlights
Über 80 der historischen Tradition verpflichtete Städte mit bedeutenden Fachwerkbeständen.

Anfahrt
Alle Städte sind über Autobahnen oder Bundesstraßen, Landesstraßen und Kreisstraßen zu erreichen. In Naturparks und ländlichen Gegenden verlaufen, teilweise neben oder auf der Ferienstraße, ausgeschilderte Rad- und Wanderwege.

Der Eisenmarkt in Wetzlar.

36

Bad Essen (3) im Osnabrücker Land ist ein Thermalsole-Heilbad am Südrand des Wiehengebirges. Zum historischen Ortskern gehören der Meierhof, die St.-Nikolai-Kirche, die Alte Wassermühle und der Schafstall. Unser nächster Stopp ist **Holzminden (4)** mit seinem idyllischen Marktplatz. Weiter geht's über Uslar und Northeim nach **Einbeck (5)**. Die über 600 Jahre alte Hanse- und Bierbrauerstadt vermittelt ein eindrucksvolles Bild der Stadtbaukunst des späten Mittelalters. Von den 400 schönen Fachwerkgebäuden sind viele kunstvoll mit Schnitzwerk verziert. Die letzte Stadt auf dieser Route heißt **Alfeld (6)**. Zu bewundern sind hier unter anderem das Rathaus im Stil der Weserrenaissance (siehe dazu auch unsere Route 10: *Straße der Weserrenaissance*) und die Latein-Schule (17. Jh.), eines der schönsten frei stehenden Fachwerkhäuser Niedersachsens.

Route 2: Hitzacker bis Duderstadt

Im Naturpark Elbufer-Drawehn (siehe hierzu auch unsere Route 4: *Elbuferstraße*) liegt das Städtchen **Hitzacker (7)** mit dem nördlichsten Weinberg Deutschlands. Von hier fahren wir über Dannenberg und Lüchow nach **Salzwedel (8)**. Dannenberg und Lüchow, landschaftlich reizvoll gelegen, besitzen eine Reihe sehr schöner Fachwerkgebäude in ihren Mauern. Salzwedel, ein Kleinod in

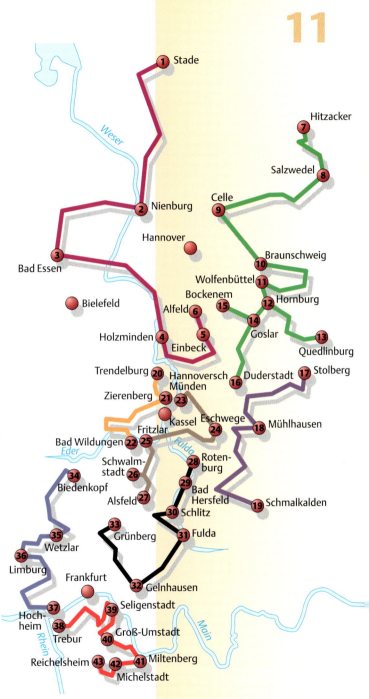

11

Tourist-Information
Deutsche Fachwerkstraße
Propstei Johannesberg
36041 Fulda
Tel. 06 61 / 4 36 80
Fax 06 61 / 4 95 31 05
E-Mail: fachwerkstraße@t-online.de

Feste und Veranstaltungen
1. Route: Altstadtfest in Stade in Juni; Klostermarkt in Northeim im September; Eulenfest in Einbeck im Oktober.
2. Route: Altstadtfest in Osterode im Mai; Kaiserfrühling in Quedlinburg im Mai; Ducksteinfest in Königslutter im Juli.
3. Route: Salatkirmes in Schwalmstadt-Ziegenhain im Juni.

Dicht drängen sich die alten Fachwerkhäuser in Salzwedel längs der Jeetze.

der Altmark, entführt die Besucher mit seinen schlichten Häusern der Backsteingotik und mit prachtvollen Fachwerkhäusern in eine andere, beschaulichere Zeit. Unsere nächste Station heißt **Celle (9)**, die 700 Jahre alte Stadt, in der rund 800 Fachwerkgebäude von der Macht und Kultur vergangener Zeit zeugen. Allein in der Altstadt zählt man fast 500 herrliche Gebäude. Weiter geht's über **Braunschweig (10)**, Königslutter, Helmstedt und Schöningen nach **Wolfenbüttel (11)**, der Residenz der Herzöge von Braunschweig und Lüneburg. Über 600 Fachwerkbauten, historische Prachtbauten, Bürgerhäuser und einzigartige Kirchen prägen das Stadtbild von Wolfenbüttel. Das Wolfenbütteler Schloss ist das größte noch erhaltene in Niedersachsen. In der Bibliothek von Herzog August ist unter anderem das berühmte Evangeliar Heinrichs des Löwen ausgestellt. Von **Hornburg (12)** fahren wir dann über Osterwieck und Wernigerode nach **Quedlinburg (13)**. Die alte Hornburg, die über Hornburg thront, die verschachtelten Fachwerkhäuser und der dicke Turm in der Burgmauer lassen in den Winkeln und Gassen die Geschichte lebendig werden. Quedlinburg ist eine über 1000 Jahre alte Stadt am Nordrand des Harzes. Die Gassen mit den alten Pflastersteinen sind gesäumt von rund 1200 Fachwerkhäusern, an deren Fassaden sich die Entwicklung der Bauweise über sechs Jahrhunderte hinweg ablesen lässt. Quedlinburg wurde von der UNESCO in die Liste der schützenswerten Kulturgüter aufgenommen. Eine andere Route führt von **Hornburg (12)** vorbei an **Goslar (14)** nach **Bockenem (15)**. Die zahlreichen Fachwerkhäuser vermitteln dem Betrachter heute einen Einblick in die hochmittelalterliche Blütezeit der Stadt. Sehenswert sind außerdem die St.-Pankratius-Kirche, das Tillyhaus und das größte Kleinwagenmuseum der Welt. Von **Goslar (14)** kann die Fahrt auch über Osterode und Herzberg nach **Duderstadt (16)** führen. Osterode und Herzberg verfügen über ein umfangreiches Kultur- und Freizeitangebot – neben ihren prachtvollen und großartigen Fachwerkhäusern. Duderstadt zählt wohl zu den schönsten deutschen Fachwerkstädten. In seltener Harmonie vereinen sich hier die verschiedenen Baustile. Im 1. Heinz-Sielmann-Erlebniszentrum auf Gut Herbigshagen wird Lebensfreude im Einklang mit der Natur geboten.

Route 3: Stolberg bis Schmalkalden

Unsere dritte Route führt vom Harz bis in den Thüringer Wald. Der erste Ort ist **Stolberg (17)**, historische Europastadt und die Geburtsstadt des Reformators und Revolutionärs Thomas Müntzer. Um die Kirche St. Martini und das Rathaus hat sich ein geschlossenes Fachwerkensemble erhalten. Über Bleicherode kommen wir nach **Mühlhausen (18)**, in die Stadt der Türme. Das Rathaus (14. Jh.) und elf mittelalterliche Kirchen sowie die Bürgerhäuser spiegeln die kontrastreiche Architektur der Reichsstadt wider. Niederdeutsche und hessische Einflüsse bereichern das vielgestaltige heimische Fachwerk. Nach Wanfried, Treffurt und Vacha erreichen wir **Schmalkalden (19)**. Wanfried erlangte im Mittelalter große Bedeutung als Handelsort. Treffurt wird überragt von Burg Normannstein, wo Ritter einst ihr Unwesen trieben. Die Innenstadt mit den zahlreichen großen und kleinen Fachwerkhäusern steht unter Denkmalschutz. Vacha im Werragrund besitzt eine Reihe sehr alter und gut erhaltenen Fachwerkbauten, die ältesten stammen aus dem 15. Jh. Die Schmalkalder Altstadt wurde unter Denkmalschutz gestellt. Feinschmeckern sei das Hirschessen im August empfohlen.

Route 4: Trendelburg bis Bad Wildungen

Am östlichen Rand des Reinhardswaldes im Diemeltal liegt **Trendelburg (20)**, die Stadt von Rapunzel, von reizenden Fachwerkhäusern – und eines einmaligen Wettbewerbs: des Kirschkern-Weitspuckens im August. Weiter geht die Tour durch Hessen über Hofgeismar, die fachwerkbunte Hauptstadt des Reinhardswaldes, Grebenstein mit seinen rund 200 Fachwerkhäusern und Immenhausen nach **Zierenberg (21)**, einem Luftkurort im Naturpark Habichtswald. Der Ort besitzt in seinen Stadtmauern Hessens ältestes Fachwerk-Rathaus (15. Jh.), sehenswert sind weiterhin die Stadtkirche (13. Jh.) mit dem größten Wandbilderzyklus in der Kurhessischen Landeskirche und zahlreichen mit viel Liebe zum Detail restaurierten Fachwerkhäusern. Zwischen Edersee und Hochsauerland kommen wir an Hessens einziger Hansestadt, Korbach, vorbei, dann erreichen wir den Endpunkt unserer Tour in dem Hessischen Staatsbad **Bad Wildungen (22)**, einer malerischen Stadt mit gotischer Stadtkirche und einem berühmten Altarbild, dem Barockschloss Friedrichstein und dem größten Kurpark Deutschlands. Auch hier sehen wir schmucke Fachwerkhäuser in Fülle und Vielfalt.

4. Route: Heimat- und Strandfest in Rotenburg an der Fulda im Juli; Bad Hersfelder Festspiele im Sommer; Schelmenmarkt in Gelnhausen im Oktober.
5. Route: Country-Fest in Vacha im August.
6. Route: Traditionelles Kirschkern-Weitspucken in Trendelburg im August.
7. Route: Oldtimerrennen in Herborn im April; Sekt- und Biedermeierfest in Eltville im Juli.
8. Route: Burgfestspiele in Dreieichenhain im Juni/Juli; Weinfest in Miltenberg; Erbacher Wiesenmarkt in Erbach im Juli.

In diesem 1520 erbauten Fachwerkhaus, Lutherhaus genannt, wohnte der Reformator anlässlich der Versammlung des Schmalkaldischen Bundes 1537 in Schmalkalden.

Kulinarische Köstlichkeiten
Im Norden heißen die Spezialitäten frische und geräucherte Salz- und Süßwasserfische, Spargel und Räucherschinken, in Niedersachsen sind es Wildgerichte und Butterkuchen, in Hessen deftige Kartoffelgerichte mit Speck, Blutwurst und Schmand, aber auch „Handkäs mit Musik", in Thüringen schmecken Thüringer Würste, Thüringer Klöße und Rotkohlrouladen, in Bayern wird zwischen den Mahlzeiten gern eine kräftige Brotzeit serviert, typisch sind auch gegrillte Hax'n mit Kraut und Schweinsbraten mit krachender Kruste, beides mit Knödeln.

In den Fachwerkbauten von Hann. Münden mischt sich der typische norddeutsche Stil mit fränkischen Elementen.

Route 5: Hannoversch Münden bis Alsfeld

Schon Alexander von Humboldt soll die Stadt zu den sieben schönstgelegenen Städten der Welt gezählt haben. **Hannoversch Münden (23)** liegt malerisch an der Stelle, an der Werra und Fulda sich zur Weser vereinen und der Nordsee entgegen fließen. Das „Fachwerkjuwel des Weserberglandes" besitzt einen mittelalterlichen Stadtkern mit rund 700 vorbildlich und liebevoll restaurierten Fachwerkhäusern. Über die Kirschenstadt Witzenhausen gelangen wir nach **Eschwege (24)** im Werratal. Handwerkliches Können beweisen die hervorragend erhaltenen Fachwerkfassaden mit den zahlreichen Flachschnitzereien in der Eschweger Altstadt. Auf unserer weiteren Fahrt passieren wir das romantische Fachwerkstädtchen Hessisch Lichtenau, die Heimat von Frau Holle. Sportliche Wanderer machen sich auf und erklimmen den 754 m hoch aufragenden Hohen Meißner. Dann geht's weiter über Melsungen nach **Fritzlar (25)**, der mittelalterlichen Dom- und Kaiserstadt. In dieser Stadt vereinen sich bis heute die drei wesentlichen Strukturmerkmale mittelalterlicher Architektur: Sakral-, Wehr- und Fachwerkbau. Auf unserer herrlichen Route kommen wir nun nach **Schwalmstadt (26)**. Es ist dies ein Zusammenschluss der Städte Treysa und Ziegenhain sowie weiterer elf Gemeinden zu Schwalmstadt. Die Stadtkerne von Treysa und Ziegenhain enthalten wunderbare Fachwerkbauten, stolze Kirchen und gut erhaltene Stadtbefestigungen. Von Neukirchen, einem Kneipp-, Luftkur- und familienfreundlichen Ferienort inmitten der volkskundlichen Trachteninsel Schwalm und des Rotkäppchenlandes, gelangen wir nach **Alsfeld (27)**, der schönen Fachwerkstadt in Oberhessen am Fuße des Vogelsbergs. Alsfeld ist Modellstadt für Denkmalschutz und Denkmalpflege sowie ein staatlich anerkannter Erholungsort. Sehenswert ist die Altstadt mit rund 400 Fachwerkhäusern und dem weltbekannten Fachwerk-Rathaus.

Route 6: Rotenburg bis Grünberg

Nicht nur heute, sondern seit Jahrhunderten bringt das liebenswerte Städtchen **Rotenburg an der Fulda (28)** Reisende zum Schwärmen. Immer noch zieht die nicht verloren gegangene Poesie des malerischen Fachwerkstädtchens jeden Besucher in ihren Bann. Rund 350 Fachwerkhäuser sind zu bewundern. Weiter geht's in die Festspielstadt **Bad Hersfeld**

(29). Das prächtige Rathaus (um 1600) sowie die zahlreichen historischen Bürgerhäuser machen die Stadt zu einem Juwel Osthessens. Jedes Jahr finden hier in der Stiftsruine, der größten romanischen Kirchenruine der Welt, die viel beachteten Festspiele statt. Nun fahren wir weiter nach **Schlitz (30)**, schön gelegen in einer waldreichen Landschaft zwischen Vogelsberg und Rhön. Über Lauterbach erreichen wir **Fulda (31)**, passieren Steinau an der Straße, die Jugendstadt der Brüder Grimm, und kommen in die Barbarossastadt **Gelnhausen (32)**. Friedrich I. Barbarossa verlieh ihr 1410 die Stadtrechte, woraufsich Gelnhausen bald zum blühenden Mittelpunkt der ganzen Region entwickelte. Eines der ältesten hessischen Fachwerkhäuser, das Gotische Haus, entstand nach dem Dreißigjährigen Krieg. Wenn die Besucher heute über das unebene Kopfsteinpflaster durch Gassen und über Plätze schlendern, präsentiert sich ihnen eine Vielfalt an hingebungsvoll restaurierten Fachwerkhäusern. Jetzt fahren wir weiter und kommen über Lich nach **Grünberg (33)**. Diese lebendige Fachwerkstadt liegt am Rande des Vogelsbergs.

Route 7: Biedenkopf bis Hochheim

Unsere vorletzte Route führt durch das herrliche Lahntal und beginnt in **Biedenkopf (34)**. Das Landgrafschloss thront über der anheimelnden Fachwerk-Altstadt. Weiter geht's nach Dillenburg, der Geburtsstadt von Wilhelm von Oranien, dem Befreier der Niederlande, vorbei an Herborn bis nach **Wetzlar (35)** an der Lahn. Neben dem Dom und der Alten Lahnbrücke gehören zu den Sehenswürdigkeiten der Stadt das Haus Brodschirm 6, das älteste Haus in Wetzlar, das Haus Schillerplatz 5, literaturgeschichtliche Gedenkstätte mit Bezug auf Goethes „Die Leiden des jungen Werthers", das Haus zum Reichsapfel und die Alte Münz. Über Hadamar fahren wir weiter nach **Limburg (36)**, dessen schöner Dom (13. Jh.) schon von weitem seine Gäste grüßt. Lohnenswert ist ein Spaziergang durch die Altstadt, der historischen Bürgerstadt. Unsere Tour führt durch den Taunus, am „Goldenen Grund" vorbei, einer fruchtbaren Mittelgebirgslandschaft am Nordtaunus; wir passieren Bad Camberg, eine alte Kurstadt mit modernsten Kuranlagen und einer schönen Altstadt. Sehenswert ist der Amthof mit seiner 140 Meter langen Fachwerkfront. Nach Idstein gelangen wir an den Rhein nach Eltville und an den Main nach **Hochheim (37)**. Winzer haben das reizvolle Städtchen mit seinen schönen Fachwerkhäusern erbaut. Aus dieser Stadt kommen hervorragende Weine und

Auf der Fahrt nach Hochheim kommen wir durch Idstein. Der Gustav-Adolf-Platz ist von Fachwerk hübsch eingerahmt.

Sekte. Sehenswert sind das Haus in der Kirchgasse 12, ein typischer Weinbauernhof, das Küstenhaus und der Marktplatz mit der Hochheimer Madonna, einer Steinplastik im reinsten Rokokko. Bereits 1844 fuhr die englische Königin Viktoria mit ihrem Mann auf dem Rhein und besuchte Hochheim am Main, um den Ort ihres geliebten Weines kennen zu lernen.

Route 8: Trebur bis Reichelsheim

Unsere letzte Etappe beginnt in **Trebur (38)**, einer ehemaligen Königspfalz am Rhein mit detailreich restaurierten Fachwerkhäusern. Weiter fahren wir über Dreieich und Steinheim nach **Seligenstadt (39)**. In Dreieich wandeln wir auf den Spuren Karls des Großen, entdecken reizvolle Fachwerkhäuser und mittelalterliche Sakralkunst und stehen staunend vor der Burgruine, die jährlich Hunderte von Jazzfreunden und Theaterliebhabern anlockt. Steinheim am Main gehört heute zur Stadt Hanau, es besitzt eine wunderschöne Altstadt, die einen Besuch lohnt. Seligenstadt liegt ebenfalls malerisch am Main: eine altfränkische Fachwerkstadt, die besonders viel Wert auf die Pflege der alten Fachwerkbauten legt. Über Babenhausen und Dieburg gelangen wir nach **Groß-Umstadt (40)**, der Odenwälder Weininsel; sehenswert sind das Renaissance-Rathaus (17. Jh.), die evangelische Stadtkirche (13./15. Jh.) und der Marktbrunnen („Biet") und natürlich die alten Adelshöfe und Fachwerkbauten. Weiter geht's über Breuberg, wo schon von weitem die Burg zu sehen ist, nach **Miltenberg (41)**. Der historische Marktplatz mit seinen hochgiebeligen Fachwerkhäusern, das alte Rathaus (14. Jh.) und der Gasthof „Zum Riesen" sind es wert, dass wir hier ein bisschen länger verweilen. Wir genießen die angenehme Fahrt durch den Odenwald und kommen nach **Michelstadt (42)**, der ältesten Stadt im Odenwald. Bedeutende Baudenkmäler seit der Römerzeit sind Zeugen einer wechselvollen Geschichte. Das Wahrzeichen der Stadt ist das berühmte Fachwerk-Rathaus. Nach wenigen Autominuten erreichen wir Erbach, die deutsche Elfenbeinstadt. Sehenswert sind das einmalige Elfenbeinmuseum und die historische Altstadt. Jetzt geht's nach **Reichelsheim (43)**, unserer letzten Station auf der Deutschen Fachwerkstraße. Der Luftkurort und seine Umgebung im oberen Gersprenztal sind ein herrliches Wandergebiet mit zahlreichen geführten Wegen. Für heute ist die Deutsche Fachwerkstraße im Odenwald zu Ende. Es sind jedoch für die nächsten Jahre weitere Abschnitte im Bereich von Baden-Württemberg geplant.

Dreieichenhain, Station auf der letzten Fachwerk-Route, ist ein Kleinod von historischer Bedeutung.

Deutsche Fehnroute

12

Das Wort Fehn stammt aus dem Niederdeutschen und Niederländischen und bedeutet so viel wie Moor. Die Deutsche Fehnroute ist also eine Straße, die durch parkähnliche Moorlandschaften führt mit ihren zahlreichen Kanälen, Schleusen und Klappbrücken. Jeder Ort hier in Friesland, dessen Name mit der Silbe „-fehn" endet, geht zurück auf eine bestimmte im 17. Jh. durchgeführte Kultivierungsmethode. Es wurden Kanäle und Seitenkanäle angelegt, mit denen man die Moorflächen entwässerte. Die Siedler dieser Moorlandschaften stachen den Schwarztorf, trockneten ihn und transportierten ihn auf den Kanälen mit Segelschiffen (Muttschiff, Tjalk, Pogge) zu anderen Orten, wo er als Brennmaterial verkauft wurde.

Die Fahrt entlang der Fehnroute zeigt, dass in zahlreichen Gemeinden der ursprüngliche Charakter der Fehnkolonien bis in unsere Zeit erhalten geblieben ist. Beginnen wir unsere rund 165 km lange Tour in **Apen (1)**. Sehenswert sind die Nikolai-Kirche (13. Jh.), das Bethaus in Vreschen-Bokel und die Windmühle in Hengstforde. Wir fahren weiter, vorbei an Ammerländer Bauernhäusern, weiten Kornfeldern mit grünen Knicks, saftigen Wiesen und sandiger Geest.

Über Uplengen gelangen wir nach **Wiesmoor (2)**. In Uplengen gibt es drei Mühlen zu bewundern und im Verlauf des Nordgeorgsfehn-Kanals fünf funktionstüchtige Schleusen. Auf diesem Kanal fährt das ehemalige Torfschiff „Ella" Ausflügler an malerischen Landschaften vorüber. Wer sich für die Entwicklungsgeschichte der Torfsiedlungen interessiert, besucht in Wiesmoor das Museum.

Auf den Kirchen im Fehnland zeigen unterschiedliche Wetterfahnen die

Highlights
Klappbrücken über die Fehnkanäle, Hoch- und Niedermoore; Großes Hafenfest in Barßel; Mühlen und Fehnhäuser.

Anfahrt
Apen ist über die Autobahn A 28, Leer über die A 28 und A 31 zu erreichen. Diese Route ist als Radwanderweg beschildert, teilweise auf der Ferienstraße, teils parallel dazu.

43

12

Tourist-Information
Interessengemeinschaft
Deutsche Fehnroute
Friesenstraße 34-36
26789 Leer
Tel. 04 91 / 6 66 41
Fax 04 91 / 28 60
E-Mail: landkreis@leer.net

Feste und Veranstaltungen
Fest der 1000 Laternen in Apen am letzten Juli-Wochenende; Großes Hafenfest in Barßel am 4. Wochenende im August; Internationales Tourenskippertreffen im Juli in Leer; Großfehntjer Mühlentage in Großefehn im Mai.

Kulinarische Köstlichkeiten
Die friesische Küche ist deftig und kräftig: Pökelfleisch mit Rosinensoße, Grünkohl mit Speck und Pinkel, Sniertjebraten mit süßsauren Beilagen; probieren Sie aber auch den kernigen Ammerländer Schinken, gebratene Maischollen oder zarte Matjes mit grünen Bohnen; weitere Köstlichkeiten sind Nordseekrabben mit Rührei oder geschmorte oder geräucherte Aale.

Typisch für Ostrhauderfehn sind Marsch, Geest, Moor, Fehnkanäle und Klappbrücken.

Windrichtung an. Eine evangelisch-reformierte Kirche ist an einem Schiff, eine evangelisch-lutherische Kirche an einem Schwan und eine katholische Kirche an einem Hahn auf der Turmspitze zu erkennen. Und noch etwas sollten die Besucher wissen: Die nicht weit entfernte Nordsee wird kurz als „See" bezeichnet, während die Binnenseen, an denen vielfältige Wassersportmöglichkeiten bestehen, kurz „Meer" genannt werden.

Aber jetzt machen wir uns wieder auf den Weg und fahren über Großefehn nach **Moormerland (3)**. Der Ort erstreckt sich zwischen der Flussmarsch der Ems und der Geest (= höher gelegenes Sandland). Zu den Sehenswürdigkeiten gehören das Boekzeteler Meer, eine herrliche Fehnlandschaft mit Wieken (Seitenkanälen) und dekorativen Klappbrücken, der Klosterfriedhof Boekzetelerfehn, das Naturschutzgebiet Veenhusen und die Warfkirche Rorichum. Unser nächster Halt ist **Leer (4)**, das Tor Ostfrieslands, umgeben von den beiden Flüssen Ems und Leda. Der alte Handelsplatz Leer ist als Hafenstadt mit der Welt verbunden. Zu den Sehenswürdigkeiten gehören das Leda-Sperrwerk, das hundertjährige Rathaus mit der alten Waage, die Haneburg und das Haus Samson, ein Museum, in dem eine umfassende Sammlung die ostfriesische Wohnkultur vorstellt.

Über Westoverledingen gelangen wir nach **Papenburg (5)**. In Westoverledingen gibt es den vielseitigen Freizeitpark „Am Emsdeich", und in Weekeborg und Esklum sind historische Sielanlagen zu sehen. Papenburg ist die größte Fehnkolonie Deutschlands und eine bekannte Werftstadt. Rund 40 km lang ist das Kanalnetz, welches die Stadt durchzieht. Das Freilichtmuseum von Velen zeigt auf eindrucksvolle Weise, wie die Menschen früher das lebensfeindliche Moor kultiviert und urbar gemacht haben. Über Rhauderfehn mit dem Fehn- und Schifffahrtsmuseum, Ostrhauderfehn und Saterland kommen wir ins Seemannsdorf **Barßel (6)**. Saterland ist heute jederzeit zugänglich, das war aber nicht immer so. Eingeschlossen von Hochmooren, war es nur über die Känale oder in kalten Wintern über das zugefrorene Moor zu erreichen. Der Elisabethenfehn-Kanal ist der einzige in voller Länge schiffbare Fehnkanal Deutschlands. In Elisabethenfehn gibt es ein sehenswertes Moor- und Fehnmuseum.

44

Artland-Route, Bramgau-Route und Osning-Route

Artland-Route

Die knapp 150 km lange Ferienroute passiert herrliche Alleen, führt vorbei an von Eichen umschlossenen Fachwerkhöfen in sanft hügeliger Parklandschaft. Beginnen wir in der Burgmannsstadt **Quakenbrück (1)**. Drei von ehemals 38 Burgmannshöfen erinnern an die Zeit, als die Burgmänner das Fürstbistum Osnabrück verteidigten. Der Poggenpad, der Froschpfad, mit seinen überdimensionalen Froschspuren leitet uns durch die Gassen der Altstadt. Über Dinklage fahren wir nach **Badbergen (2)**, ins Herz des Artlandes mit seinen schönen Hofanlagen. Wir gelangen nach **Bersenbrück (3)** und kommen über Ankum und Loxten nach **Fürstenau (4)**. Hier lohnt ein Spaziergang durch die historische Altstadt. In dem wehrhaften fürstbischöflichen Schloss lassen sich noch die alten Bastionen besichtigen. Wir kommen vorbei an Berge; hier empfiehlt sich eine Wanderung zum Großsteingrab in Hekese und zum ehemaligen Zisterzienserinnen-Kloster und heutigen Frauenstift Börstel. Über Menslage mit seinen schönen Fachwerkbauten erreichen wir wieder **Quakenbrück (1)**.

Highlights
Stolze Bauernhöfe und Herrenhäuser, prächtige Fachwerkbauten, alte Schlösser, mächtige Burgen; Steinernes Meer, Saurierspuren; European Media Art-Festival.

Anfahrt
Das Osnabrücker Land ist über die Autobahnen A 1, A 30, und A 33 zu erreichen sowie über die Bundesstraßen B 51, B 68, B 214 und B 218.
Im Osnabrücker Land gibt es eine große Auswahl an beschilderten Rad- und Wanderwegen.

Tourist-Information
Fremdenverkehrsverband
Osnabrücker Land
Am Schölerberg 6
49082 Osnabrück
Tel. 05 41 / 9 51 11 95
Fax 05 41 / 9 51 11 20
E-Mail: osnabruecker-land@t-online.de

Beeindruckende Windmühle vor einem blühenden Rapsfeld im Osnabrücker Land.

13

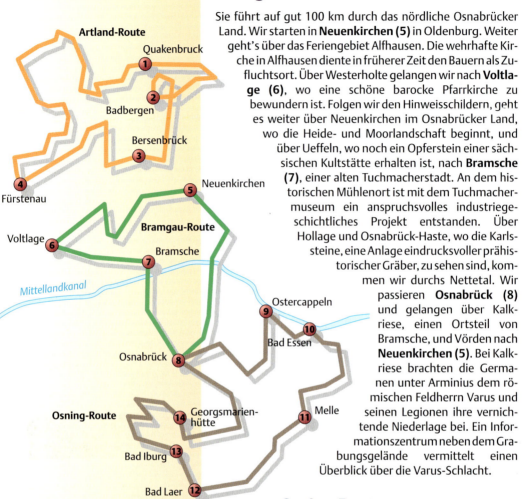

Bramgau-Route

Sie führt auf gut 100 km durch das nördliche Osnabrücker Land. Wir starten in **Neuenkirchen (5)** in Oldenburg. Weiter geht's über das Feriengebiet Alfhausen. Die wehrhafte Kirche in Alfhausen diente in früherer Zeit den Bauern als Zufluchtsort. Über Westerholte gelangen wir nach **Voltlage (6)**, wo eine schöne barocke Pfarrkirche zu bewundern ist. Folgen wir den Hinweisschildern, geht es weiter über Neuenkirchen im Osnabrücker Land, wo die Heide- und Moorlandschaft beginnt, und über Ueffeln, wo noch ein Opferstein einer sächsischen Kultstätte erhalten ist, nach **Bramsche (7)**, einer alten Tuchmacherstadt. An dem historischen Mühlenort ist mit dem Tuchmachermuseum ein anspruchsvolles industriegeschichtliches Projekt entstanden. Über Hollage und Osnabrück-Haste, wo die Karlssteine, eine Anlage eindrucksvoller prähistorischer Gräber, zu sehen sind, kommen wir durchs Nettetal. Wir passieren **Osnabrück (8)** und gelangen über Kalkriese, einen Ortsteil von Bramsche, und Vörden nach **Neuenkirchen (5)**. Bei Kalkriese brachten die Germanen unter Arminius dem römischen Feldherrn Varus und seinen Legionen ihre vernichtende Niederlage bei. Ein Informationszentrum neben dem Grabungsgelände vermittelt einen Überblick über die Varus-Schlacht.

Osning-Route

Diese rund 190 km lange Ferienstraße führt durch die hügelige Landschaft des Teutoburger Waldes im südlichen Osnabrücker Land, vorbei an Herrenhäusern, Burgen und Schlössern. Unser Ausgangspunkt ist die Bischofsstadt **Osnabrück (8)**, deren Dom um das Jahr 1100 errichtet wurde. Sehenswert sind in Osnabrück auch die Marienkirche mit ihren sakralen Schätzen und das 500 Jahre alte Rathaus; hier und in Münster wurde 1648 der Westfälische Frieden geschlossen. Weiter geht's über Belm, wo einer Sage nach möglicherweise der Sachsenführer Widukind getauft worden sein soll und wo das Steinerne Meer mit über 1000 Findlingen einen Besuch lohnt. Wir passieren Schelenburg, die schönste Wasserburg im Osnabrücker Land, und kommen nach **Ostercappeln (9)** mit der imposanten St.-Lamberti-Kirche. Bald darauf erreichen wir **Bad Essen (10)**, wo rund 150 Millionen Jahre alte Saurierspuren im Ortsteil Barkhausen zu bestaunen sind. Unsere nächste Station ist das Solebad **Melle (11)**. Zuvor sollten wir an der Oldendorfer Sternwarte Halt machen. Hier beginnt der Planetenweg, der maßstabsgerecht die Abstände der Planeten zur Sonne darstellt. Jeder Meter dieses Weges entspricht einer Million Kilometer im Weltall. In Melle lädt der Grönenburgpark zum Verweilen ein. Weiter geht's dann über Dissen und Bad Rothenfelde nach **Bad Laer (12)**. Unser nächster Stopp ist das Spargeldorf Glandorf, von hier fahren wir nach **Bad Iburg (13)**, wo eine Ruderpartie auf dem Charlottensee an heißen Sommertagen für Erfrischung sorgt; auch der Besuch des fürstbischöflichen Schlosses sollte auf dem Besichtigungsplan stehen. Über den Luftkurort Hagen und Hasbergen, wo einst Silber, Eisenerz und Kohle gefunden wurden, fahren wir nach **Georgsmarienhütte (14)**. Hier gründeten 1856 der hannoversche König Georg und seine Frau Marie eine heute noch existierende Eisenhütte.

Nun fahren wir gen Süden und bergan bis fast auf die über 330 m hohe Erhebung des westlichen Teutoburger Waldes, wir passieren das Wandergebiet Borgloher Schweiz, kommen durch das Bergdorf Holte mit seiner malerischen Kirchensiedlung und fahren dann über Bissendorf zurück nach **Osnabrück (8)**.

Feste und Veranstaltungen
Schnartgangfest „Olle Use" alle sieben Jahre in Osnabrück; European Media Art-Festival in Osnabrück im Mai; Fest der 1000 Fackeln in Bad Laer im August; Pferderennen in Quakenbrück im September.

Kulinarische Köstlichkeiten
Kräftiger Pumpernickel, herzhafter Räucherschinken gehören zu den begehrten Delikatessen wie auch Forellen aus Nettetal, Spargel im Frühling, Wildgerichte im Herbst und Grünkohl im Winterhalbjahr.

Oldtimerfahrt auf der romantischen Bramgau-Route.

14  Route der Industriekultur

Diese außergewöhnliche Ferienstraße ist sehr jung; sie erblickte am 29. Mai 1999 das Licht des Ruhrgebiets. Zwischen der A 2 und der A 40 entstand die Internationale Bauausstellung Emscher Park. Die rund 400 km lange Straße im Pott „präsentiert sich als spektakuläres soziokulturelles Gesamtkunstwerk", so schrieb eine Zeitung nach der Eröffnung. Und die Macher dieses Gesamtkunstwerks hielten sich getreu an die städtebauliche Bauernregel: „Was man heute stehen lässt, kann man morgen immer noch abreißen." Neben der hier vorgestellten Ferienstraße existieren für Wanderer und Radwanderer eine beschilderte „Route der Industrienatur", eine „Route der Landmarkenkunst" sowie eine „Route der Architektur".

Beginnen wir unsere Industriekultur-Tour in **Essen (1)**. Der Zollverein XII wird auch schon einmal als das Empire State Building des Ruhrgebiets bezeichnet. An diesem Ort gibt es eine multimediale Präsentation, die den Besucher auf diese Route der Industriekultur vorbereitet. Auf jeden Fall nicht versäumen: das Erfahrungsfeld zur Entfaltung der Sinne im Schacht III/VII/X. Einen Besuch lohnt auch das Ruhrlandmuseum in Essen. Villa Hügel, die bekannteste Unternehmervilla des Reviers, diente von 1873 bis 1945 der Industriellenfamilie Krupp als Wohnsitz und Repräsentationsort. Der Komplex beherbergt heute die Kulturstiftung Ruhr, ein Museum für überregionale Kunst.

Highlights
Zeche Zollverein XII, Warner Bros. Movie World, Landschaftspark Duisburg-Nord, Rheinisches Industriemuseum, Schiffshebewerk, größte „Ausstellungstonne" Europas und das Wassermuseum Aquarius.

Lichtinstallation im Landschaftspark Duisburg-Nord.

Weiter fahren wir über **Bochum (2)** mit dem Deutschen Bergbaumuseum (dem größten der Welt), dem Eisenbahnmuseum im Ortsteil Dahlhausen und der Industrie-Kathedrale der Kultur, der Jahrhunderthalle, die früher als Gebläsehalle für die Hochöfen genutzt wurde. Es folgen Bottrop mit dem begehbaren Tetraeder und der Warner Bros. Movie World, **Recklinghausen (3)** mit dem VEW Elektromuseum im historischen Umspannwerk, **Marl (4)** mit dem Chemiepark und **Waltrop (5)**. Seit 1992 ist das Alte Schiffshebewerk Henrichenburg, einst das größte und spektakulärste Bauwerk des Dortmund-Ems-Kanals, als Museum geöffnet. Schon bald erreichen wir **Dortmund (6)**. Auf dem Gebiet der ehemaligen Kokerei Hansa, seit 1992 stillgelegt, sucht sich die Natur einen neuen Lebensraum: Birken, Gräser und zarter Sommerflieder streben dem Himmel zwischen krummen Rohren und rostigen Pfeilern entgegen. Später wird man hier auf einem Erlebnispfad Technik, Natur und Geschichte kennen lernen. In Dortmund gibt es ein weiteres Highlight: Menschen haben sich während der Arbeit immer schon gegen Verletzungen, Hitze und Kälte schützen müssen. In der Deutschen Arbeitsschutzausstellung wird gezeigt, wie der Mensch sich wappnet. Um einen umfassenden Blick über die Region zu erhalten, empfiehlt sich der Besuch des Fernsehturms im Westfalenpark.

Machen wir uns auf mit unseren Kindern nach **Hamm (7)**, und besuchen wir dort den größten Elefanten der Welt, den „gläsernen Elefanten", eine ehemalige Kohlenwäsche. Zu seinen Füßen wurde der vielfältige Maximilianpark errichtet. Das regionale Eisenbahnmuseum Hamm ist in die Parkanlagen integriert.

Unsere nächste Station heißt **Unna (8)**, wo wir uns in der Lindenbrauerei stärken. Auf Anfrage ist eine Besichtigung der Welt unter Tage möglich. Wir fahren weiter über **Hagen (9)** mit dem Westfälischen Freilichtmuseum und **Witten (10)**,

Anfahrt
Das Ruhrgbiet ist über die Autobahnen A 1, A 2, A 3, A 31, A 40, A 42, A 43, A 44, A 45 A 52, A 59, A 67, A 72 zu erreichen.
Entlang der Ferienstraße und auf Nebenwegen gibt es ausgeschilderte Wander- und Radwege (Route der Industrienatur; Emscher-Park-Radwanderweg).

Tourist-Information
Ruhrgebiet Tourismus GmbH
Königswall 21
44137 Dortmund
Tel. 02 31 / 1 81 61 16
und 01 80 / 4 00 00 86
Fax 02 31 / 1 81 62 97
www.route-industriekultur.de
E-Mail: info@route-industriekultur.de

14

Feste und Veranstaltungen
Europäisches Festival der Ruhrfestspiele Recklinghausen vom 1. Mai bis Mitte Juni;
Hüttenfest im Landschaftspark Duisburg-Nord Ende Mai;
Cranger Kirmes in der 2. Augustwoche.

Kulinarische Köstlichkeiten
Nicht unbedingt jedermanns Geschmack, aber hier an den Imbiss-Büdchen zur Vollendung gebracht: die Currywurst. Andere deftige Spezialitäten heißen Pfefferpotthast, Dickmusik, Stielmus, Himmel und Erde und Blindhuhn.

wo wir die Zeche Nachtigall besuchen, nach **Hattingen (11)**. Hier entsteht im Hochofen 3 und einer Gebläsehalle das Eisenhüttenmuseum, in dem die Geschichte der Arbeit, die wirtschaftlichen und technischen Entwicklungen, die politischen und sozialen Folgen und Auswirkungen auf Landschaft und Natur aufgezeigt werden. Auf dem Gelände wird außerdem das Westfälische Feuerwehrmuseum eingerichtet. Das Westfälische Industriemuseum entstand im ältesten Hüttenwerk Hattingens.

Wir folgen den braunen Hinweisschildern der Ferienstraße und gelangen nach **Mülheim an der Ruhr (12)**. Freunde ungewöhnlicher Museen besuchen im ehemaligen Wasserturm „Aquarius" das außergewöhnliche Wassermuseum. Den Besucher erwarten auf 14 Ebenen 25 Multimedia-Stationen, die in die Welt des Wassers entführen.

Unsere nächste Etappe ist **Duisburg (13)** mit seiner sehenswerten Altstadt und dem großen Binnenhafen in Duisburg-Ruhrort sowie dem Museum der Deutschen Binnenschifffahrt mit dem historischen Radschleppdampfer „Oskar Huber". Tag und Nacht geöffnet ist der Landschaftspark Duisburg-Nord, eine ehemalige Hochofenanlage. Mittelpunkt ist die ehemalige Meidricher Eisenhütte. Sportliche Zeitgenossen erproben ihr Können im Landschaftspark Duisburg-Nord im *Freeclimbing* an den steinernen Mauern einer ehemaligen Zechenanlage oder steigen zwischen einem Labyrinth aus Rohren und Schrauben an der alten Hochofenanlage empor. Wassersportler tauchen ab im ehemaligen Gasometer. Abends verwandelt sich das Hüttenwerk durch die Inszenierung eines britischen Künstlers in ein faszinierendes Lichtspektakel.

Bald kommen wir nach **Oberhausen (14)**, wo das Rheinische Industriemuseum und der Gasometer im CentrO die Besucher anlockt. Das Industriemuseum zeigt in der Walzhalle der ehemaligen Zinkfabrik Altenberg über 150 Jahre Geschichte der Eisen- und Stahlindustrie an Rhein und Ruhr. Der größte Gasspeicher Europas (gleichzeitig die größte „Ausstellungstonne") wurde zum besten Aussichtspunkt übers Revier, und das CentrO ist das größte Einkaufszentrum Europas.

Unsere letzte Station heißt **Gelsenkirchen (15)**. Die Bundesgartenschau hat die Umgestaltung einer ehemaligen Bergbaufläche zu einem Landschaftspark neuen Typs überregional bekannt gemacht. Neben der ehemaligen Zeche Nordstern sind neue Gelände- und Landschaftsformen durch Aufschüttung entstanden.

50

Westfälische Mühlenstraße

15

42 Mühlen wurden unter Denkmalschutz gestellt und größtenteils liebevoll restauriert. In den Mühlen wurde nicht nur das Mehl für das tägliche Brot gemahlen, sondern auch das Gerstenmalz für das schon in der Hansezeit viel gerühmte Mindener Bier. Bei der Restauration der Mühlen setzte man auch zahlreiche Backhäuser wieder instand, so dass den Stadtmenschen heute an bestimmten Tagen vorgeführt wird, wie Getreide zu Mehl gemahlen und in Steinöfen zu nahrhaftem Brot gebacken wird.

Der etwa 320 km lange Mühlenkreis beginnt in **Minden (1)**, wo sich an der Weser die restaurierte Schiffmühle sowie die Dützen-Mühle und Rodenbeckler Mühle befinden. Von hier fahren wir nördlich des Wiehengebirges und südlich des Mittellandkanals über Eickhorst nach **Lübbecke (2)** und weiter nach **Preußisch Oldendorf (3)**, wobei wir immer wieder an dekorativen restaurierten Mühlen vorbeikommen.

Eine andere Strecke führt von **Minden (1)** vorbei an der **Porta Westfalica (4)** nach **Bad Oeynhausen (5)** südlich des Wiehengebirges. Wir kommen vorbei an der Wassermühle Bergkirchen aus dem 18. Jh. und an der Windmühle Struckhof in Schnathorst. Über **Hüllhorst (6)**, wo im Nachtigallental die Husenmühle aus dem 17. Jh. steht, geht's über die Gutswassermühle Holzhausen-Hudenbeck nach **Preußisch Oldendorf (3)**.

Von hier fahren wir über **Oppendorf (7)** vorbei an fünf Mühlen nach **Rahden (8)** und **Hille (9)**. Auf diesem Teilstück kommen wir an fünf weiteren alten Mühlen vorbei und erreichen bald die Großenheider Königsmühle **Todtenhausen (10)**. Von hier können wir jetzt zurück nach **Minden (1)** fahren, oder wir erweitern unsere Tour und bewegen uns an der Weser entlang nach **Petershagen (11)**. Die nun folgende rund 50 km lange Strecke bis nach Minden zurück heißt auch „Storchenroute". Es geht von Petershagen, wo ein ganz besonderes Hotel steht (hier gibt es nämlich „Rast im Knast") über Großenheerse nach **Schlüsselburg (12)**. Wir überqueren den Fluss und fahren über Neuenknick und Lahde zur Windmühle **Meißen (13)** gegenüber von **Minden (1)**. Hier endet die Storchenroute, wo die letzten in Nordrhein-Westfalen brütenden Weißstörche zu beobachten sind.

Aber auch Heringsfängern und Glasbläsern können Interessierte bei der Arbeit, die seit Jahrhunderten unverändert geblieben ist, über die Schulter schauen.

Highlights
42 Wind-, Wasser- und Rossmühlen; Mahl- und Backtage, Ovelgönner Tage in Bad Oeynhausen, die Storchenroute von Petershagen.

Anfahrt
Minden ist über die Autobahn A 2 und über die Bundesstraßen B 215/61 und B 65 zu erreichen.
Für Radwanderer gibt es einen ausgeschilderten Radrundwanderweg, die „Mühlenroute".

Tourist-Information
Mühlenkreis Minden-Lübbecke
Postfach 2580
32423 Minden
Tel. 05 71 / 80 70
Fax 05 71 / 8 07 27 00
www.muehlenkreis.de
E-Mail: muehlenkreis@minden-luebbecke.de

Im Vordergrund ist die Rekonstruktion einer historischen Schiffmühle auf der Weser vor Minden zu sehen; im Hintergrund reckt sich das Kaiser-Wilhelm-Denkmal in den Himmel.

15

Tourist-Information
Stadt Petershagen
Abt. Fremdenverkehr
Bahnhofstraße 63
32469 Petershagen
Tel. 0 57 02 / 82 20
Fax 0 57 02 / 82 22 98
www.petershagen.de

Feste und Veranstaltungen
Frühlingsmarkt Ende April/Anfang Mai in Hille und Preußisch Oldendorf; Weinfest im Juni in Minden; Ovelgönner Tage, Festwoche am Wasserschloss in Bad Oeynhausen im Juni; Brunnenfest in Preußisch Oldendorf im August; Schützen- und Erntefeste finden in Städten und Dörfern zwischen Mai und September statt, ebenso Mahl- und Backtage mit kulturellem Rahmenprogramm in verschiedenen Mühlen zwischen April und November.

Kulinarische Köstlichkeiten
Die westfälische Küche bietet neben kernigem Rauchschinken und Korn, Griebenschmalz auf kräftigem Brot, Plattenkuchen (auch Freud-und-Leid-Kuchen genannt) Stippgrütze, Grünkühl mit Mettwürstchen und dicke Bohnen mit Speck.

Jetzt empfehlen wir noch eine kleine Rundfahrt von der Windmühle **Meißen (13)** über Nammen, Kleinenbremen und Möllbergen zur **Windmühle Holzhausen (14)** an der **Porta Westfalica (4)**. Neben den alten Mühlen gibt es auf dieser Tour auch andere Kulturdenkmäler zu bewundern, als Beispiel seien hier der Kurpark von Bad Oeynhausen erwähnt, das Kaiser-Wilhelm-Denkmal an der Porta Westfalica, das Scheunenviertel in Schlüsselburg und das Besucherbergwerk in Kleinenbremen.

16

Highlights
Kirchen und Schlösser; Orgelmuseum in Borgentreich und Orgelkonzerte.

Historische Orgelroute

Der rund 120 km lange Rundkurs führt uns durch den Kreis Höxter in Westfalen. Auf unserer Fahrt sehen wir eine Reihe historischer Orgeln und Orgelgehäuse, die zum großen Teil im 17. und 18. Jh. in den Klosterkirchen entstanden sind.

Wir starten in **Brenkhausen (1)**, einem Vorort von Höxter, wo wir in der katholischen Kirche das Orgelgehäuse von Johann Jakob John von 1707 bestaunen. Sehenswert ist auch die ehemalige Klosterkirche, ein herrliches Barockkunstwerk mit einem Hochaltar aus dem 17. Jh. und den beiden Gemälden „Mariens Himmelfahrt" und „Marienkrönung". Nach wenigen Autominuten erreichen wir **Höxter (2)**. In der Stadt stehen zahlreiche Fachwerkbauten im Stil der Weserrenaissance (siehe dazu auch unsere Route 10: *Straße der Weserrenaissance*). In der St.-Kiliani-Kirche (11. Jh.) bewundern wir die Hinrich-Clausing-Orgel, die 1709 erbaut und 1711 vollendet wurde. Die St.-Nikolai-Kirche mit der herrlichen Fassade aus dem 18. Jh. lohnt ebenso einen Besuch wie die Adelshöfe aus der Zeit vor dem Dreißigjährigen Krieg.

Südlich von Höxter liegt **Corvey (3)** mit seinem prächtigen Schloss inmitten gepflegter Parkanlagen. Die Abteikirche (9. Jh.) ist das älteste erhaltene Baudenkmal der Region. In zwei Stockwerken befindet sich das Museum Höxter-Corvey mit Dokumentationen zur Klostergeschichte, zur Corveyer Wohnkultur und zu August Heinrich Hoffmann von Fallersleben.

Über Godelheim und Amelunxen fahren wir in die frühere Ackerbürgerstadt **Beverungen (4)**. In diesen Orten sind jeweils in der katholischen Kirche Orgelgehäuse aus dem 17. Jh. zu sehen. Die Straße führt uns weiter nach **Borgentreich (5)** zum Höhepunkt dieser Ferienstraße, wo das einzigartige Orgelmuseum steht. In der katholischen Pfarrkirche betrachten wir die barocke Singladenorgel, die 1730 von J. P. Möller geschaffen wurde. Sie ist die größte historische Orgel Westfalens und eine der berühmtesten Denkmalorgeln Europas.

Im romantischen Diemeltal liegt die fast 1000 Jahre alte Hansestadt Warburg. Nach einem Spaziergang durch die mittelalterliche Innenstadt machen wir uns auf den Weg nach **Wormeln (6)**, wo wir in der ehemaligen Klosterkirche das Orgelgehäuse von Andreas Schneider bewundern können. Weiter geht's über **Hohenwepel (7)** und Peckelsheim nach **Willebadessen (8)**. Hier statten wir dem bedeutenden Kloster einen Besuch ab, dessen Barockisierung zwischen 1700 und 1725 erfolgte. Zu dem ehemaligen Kloster gehören die Klosterkirche, ein Kreuzgang, die Gründerkapelle und ein Nonnenfriedhof. Unser nächster Stopp heißt **Neuenheerse (9)**, wo wir in der Pfarrkirche St. Saturnina, einer ehemaligen

Möller-Orgel (Singladenorgel) in Borgentreich (1730).

Anfahrt
Das Corveyer Land liegt innerhalb des Autobahnvierecks A 2, A 44, A 33 und A 7.
Für Wanderer und Radwanderer gibt es jeweils einen beschilderten Annette-von-Droste-Hülshoff-Wanderweg und Annette-von-Droste-Hülshoff-Radweg.

Tourist-Information
Corveyer Land Touristik
Corveyer Allee 21
37671 Höxter
Tel. 0 52 71 / 97 43 20
Fax 0 52 71 / 97 43 30
www.corveyer-land.de
E-Mail: fvv@corveyer-land-de

Stadt Borgentreich
Am Rathaus 13
34434 Borgentreich
Tel. 0 56 43 / 80 90

Feste und Veranstaltungen
Annenkirmes in Brakel-Gehrden am 1. August-Wochenende; Siedlerfest am 2. August-Wochenende in Bad Driburg; Stausee in Flammen, 4. August-Wochenende in Neuenheerse; Orgelkonzerte in Borgentreich im Juni, September und Oktober; Orgelkonzerte in Marienmünster im April, Mai, zu Pfingsten und im November; Schützenfeste finden in den Sommermonaten in allen Städten und Ortsteilen statt.

Kulinarische Köstlichkeiten
Zu den Köstlichlichen des Corveyer Landes gehören kräftige Braten, vielseitige Kartoffelzubereitungen, dunkles Brot, kerniger Räucherschinken, würzige Wurst mit Senf und eingelegte Gurken. Den Durst löscht am besten das einheimische Bier.

Stiftskirche aus dem 12. Jh., die Andreas-Schweimbs-Orgel besichtigen. In Gehrden steht die Andreas-Schneider-Orgel (17. Jh.) in der Pfarrkirche St. Peter und Paul und in Rheder entdecken wir das Orgelgehäuse (17. Jh.) in der katholischen Kirche (das Schloss Rheder, 18. Jh., ist nur von außen zu bewundern). Weiter fahren wir nach **Brakel (10)**, einem anerkannten Luftkurort und zugleich einer altehrwürdigen Hansestadt mit historischem Stadtbild. In der Kirche St. Michael betrachten wir die neue Orgel mit den alten Flügeltüren einer Orgel aus dem 16. Jh. Im Bökerhof in Bökendorf trafen sich hier einst die Dichterin Annette von Droste-Hülshoff und die Brüder Grimm.

Über Pömbsen mit einem Orgelgehäuse aus dem 18. Jh. und Nieheim gelangen wir nach **Marienmünster (11)**. Der Ort ist von Wäldern, Wiesen und Feldern umgeben. Sehenswert sind neben der Pfarrkirche St. Jakobus und Christophorus mit der Johann-Patroclus-Orgel (18. Jh.) auch die stattliche Benediktiner-Abtei. Von hier fahren wir zurück nach **Brenkhausen (1)** zu unserem Ausgangspunkt.

Highlights
Höxter, Corveyer Schloss, Kurpark in Bad Driburg, Brakel.

Anfahrt
Das Corveyer Land liegt innerhalb des Autobahnvierecks A 2, A 44, A 33 und A 7.
Für Wanderer und Radwanderer gibt es jeweils einen beschilderten Annette-von-Droste-Hülshoff-Wanderweg und Annette-von-Droste-Hülshoff-Radweg.

Hochstift-Dichterstraße

Im Kreis Höxter haben zahlreiche Dichter gelebt und geschrieben. Die Ferienstraße führt uns zu den Geburts- und Grabstätten dieser berühmten Menschen. Wir starten in **Höxter (1)**. Es war im Jahr 823, als Kaiser Ludwig der Fromme die Villa Huxori dem Kloster Corvey schenkte. Unsere nächste Station ist Corvey. Hier wirkte August Heinrich Hoffmann von Fallersleben von 1860 bis zu seinem Tod im Jahr 1874 als Bibliothekar des Herzogs von Ratibor. Über **Rheder (2)**, wo im Schloss lange Zeit der „Dichtergraf des Nethegau", Graf Bruno von Mengersen (1804 – 1873), lebte und wirkte, fahren wir nach **Bad Driburg (3)**, herrlich im Naturpark Eggegebirge im südlichen Teutoburger Wald gelegen. In dem weitläufigen Kurpark gedeihen uralte Stieleichen, exotische Ginkgobäume und der seltene Sumatra-Ahorn. In dem Ortsteil **Alhausen (4)** wandeln wir auf die Spuren des Dichters, Arztes und Politikers Friedrich Wilhelm Weber (1813 – 1894), der hier geboren

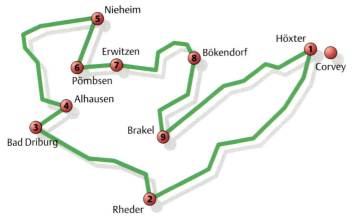

wurde. Eine heidnische Opferfeier lässt Weber in seinem Versepos „Dreizehnlinden" auf der Iburg spielen. Webers Geburtshaus ist heute ein Museum, in dem neben Dokumenten des Dichters auch Exponate aus seinem Wirkungsbereich als Arzt und Politiker ausgestellt sind. In **Nieheim (5)** besuchen wir das Wohnhaus von Friedrich Wilhelm Weber, in dem er die letzten sieben Lebensjahre verbrachte.

Wer jetzt Hunger und Durst stillen möchte, dem empfehlen wir einen Abstecher zum Ortsteil Himmighausen. Im Dorfkrug „Zum Kukuk" wohnte zeitlebens der Heimatlyriker Fritz Kukuk (1905 – 1987). Hunderte von Besuchern erfreute er jahrzehntelang bei Kaffee und Kuchen mit seinen wohlklingenden Versen und plattdeutschen „Dönekes". Seine Europa-Hymne wurde in der letzten Zeit mehrfach vertont und unter Beifall aufgeführt.

Weiter geht unsere Fahrt nach **Pömbsen (6)**, wo Weber in der Pfarrkirche getauft wurde. Hier hielt sich auch der Dichterpfarrer August Wibbelt (1862 – 1947) öfter auf. Schon bald passieren wir **Erwitzen (7)**, den Geburtsort des poetischen Mystikers und Weltwanderers Peter Hille (1854 – 1904). Hille ist der Schöpfer der „Waldesstimme", eines der schönsten deutschen Waldgedichte. In Hilles Geburtshaus wurde eine „literarische Gedenk- und Begegnungsstätte" eingerichtet.

Wir machen uns auf nach **Bökendorf (8)**. Im Bökerhof (heute ein Literaturmuseum), der auch in Webers „Dreizehnlinden" erwähnt wird, war im 19. Jh. auf Einladung der Familie des Freiherrn von Haxthausen Treffpunkt des Norddeutschen Romantikerkreises. Viel früher traf sich Annette von Droste-Hülshoff hier mit den Brüdern Grimm. Die Novelle „Die Judenbuche" der Dichterin spiegelt eine wahre Begebenheit dieser Region wider.

Unsere Tour nähert sich dem Ende. Wir fahren über **Brakel (9)**, wo wir die meisterhaft geschnitzten Torbögen an alten Fachwerkhäusern bewundern, zurück nach **Höxter (1)**.

Tourist-Information
Corveyer Land Touristik
Corveyer Allee 21
37671 Höxter
Tel. 0 52 71 / 97 43 20
Fax 0 52 71 / 97 43 30
www.corveyer-land.de
E-Mail: fvv@corveyer-land.de

Feste und Veranstaltungen
Annenkirmes in Brakel-Gehrden am 1. August-Wochenende; Siedlerfest am 2. August-Wochenende in Bad Driburg; Freilichtbühne in Bökeldorf, Spielzeit zwischen Mai und September; Schützenfeste finden in den Sommermonaten in allen Städten und Ortsteilen statt.

Kulinarische Köstlichkeiten
Zu den Köstlichkeiten des Corveyer Landes gehören kräftige Braten, vielseitige Kartoffelzubereitungen, dunkles Brot, kerniger Räucherschinken, würzige Wurst mit Senf und eingelegte Gurken. Den Durst löscht am besten das einheimische Bier.

Grab des Dichters August Heinrich Hoffmann von Fallersleben in Corvey.

18

Romanik Agentur
Niedersachsen

Highlights
Naturpark Harz; das „Heilige Grab" in Gernrode, Braunschweig mit dem Burgplatz und dem Bronzelöwen; Gandersheimer Domfestspiele; St.-Petrus-Dom in Osnabrück, Klosterkirche in Arendsee, Backsteinkirche in Engerhafe, Backsteinkirche in Weener-Stapelmoor; Kaiserdom in Königslutter an der Elm; Braunlager Köhlertage.

Anfahrt
1. Rund um den Harz: Dieses Gebiet ist über die Autobahnen A 2 und A 7 zu erreichen.
2. Zwischen Weser und Leine: Zu diesem Gebiet führen die Autobahnen A 2 und A 7.
3. Rund um Osnabrück: Anfahrt über die Autobahnen A 1 und A 30.
4. Die Altmark: Dieses Gebiet ist über die Bundesstraßen B 4, B 71, B 190, B 195 und B 248 zu erreichen.

Der Kaiserdom in Königslutter.

Wege in die Romanik: Rund um den Harz, Elm-Hochstraße und Harz-Hochstraße

Der Begriff Romanik stammt aus dem 19. Jh. und steht für die Zeit zwischen 800 und 1200. Das mittelalterliche Leben wurde geprägt durch Klerus und Adel; Sachsenherzöge wurden in Norddeutschland zu Königen gewählt. Stattliche Burgen wurden gebaut. Die kirchlichen Würdenträger ließen umfangreiche Klosteranlagen errichten. Wir wollen die fünf Regionen mit ihrer Fülle an romanischen Bauten und Kunstwerken kennen lernen (siehe auch die Beschreibung der Route 19: *Straße der Romanik*). Die Wege führen in mehr als 100 Orte und zu mehr als 300 ausgewählten Sehenswürdigkeiten. Diese Ferienstraße geht bis in angrenzende Bundesländer und in die Niederlande, denn das mittelalterliche Sachsen umfasste ein größeres Gebiet als das heutige Niedersachsen.

Rund um den Harz (Region 1)

Hildesheim (1) war seit dem 9. Jh. Bischofssitz und somit geistliches Zentrum der Region. Zu den Sehenswürdigkeiten gehören die Christussäule, die monumentalen Bronzetüren des Doms und das Knochenhaueramtshaus, eines der schönsten Fachwerkhäuser der Welt. Wer schwindelfrei ist, besteigt den höchsten begehbaren Kirchturm Norddeutschlands, den 114 m hohen Andreasturm, und schaut ins weite Land. Unsere nächste Station heißt **Braunschweig (2)** mit dem herrlichen Burgplatz – umgeben von dem Dom, der Burg Dankwarderode, dem Viewweghaus und dem stattlichen Fachwerkgebäude – und mit dem mächtigen Löwen in der Mitte. Dieser Bronzelöwe ist die älteste frei stehende Großplastik Deutschlands. Südlich vom Stadtzentrum im Ortsteil Melverode steht die Wallfahrtskirche St. Nikolaus aus dem 12. Jh. Wir folgen dem Lauf der Ocker und erreichen schon bald **Goslar (3)** im Harz. Das riesige Bauwerk auf einer Anhöhe, die Kaiserpfalz, gilt als berühmtester Palastbau des Mittelalters in Deutschland. Eigenwillig mutet die Marktkirche St. Cosmas und Damian mit den bei-

56

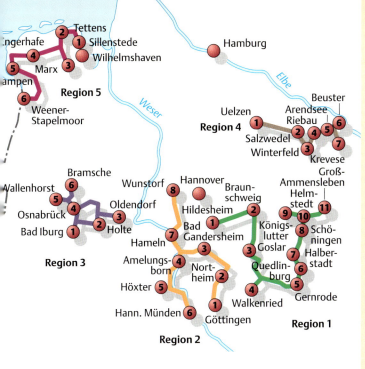

den unterschiedlichen Türmen an. Über Bad Harzburg und Braunlage fahren wir durch den Harz bis **Walkenried (4)**, wo wir das Kloster aus dem 12. Jh. bewundern. Wenn wir nun den südlichen Harz durchqueren, gelangen wir in den Ort **Gernrode (5)**, der von der über 1000 Jahre alten Stiftskirche überragt wird. Das „Heilige Grab" ist die in Deutschland besterhaltene und künstlerisch bedeutendste romanische Nachbildung des Grabes Christi. Weiter führt unsere Route über **Quedlinburg (6)** mit der Stiftskirche St. Servatius und ihren herrlichen romanischen Kunstwerken nach **Halberstadt (7)**. Hier verdienen der Dom St. Stephanus und der Domschatz Beachtung. Die Liebfrauenkirche gegenüber dem Dom ist die einzige viertürmige Basilika (11. Jh.) in Mitteldeutschland. Über Hamersleben kommen wir nach **Königslutter (9)** mit der ehemaligen Stiftskirche St. Peter und Paul, auch Kaiserdom genannt, und weiter nach **Helmstedt (10)** mit den Kirchen St. Ludgeri und St. Marienberg. Unsere letzte Station heißt **Groß-Ammensleben bei Magdeburg (11)**, wo wir die Klosterkirche St. Petrus und Paulus besuchen.

Elm-Hochstraße

Die Elm-Hochstraße, eine schöne Autostraße, führt von **Schöningen (8)** über **Helmstedt (10)** nach **Königslutter (9)**.

5. Ostfriesland mit dem Groningerland: In dieses Gebiet gelangen Sie über die Autobahnen A 28, A 29 und A 31.

Die Harz-Hochstraße führt größtenteils über die B 242.
In Aurich beginnt ein rund 50 km langer Radweg in die Romanik.

Tourist-Information
Wege in die Romanik:
Romanik Agentur Niedersachsen
Vahrenwalder Straße 7
30165 Hannover
Tel. 05 11 / 93 57-2 55
Fax 05 11 / 93 57-2 57
E-Mail: tourismusniedersachsen@t-online.de

Elm-Hochstraße:
Fremdenverkehrsgemeinschaft
Elm-Lappwald
Südertor 6
38350 Helmstedt
Tel. 0 53 51 / 12 13 73
Fax 0 53 51 / 12 11 64
www.helmstedt.de
E-Mail: tourist@helmstedt.de

Harz-Hochstraße:
Kurbetriebsgesellschaft
„Die Oberharzer"
Hüttenstraße 9
38707 Altenau
Tel. 0 53 28 / 80 20
Fax 0 53 28 / 8 02 38
www.harztourismus.com

18

Feste und Veranstaltungen
1. Rund um den Harz: Domfest in Königslutter im Juni/August; Löwenfest in Braunschweig im Oktober.
2. Zwischen Weser und Leine: Historischer Markt mit Bockbieranstich in Einbeck im Mai; Münchhausenspiele in Bodenwerder von Mai bis Oktober, Gandersheimer Domfestspiele im Juni und Juli.
3. Rund um Osnabrück: Stadtfest in Osnabrück im Mai, Quakenbrücker Pferderennen im September.
4. Die Altmark: Altmärkischer Spezialitätenmarkt in Arendsee im Juni, Drachenfest auf den Elbwiesen in Tangermünde im August.

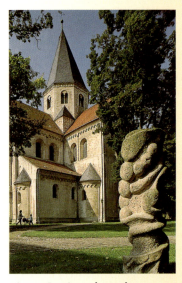

Die aus Granitquadern erbaute Kirche in Marx.

Schöningen liegt direkt am größten Buchenwald Norddeutschlands, die Stadt ist der älteste Ort im ehemaligen Herzogtum Braunschweig. Dort, wo der Erzbischof von Mainz, Willigis, um 995 das Licht der Welt erblickt haben soll, steht heute das älteste Haus (1568) von Schöningen. Das Wahrzeichen der Stadt ist die St.-Lorenz-Kirche mit der romanischen Apsis. Sehenswert ist auch die imposante St.-Marien-Kirche.

Harz-Hochstraße

Sie durchquert das Mittelgebirge von Ost nach West und passiert dabei von der Lutherstadt Mansfeld aus die Orte Königerode, Harzgerode, Güntersberge, Hasselfelde, Trautenstein, Braunlage, Königskrug, Sonnenberg, Clausthal-Zellerfeld bis nach Bad Grund.

Zwischen Weser und Leine (Region 2)

In der alten Universitätsstadt **Göttingen (1)** finden wir das meistgeküsste Mädchen Deutschlands, die Gänseliesel auf dem Marktbrunnen; jeder frischgebackene Doktor muss, so will es der Brauch, die Maid auf ihren kühlen Bronzemund küssen. Südlich von Göttingen besuchen wir in Reinhausen die ehemalige Burg- und Klosterkirche St. Christopherus. Jetzt wenden wir uns gen Norden und kommen über Nörten-Hardenberg nach **Northeim (2)**, wo wir das Kloster St. Blasii und im Ortsteil Wiebrechtshausen die Zisterzienserinnenklosterkirche bewundern. Weiter führt unser Weg über Brunshausen nach **Bad Gandersheim (3)**. Mittelpunkt des Ortes ist die 1000 Jahre alte Stiftskirche. Im Stift zu Gandersheim wirkte auch die erste deutsche Dichterin, die adelige Nonne Roswitha (935 – 973). Ihr zu Ehren finden jährlich im Mai und Juni vor dem Dom die berühmten Gandersheimer Domfestspiele statt. Unser nächster Halt ist **Amelungsborn (4)** mit dem zweitältesten Zisterzienser-Kloster (12. Jh.) Niedersachsens. Über Holzminden gelangen wir nach **Höxter-Corvey (5)** mit der ehemaligen Benediktiner-Abtei, dem heutigen Barockschloss (siehe hierzu auch die Beschreibung in Route 17: *Hochstift-Dichterstraße*). Weiter geht's über Helmarshausen nach **Hannoversch Münden (6)**, einer der schönsten Städte Deutschlands mit wunderbaren Fachwerkbauten. Im Ortsteil Bursfelde liegt das ehemalige Benediktiner-Kloster St. Thomas und St. Nikolaus, das trotz zahlreicher Umbauten seinen romanischen Ursprung erhalten konnte.

Von **Amelungsborn (4)** erreichen wir Richtung Norden Kemnade und **Hameln (7)**. Hier entdecken wir die Münsterkirche St. Bonifatius mit einer Krypta aus dem 11. Jh. Unter dieser Krypta konnte sogar eine Krypta aus frühromanischer Zeit freigelegt werden. Über Apelern fahren wir nach **Wunstorf (8)** und besichtigen dort die Stiftskirche. In der Umgebung von Wunstorf finden wir weitere bemerkenswerte Bauten aus romanischer Zeit in Idensen, Rehburg-Loccum, Mariensee, Mandelsoh, Marklohe und Balge.

Rund um Osnabrück (Region 3)

Südlich von **Osnabrück (4)**, dem größten Bistum Niedersachsens, liegt **Bad Iburg (1)**, wo wir mit unserer Fahrt beginnen. Von dem mächtigen Schloss aus wurde das Fürstbistum Osnabrück über 600 Jahre regiert. Die Benediktiner-Abtei im Schloss (11. Jh.) enthält die meisterliche Grabplatte Bischof Gottschalks von Diepholz. Über das Kloster Oesede kommen wir nach **Holte-Bissendorf (2)**, wo sich auf einem Berg die ehemalige Bergburg erhebt; Reste des Palas und eines 10 m hohen Rundturms sind noch erhalten.

Unser nächste Station heißt **Melle-Oldendorf (3)**. Hier besuchen wir eine typische mittelalterliche Kirchenburg. Die Häuser um die Martinskirche lassen heute noch die einstige Burganlage erkennen. Im Innern sind umfangreiche Reste schöner Wandmalereien zu sehen. Von hier sind es nur wenige Autominuten bis nach **Osnabrück (4)**; der Dom St. Petrus ist das Wahrzeichen der geistlichen Macht der alten Bischofsstadt. Der Kreuzgang am Dom umschließt einen hübschen Gräsergarten. Trotz zahlreicher widriger Umstände enthält der Dom noch manch wertvollen Schatz wie das mächtige Triumphkreuz aus dem 13. Jh. und das bronzene Taufbecken aus dem 13. Jh. Zudem sind außergewöhnliche Kunstwerke aus der romanischen Epoche zu bewundern. Über Westerkappeln fahren wir nach **Wallenhorst (5)**. Die Alte Alexanderkirche soll Karl der Große um 777 gestiftet haben. Wer mag, macht von hier einen Abstecher nach Wallenhorst-Rulle und besucht die Wittekindsburg, eine der größten frühgeschichtlichen Befestigungsanlagen Niedersachsens. Über Rulle kommen wir nach **Bramsche (6)**, wo wir die romanische Kirche St. Martin besichtigen.

5. Ostfriesland mit dem Groningerland: Matjestage in Emden im Juni, Dollart-Fest in Ostfriesland im August, Drachenfest in Greetsiel im September.
Wiesenblütenfest in St. Andreasberg im Juni; Johannifest in Bad Grund im Juni; Hinterstraßenfest in Altenau im Juli; Braunlager Köhlertage Juli/August; Salz- und Lichterfest in Bad Harzburg im August.

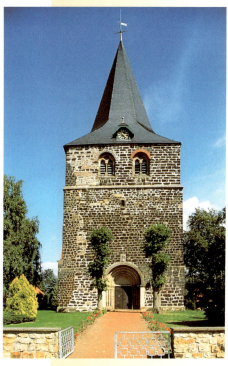

Der trutzige Turm der Kirche St. Osdag in Mandelsoh.

Kulinarische Köstlichkeiten
1. Rund um den Harz: Spargel, Grünkohl mit Pinkel, Sauerfleisch mit Bratkartoffeln, Harzer Käse mit Griebenschmalz, Wildgerichte.
2. Zwischen Weser und Leine: Steinhuder Räucheraal, Uslarer Peker-Essen (Kartoffeln mit Mettwurst), Corveyer Fürsten-Bankett.
3. Rund um Osnabrück: Grünkohl mit Mettwurst, Pumpernickel mit Räucherschinken, Buchweizenpfannkuchen, Spargelgerichte.
4. Die Altmark: Baumkuchen, Tiegelbraten, Hochzeitssuppe.
5. Ostfriesland mit dem Groningerland: Krabben, Matjes, Miesmuscheln, schwarzer Tee mit Kluntjes, Bohntje Sopp (Weinbrand mit Rosinen).

Ein Blick in das Innere der Klosterkirche von Arendsee.

Die Altmark (Region 4)

Zwischen Heidelandschaft und dem Wendland liegt die Hansestadt Uelzen mit ihren idyllischen Gässchen, Fachwerkbauten und dem sehenswerten Schloss Holdenstedt. Nordöstlich von Uelzen, in **Uelzen-Oldenstadt (1)**, gründete Bischof Bruno von Verden um 970 ein Nonnenkloster. Die Benediktiner aus Corvey übernahmen später das Kloster. Aus dieser Zeit stammt auch die Kirche St. Maria und Johannis. Teile der Kirche wurden in gotischer Zeit erneuert.

Über Bergen-Spithal, wo eine kleine Kapellenruine steht, fahren wir jetzt nach **Salzwedel (2)** mit der Marienkirche aus der zweiten Hälfte des 12. Jh. Der „schiefe Turm von Salzwedel" soll absichtlich aus Gründen der Stabilität gegen den Wind geneigt worden sein.

Weiter geht's über Dambeck mit der eindrucksvollen Dorfkirche (12. Jh.) und Altensalzwedel nach **Winterfeld (3)**, wo wir neben der spätromanischen Dorfkirche im Garten des Pfarrhauses ein Großsteingrab aus der Jungsteinzeit aufsuchen. In Mahlsdorf und **Riebau (4)** finden wir zwei regionstypische trutzige kleine Dorfkirchen. Das Benediktiner-Nonnenkloster in **Arendsee (5)**, wo wir uns nun befinden, wurde 1184 gegründet, während die Klosterkirche im 13. Jh. errichtet wurde. Sie gehört mit zu den ersten Großbauten der Altmark aus Backsteinen. Über Seehausen mit der St.-Petri-Kirche und dem prächtigen Rundbogenportal fahren wir nach **Beuster (6)** und erreichen schon bald **Krevese (7)**, wo wir an der ehemaligen Benediktinerinnen-Klosterkirche St. Marien gut den Übergang vom Feldstein- zum Backsteinbau nachvollziehen können. Der Fachwerkturm stammt aus dem Jahr 1598, während die Kirche selbst vor 1200 gebaut wurde.

Ostfriesland mit dem Groningerland (Region 5)

Unsere letzte Tour auf den Wegen in die Romanik führt uns in den „Vorgarten der Nordsee", wie die Region zwischen Wilhelmshaven, Papenburg und Groningen genannt wird. Dieses Gebiet zwischen Geest und Marsch, Mooren und Seen, weißen Sandstränden und grünen Deichen ist ein beliebtes Urlaubsland. Beginnen wir in **Schortens-Sillenstede (1)** nahe bei Wilhelmshaven. Sehenswert in der Jadestadt Wilhelmshaven sind die Kaiser-Wilhelm-Brücke, die Anfang des 20. Jh. als größte Drehbrücke Europas galt, und das Rathaus, die „Burg am Meer", die auf 1000 Pfählen errichtet wurde. In

Sillenstede bewundern wir die reich geschmückte St.-Florian-Kirche, die besterhaltene und gleichzeitig bedeutendste Granitquaderkirche aus romanischer Zeit.

Auf einer schmalen Straße oder auf der Bundesstraße über Wittmund gelangen wir nach **Tettens (2)** mit der schönen Kirche, deren Bau 1143 begonnen wurde. Im Jahr 1210 war die Kirche so weit fertig gestellt, dass der Bischof von Bremen das Gebäude zur Benutzung freigab, aber es mussten rund 100 Jahre vergehen, bis das Gotteshaus geweiht wurde.

Unsere Fahrt geht über Wittmund und Reepsholt mit der schlichten Pfarrkirche nach **Marx (3)**; hier sehen wir eine kleine aus Granitquadern erbaute Kirche. Jetzt fahren wir zurück über Wittmund und Victorbur nach **Engerhafe (4)**, wo eine für heutige Verhältnisse ungewöhnlich große Backsteinkirche steht. Dieses Gebäude war ursprünglich noch größer; heute sind nur noch rund drei Fünftel erhalten. Wir machen einen Abstecher nach Marienhafe mit der Kirche St. Marien, die als „großartigster Tempel zwischen Weser und Ems" bezeichnet wurde.

Jetzt benutzen wir die schmale Straße nahe der Küste und fahren über Eilsum nach Pilsum und **Campen (5)**. In Eilsum besuchen wir die St.-Petrus-Kirche, in Pilsum die Kreuzkirche auf einer hohen Warf, das Schmuckstück der Krummhörn. In Campen finden wir eine kleine Einraumkirche, der ein mächtiger Glockenturm zur Seite steht.

Über Emden und Bunde gelangen wir nach **Stapelmoor (6)**. Hier steht in Weener eine ungewöhnliche hohe, gewölbte Backsteinkirche. Sie wurde auf dem Grundriss eines griechischen Kreuzes mit starken Verschiebungen errichtet, so dass es im gesamten Gebäude keinen rechten Winkel gibt.

In Bunde sind wir an der niederländischen Grenze angekommen. Von hier kann die Fahrt weiter gehen über Scheemda nach Siddeburen, Marsum, Bierum, Oldenzijl, Stedum und Ten Boer, wo ebenfalls sehenswerte romanische Bauten zu besichtigen sind.

Die Kreuzkirche in Pilsum ist ein Schmuckstück Ostfrieslands.

19 Straße der Romanik

Diese Ferienstraße ist eine über 1000 km lange Entdeckungsreise in das deutsche Mittelalter. Insgesamt werden über 70 interessante romanische Baudenkmäler in 60 Orten angefahren. Einige Orte wie Salzwedel, Arendsee, Groß-Ammensleben (bei Magdeburg), Halberstadt, Quedlinburg und Gernrode sind bereits in der Tour 18: *Wege in die Romanik* beschrieben. Der Einfachheit halber haben wir die Ferienstraße *Straße der Romanik* geteilt und fahren zunächst von Magdeburg in den Norden. Die zweite Route führt von Magdeburg nach Süden.

Die Nordroute

Der Dom St. Mauritius und St. Katharina in **Magdeburg (1)** geht bereits auf das Jahr 937 zurück. Otto I. gründete hier zu Ehren des heiligen Mauritius ein Benediktiner-Kloster. Der ottonische Bau brannte 1207 ab, und bereits zwei Jahre später wurde mit dem Neubau begonnen, der erst 1570 fertig gestellt werden konnte. Der Innenausbau des Doms ist geprägt durch romanische plastische Bildwerke. Andere romanische Sehenswürdigkeiten sind das Kloster Unserer Lieben Frau, die Petrikirche und die St.-Sebastian-Kirche.

Über Groß-Ammensleben und Bebertal mit der Friedhofskapelle fahren wir nach **Walbeck (2)**. Hier bewundern wir die Ruine der Stiftskirche St. Martin und den Sarkophag des Grafen Lothar II. in der Dorfkirche.

Weiter über Wiepke mit der spätromanischen Dorfkirche, Gardelegen mit der wuchtigen Nikolaikirche, Engersen, wo wir kurz an der Dorfkirche Halt machen, nach **Rohrberg (3)**, wo wir ebenfalls die Dorfkirche besichtigen. Unsere Route führt uns über **Diesdorf (4)** mit dem Augustiner-Chorherrn- und Nonnenkloster über Arendsee, Havelberg mit dem Dom St. Marien, Sandau mit der Pfarrkirche, Schönhausen mit der Dorfkirche und Wust nach **Jerichow (5)**. Hier besuchen wir die Stadtkirche (13. Jh.) und das Prämonstratenser-Stift (12. Jh.).

Jetzt fahren wir über Redekin mit der Dorfkirche aus dem 12. Jh. und Burg mit der Oberkirche Unserer Lieben Frau

Highlights
Der Dom von Magdeburg; die Walpurgisnacht auf dem Brocken; Kloster Huysburg, der Domschatz in Halberstadt; Händelfestspiele in Halle, Dom St. Marien in Havelberg, Quedlinburger Altstadt, der Naumburger Dom und der Merseburger Dom.

Anfahrt
Die nördliche Route liegt zwischen den Autobahnen A 2 und A 24, die einzelnen Städte sind über Bundes- und Kreisstraßen zu erreichen. Der südliche Teil der Route liegt zwischen den Autobahnen A 2, A 4, A 7 und A 9 und die einzelnen Städte sind über Bundes- und Kreisstraßen zu erreichen.
Es gibt abseits der Hauptstraßen markierte Radwege und Radrundwege.

Der Dom von Magdeburg stammt aus der Mitte des 13. Jh.

(13. Jh.) und der Unterkirche St. Nicolai (12. Jh.) nach **Loburg (6)**, wo wir die Kirchenruine Unser Lieben Frau (12. Jh.) besuchen.

Langsam nähern wir uns wieder unserem Ausgangspunkt. Wir kommen über Leitzkau mit der Dorfkirche St. Petri und der Klosterkirche St. Maria und Pretzien, wo wir die hoch gelegene Dorfkirche St. Thomas mit dem Fachwerkturm von 1793 besuchen, zurück nach **Magdeburg (1)**.

Die Südroute

Wir starten wieder in **Magdeburg (1)** und fahren über Seehausen und Hadmersleben mit dem Benediktinerinnen-Kloster nach **Kloster Gröningen (7)**. Schon von weitem erkennen wir den Turm der Klosterkirche St. Veit. Nachdem wir uns in der Kirche umgesehen haben, fahren wir weiter über Hamersleben und Dedelben zur **Huysburg (8)** nordwestlich von Dingelstedt. Nach der Gründung im 11. Jh. errichtete man Kloster und Kirche. Das Klostergebäude wurde durch einen Brand im Jahr 1525 beschädigt, während die Klosterkirche unversehrt blieb. Sie gilt als bedeutendes Denkmal niedersächsischer Baukunst auf dem Weg zwischen früh- und hochromanischer Architektur. Das Kloster ist heute von einem kleinen Konvent von Benediktinern bewohnt.

Unsere nächste Station ist Halberstadt, wo der herrliche Dom St. Stephanus mit dem kostbaren Domschatz und die Liebfrauenkirche zu sehen sind. Über Osterwieck gelangen wir nach **Ilsenburg (9)** mit der massiven Klosterkirche. Weiter geht's über Drübeck nach **Michaelstein (10)** mit dem Zisterzienser-Kloster. Schon von weitem erkennen wir auf unserem Weg nach Quedlinburg die Stiftskirche St. Servatii; wir fahren nach einem Stadtbummel weiter über Gernrode und Ballenstedt nach **Ermsleben (11)**. Direkt über der Stadt erhebt sich das Kloster Konradsburg, die Klosterkirche gehört dank ihrer reichen Schmuckformen in der Hallenkrypta zu den bedeutendsten Denkmälern des Harzes. Von Ermsleben

19

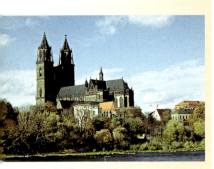

Hoch über Quedlinburg erhebt sich die Stiftskirche St. Servatius.

Tourist-Information
TourismusAgentur Sachsen-Anhalt
Große Diesdorfer Straße 12
39108 Magdeburg
Tel. 0 3 91 / 73 84-3 09
Fax 0 3 91 / 73 84-3 10
www.tasa.de
E-Mail: tasagmbh@aol.com

Feste und Veranstaltungen
Kaiserfrühling in Quedlinburg zu Ostern und Pfingsten; Walpurgisnacht auf dem Brocken in der Nacht zum 1. Mai; Händel-Festspiele in Halle im Juni; Hussiten-Kirschfest in Naumburg am letzten Juni-Wochenende; Hafenfest in Magdeburg im September; Weinfest in Freyburg am 2. September-Wochenende.

Kulinarische Köstlichkeiten
Mit Bärlauchsuppe und Bärlauchkuchen werden im Harz manchmal Hexen vertrieben, Harzer Käse und Stolberger Lerchen (gemeint sind Würstchen) zählen ebenso zu den typischen Gerichten. In Magdeburg und in der Elbe-Börde-Heide heißt eine deftige Spezialität Bötel, Lehm und Stroh; dahinter verbirgt sich Eisbein mit Erbspüree und Sauerkraut. In der Altmark gibt es den typischen Baumkuchen, Hochzeitssuppe, Tiegelbraten und Maränen.

bieten sich zwei Ausflüge zu weiteren Sehenswürdigkeiten an: Im Norden liegt Frose mit der Stiftskirche und im Süden Burg Falkenstein.

Zurück in **Ermsleben (11)** gelangen wir über Klostermansfeld und Sangerhausen nach **Tilleda (12)**, wo wir die Königspfalz (972) besuchen. Über Allstedt mit der schönen Burg und dem malerischen Schloss fahren wir über Memleben nach **Eckartsberga (13)**. Die stattliche Ruine der Burg der Landgrafen von Thüringen ist einen Besuch wert. Anschließend halten wir auf Bad Kösen zu. Malerisch ruht auf einem steilen Kalkfelsen die Ruine Rudelsburg. Weiter geht's über Schulpforte nach **Naumburg (14)**. Unser erster Weg führt uns in den Dom St. Peter und Paul, wo wir auch die zwölf lebensgroßen Stifterfiguren (insbesondere: Uta und Ekkehard) bewundern. Architektur, figürliche Plastik und Ornamente von hohem künstlerischem Rang haben den Naumburger Dom weltberühmt gemacht. Von Naumburg machen wir einen Abstecher nach **Zeitz (15)**, wo wir die Moritzburg mit dem Dom St. Peter und Paul besuchen. Zurück über Naumburg gelangen wir nun über Freyburg; hier besuchen wir nicht nur Schloss Neuenburg, sondern probieren auch die köstlichen regionalen Weine. Wir erreichen **Merseburg (16)**, wo der Dom St. Johannes und Laurentius zusammen mit dem Schloss auf dem Hochufer der Saale thront. Hervorgegangen ist das Gotteshaus, eine dreischiffige Hallenkirche, aus einer Pfalzkapelle des Jahres 931. In der Domstiftsbibliothek werden unter anderem jene berühmten „Merseburger Zaubersprüche" (althochdeutsche Dichtung) aufbewahrt.

Nach wenigen Autominuten haben wir **Halle (17)** erreicht. Zum ersten Mal wurde 961 eine Reichsburg erwähnt, die den Erzbischöfen von Magdeburg und Halle als Hauptresidenz diente. Heute setzt sich die Burg Giebichenstein aus der Alten Burg (Amtsgarten), Oberburg (Freilichtmuseum) und Unterburg (Hochschule für Kunst und Design) zusammen. Die Oberburg liegt malerisch auf einem Porphyrfelsen. Ein schönes Beispiel einer schlichten romanischen Dorfkirche finden wir im Ortsteil Böllberg.

Wir setzen unser Reise fort und passieren Landsberg, Petersberg, Waldau/Bernburg bis wir **Nienburg (18)** erreicht haben. Die Klosterkirche St. Marien und St. Cyprian brannte mehrmals ab und wurde wieder aufgebaut. Ab 1280 erfolgte die Gestaltung als dreischiffige Halle, 1526 wurde ein viertes Joch hinzugefügt. Wir sind am Ende unserer Straße der Romanik und fahren von hier zurück nach **Magdeburg (1)**.

Märkische Eiszeitstraße

Die rund 340 km lange Ferienstraße führt durch hügelige, meist mit Laubmischwäldern bewachsene Endmoränenzüge und eine Gegend mit großem Seenreichtum – Relikte aus der Eiszeit. Unsere Tour beginnt nördlich von Berlin, in **Bernau (1)**. Bevor wir uns zu einer Wanderung im nordöstlich gelegenen Biesenthaler Becken auf den Weg machen, wandern wir durch Bernau und bewundern die gut erhaltenen mittelalterlichen Wehranlagen mit der Stadtmauer, dem Steintor, den Rundtürmen, Wällen und Gräben, die Marienkirche mit ihren wertvollen Schätzen und das Kantorhaus.

Unser nächster Halt heißt **Groß Schönebeck (2)**, das Tor zur Schorfheide. In dem ehemaligen Jagdschloss ist heute das Schorfheidemuseum untergebracht. Sehenswert sind außerdem die Feldsteinkirche und der Wildpark Schorfheide mit Großwild und vom Aussterben bedrohten Haustierrassen. Auf unserem weiteren Weg nach **Joachimsthal (3)** passieren wir den Werbellinsee, wo vielfältige Wassersportmöglichkeiten bestehen. Joachimsthal liegt auf einem Endmoränenbogen zwischen Werbellinsee und Grimnitzsee.

Weiter führt uns die Route über Ringenwalde und Milmersdorf nach **Templin (4)**, auch „Perle der Uckermark" genannt. Die Stadt ist umgeben von sieben Seen – ein herrliches Gebiet für Wassersportler, aber auch für Wanderer und Radwanderer. Wir jedoch wandern entlang der 1735 m langen und 8 m hohen Stadtmauer mit Tortürmen und Wiekhäusern. Von Templin aus können wir mit einer Draisine, einer Art Fahrrad auf Schienen, ins 30 km entfernte Fürstenberg fahren. Auch unser nächster Ort, **Lychen (5)**, liegt idyllisch eingebettet zwischen sechs Seen. Bevor wir uns die nähere Umgebung mit Himmelpfort und der Kanalschleuse, Feldberg mit dem Hans-Fallada-Museum (Roman: „Kleiner Mann – was nun?") und der Wasserheilanstalt anschauen, bewundern wir im Ort selbst den Marktplatz, die Pfarrkirche St. Johannes, das Rathaus, die

Highlights
Naturparks; Zisterzienser-Kloster in Chorin, Wehranlagen in Templin, Marienkirche in Prenzlau, denkmalgeschützte Kanalschleusen; Choriner Musiksommer.

Anfahrt
Die Orte entlang der Märkischen Eiszeitstraße sind über die Autobahn A 11 und die Bundesstraße B 109 zu erreichen.

Tourist-Information
Gesellschaft zur Erforschung und Förderung der Märkischen Eiszeitstraße
Eisenbahnstraße 20
16225 Eberswalde
Tel. + Fax 0 33 34 / 23 98 13

20

Tourist-Information
Eberswalder Tourismusinformation
Steinstraße 3
16225 Eberswalde
Tel. 0 33 34 / 45 20
Fax 0 33 34 / 45 21

Feste und Veranstaltungen
Choriner Musiksommer ab Juni; Hussitenfest in Bernau Mitte Juni; Sommerfest in Joachimsthal im Juli; Altstadtfest in Eberswalde im September.

Kulinarische Köstlichkeiten
Kaum ein Mensch kennt sie noch, die Biersuppe, angedickt mit trockenem Schwarzbrot und verfeinert mit Zitronenschale, Zimt und Eiern; hier in der Uckermark ist sie zu Hause. Auch dem Karpfen bekommt Bier, wenn er in einer würzigen Biersoße auf dem Teller schwimmt. Ein typisches Fischgericht heißt braun gekochte Quappe, ein Oderfisch. Ein ebenso fast vergessenes Gericht ist Schmorkohl auf Bauernart. Dagegen sind Eberswalder Spritzkuchen, die in schwimmenden Fett ausgebacken werden, auch heute noch ein allseits gern verzehrtes Kaffeegebäck.

Der Mitteltorturm mit der Marienkirche in Prenzlau.

Fachwerkhäuser, und natürlich spazieren wir über die schöne Strandpromenade.

Nun fahren wir durch eine herrliche unberührte Landschaft, in der immer wieder größere und kleinere Seen wie Silbertaler im Sonnenlicht aufblitzen bis nach **Boitzenburg (6)**, einst Stammsitz derer von Arnim, eines bedeutenden Uckermärker Adelsgeschlechts. Hier besuchen wir das Schloss und den von Peter Josef Lenné angelegten Park mit dem Apollotempel. Auf dem Weg nach **Prenzlau (7)** können wir bei Haßleben den Kuhzer See anfahren, einen sehr seltenen Typ eines Faltensees. In Prenzlau bewundern wir die prachtvolle Marienkirche, das Dominikanerkloster, heute Kulturhistorisches Museum, sowie Teile der mittelalterlichen Wehranlagen (Stadtmauer mit Wiekhäusern und Tortürmen).

Über Gartz gelangen wir nach **Schwedt (8)** mit dem jüdischen Ritualbad, dem Schlosspark mit der historischen Sonnenuhr, dem Tabakspeicher und dem Berlischky-Pavillon. Weiter geht's nach **Angermünde (9)**, einem Ort, der seinen historischen Altstadtkern bis heute erhalten konnte. Unsere nächste Station ist **Oderberg (10)** am Oder-Havel-Kanal. Das Heimat- und Binnenschifffahrtsmuseum erzählt die wechselvolle Geschichte der Fischer- und Schifferstadt. Naturkundlich bemerkenswert sind die warm-trockenen Oderhänge, wie beispielsweise der Pimpinellenberg. Im Oderdruch erleben wir in der Auenlandschaft seltene Tiere und Pflanzen.

Unsere vorletzte Station heißt **Bad Freienwalde (11)**. Es ist der älteste Kurort in der Mark-Brandenburg. Das stark schwefelhaltige Oderbruchmoor und die heilkräftigen Quellen haben den Ort bereits vor über 300 Jahren berühmt gemacht. Im Schlosspark sind heute noch das Teehäuschen von Königin Friederike Luise und das später von ihr errichtete Schloss zu bewundern.

Nun kommen wir nach **Eberswalde (12)**, der Stadt im Urstromtal. Zu den interessanten Sehenswürdigkeiten gehören neben der Stadtkirche St. Maria Magdalena die Adler-Apotheke (das älteste Haus der Stadt), das Neue und das Alte Rathaus und der Finowkanal mit den Schleusenanlagen (die Schleuse Eberswalde ist die älteste noch funktionierende Schleuse Deutschlands). Von hier machen wir Ausflüge in die Umgebung nach Chorin (das ehemalige Zisterzienser-Kloster ist ein bedeutendes Baudenkmal der Backsteingotik) und/oder zum Oder-Havel-Kanal mit dem Schiffshebewerk Niederfinow und der historischen Schleusentreppe. Von dort gelangen wir wieder zurück nach **Bernau (1)**.

Sächsische Weinstraße

Das sächsische Weinanbaugebiet ist das kleinste in Deutschland. Rechts und links der Elbe an steilen, schwer zu bearbeitenden Terrassen gedeihen Müller-Thurgau, weißer Burgunder, Riesling, Traminer, Ruländer, Elbling und Kerner. Die Ferienstraße ist mit 55 km kurz, steckt aber voller Natur- und Kulturdenkmäler.

Wir starten in **Pirna (1)**, das auch das „Tor zur Sächsischen Schweiz" genannt wird, wo wir neben dem historischen Stadtzentrum die spätgotische Hallenkirche St. Marien und das Stadtmuseum im ehemaligen Dominikaner-Kloster besuchen. Wenn wir durch den Pillnitzer Königlichen Weinberg spazieren, genießen wir nicht nur einen herrlichen Blick übers Elbtal, sondern entdecken Wächterhäuschen, Weinbergtore und alte Grenzsteine. Die Pillnitzer Weinbergkirche in unmittelbarer Nähe des Pillnitzer Schlosses ließ August der Starke im 18. Jh. von Matthäus Daniel Pöppelmann, dem Erbauer des Dresdner Zwingers, errichten.

Nach wenigen Kilometern erreichen wir **Dresden (2)**. Vor rund 500 Jahren ragten die Weinberge noch bis in die Innere Neustadt. Nachdem wir die berühmtesten Sehenswürdigkeiten der sächsischen Hauptstadt, die Frauenkirche, die Semperoper, den Zwinger, das Residenzschloss und die Brühlsche Terrasse, bewundert haben, machen wir noch eine Tour mit einem der historischen Raddampfer auf der Elbe.

Auf unserem Weg nach **Radebeul (3)** passieren wir die Höhenzüge der Lößnitz, einst bevorzugtes Weinanbaugebiet des sächsischen Hofes und der Meißner Bischöfe. Nicht versäumen sollten wir einen Besuch in der historischen Weingutsanlage „Hoflößnitz" mit dem Weinbergmuseum. Den schönsten Blick über die rebenbepflanzten Steilhänge der

Hier geht es in die Sächsische Weinstube in Diesbar-Seußlitz.

Highlights
Dresden mit Frauenkirche, Semperoper, Zwinger, Residenzschloss und Brühlscher Terrasse; Karl-May-Festtage in Radebeul; Schauhalle und Schauwerkstatt der Meißner Porzellan-Manufaktur; Weinlehrpfade.

Anfahrt
Dresden und Umgebung sind über die Autobahnen A 4, A 13 und A 14 zu erreichen.
Es existiert ein rund 260 km langer Elbe-Radweg entlang des Flusses, möglich ist auch eine Wanderung entlang der sächsischen Weinstraße.

Tourist-Information
Tourismusverband
Sächsisches Elbland
Niederauer Straße 26 – 28
01662 Meißen
Tel. 0 35 21 / 7 63 50
Fax 0 35 21 / 76 35 40
www.meiland.de/sae-elbland
E-Mail: sae-elbland@t-online.de

Sächsische Elbweindörfer
um Diesbar-Seußlitz
An der Weinstraße 1 A
01612 Diesbar-Seußlitz
Tel. + Fax 03 52 67 / 5 02 25
und 5 02 49

21

Feste und Veranstaltungen
Markgrafenfest in Meißen April/Mai; Heiratsmarkt in Diesbar-Seußlitz im Mai; Karl-May-Festtage in Radebeul im Mai; Wein- und Schützenfest in Diesbar-Seußlitz im August; Weinfeste in Weinböhla, Radebeul und Meißen im September.

Kulinarische Köstlichkeiten
Gegen den großen und kleinen Durst helfen sächsische Weine und Radeberger Biere. Zum Wein mundet vorzüglich ein Stück Zwiebelkuchen oder ein Fettbemmchen (gemeint ist ein Scheibe Schmalzbrot). Köstlich schmecken die sächsische Kartoffelsuppe, das Karl-May-Brot, der Meißner Fummel, ein luftgefülltes, sehr zerbrechliches Scherzgebäck, die Dresdner Eierschecke, Quarkkeulchen und natürlich der Dresdner Stollen, das weltberühmte Weihnachtsgebäck.

Lößnitz genießen wir, nachdem wir die 365 Stufen der barocken Treppenanlage von Pöppelmann zum Aussichtspunkt Spitzhaus überwunden haben. Inmitten dieser Anlage steht Schloss Wackerbarth (18. Jh.) – Sitz des Sächsischen Staatsweinguts. Karl-May-Freunde schauen sich natürlich in der „Villa Old Shatterhand" um. Unsere nächste Station heißt **Coswig (4)**, von wo wir uns über reizvolle Wanderwege das große Weinanbaugebiet über Weinböhla und Niederau erschließen.

Wenn wir uns **Meißen (5)** nähern, ragt aus der Ebene das Spaargebirge empor. Seit über 400 Jahren gedeiht hier ein vorzüglicher Wein. Nachdem wir uns mit einem Glas kühlen Weins gestärkt haben, wandern wir durch den Heiligen Grund, durch die Weinberge von Schloss Proschwitz, und genießen die einmalige Aussicht auf Meißen und das Sächsische Elbland. Meißen ist auch die Stadt des weltberühmten Porzellans. Deshalb machen wir auch noch bei der Schauhalle und Schauwerkstatt der Meißner Porzellan-Manufaktur Halt.

Unser Weg führt weiter nach **Diesbar-Seußlitz (6)**. Hier laden traditionelle Weinschänken zum gemütlichen Verweilen ein. Das Barockschloss Seußlitz wurde 1725 von dem Erbauer der Dresdner Frauenkirche, George Baehr, auf den Resten eines Klosters errichtet. Der herrliche Park ist von zahlreichen Sandsteinputten umgeben. Hier endet unsere Tour entlang der Sächsischen Weinstraße.

22

Highlights
Der Traubenritt, Winzerfest und Schloss Neuenburg in Freyburg; Naumburger Dom, Sonnenburg in Bad Sulza.

Anfahrt
Die Orte entlang dieser Ferienstraße sind über die Bundesstraßen B 87, B 88, B 176, B 180 und B 250 zu erreichen, Naumburg über die A 9. Entlang von Unstrut und Saale gibt es beschilderte Radwanderwege.

Weinstraße Saale – Unstrut

Das Weinanbaugebiet Saale – Unstrut gehört mit zu den kleinsten Deutschlands. Seit mehr als 1000 Jahren wird in den geschützten Flusstälern Wein angebaut. Diese Ferienstraße ist rund 50 km lang und schlängelt sich an der Unstrut und an der Saale entlang. Ein Teil der Route verläuft parallel zu der *Straße der Romanik* (siehe unsere Route 19).

Wir beginnen unsere Fahrt im Süden von Sachsen-Anhalt, in **Nebra (1)**. Diese Kleinstadt wurde bekannt durch ihre Buntsandsteinbrüche; der Reichstag in Berlin, die Berliner und Hamburger Börse und das Weimarer Schloss wurden aus Nebraer Buntsandstein gebaut. Die berühmteste Persönlichkeit aus Nebra ist die Schriftstellerin Hedwig Courths-Mahler, deren Archiv wir besuchen. Auf unserem weiteren Weg nach **Laucha (2)** passieren wir Wetzendorf, wo 1994 „Wetzi", ein 3000 Jahre altes Frauenskelett, gefunden wurde. In Laucha besuchen wir das Glockenmuseum. Zwischen 1732 und 1911 betrieb hier die Familie Ulrich eine Glockengießerei. Sehenswert sind weiterhin die 1100 m lange Stadtmauer aus dem 15. Jh., die Marienkirche (15. Jh.) und das Rathaus (16. Jh.).

Wir folgen dem Lauf der Unstrut und erreichen schon bald **Freyburg (3)**, das Zentrum des Terrassenweinbaus. Im Domkeller der Rotkäppchen-Sektkellerei ist das größte Cuvée-Fass Deutschlands zu sehen. Der bekannteste Freyburger ist Friedrich-Ludwig Jahn. Der Turnvater lebte hier zwischen 1825 und 1852. Bevor wir nach **Naumburg (4)** kommen, müssen wir die Saale überqueren. Die Stadt ist weltberühmt wegen des Doms St. Peter und Paul mit den Stifterfiguren Uta und Ekkehard.

Tourist-Information
Fremdenverkehrsgesellschaft
Saale – Unstrut – Elster mbH
Am Gerichtskeller 5
06632 Freyburg
Tel. 03 44 64 / 30 30
Fax 03 44 64 / 30 38

Feste und Veranstaltungen
Frühjahrsfest in Naumburg im März/April; Ritterspiele auf der Burg Eckartsburg in Eckartsberga im Mai; Brunnenfest in Bad Kösen im Juni; Salz- und Quellenfest in Bad Sulza im Juli; der Traubenritt, großes Mittelalterspektakel auf Schloss Neuenburg in Freyburg im August; Freyburger Winzerfest am 2. September-Wochenende.

Blick auf den Herzoglichen Weinberg gegenüber von Freyburg. Vor über 250 Jahren trank der Herzog in dem Weinberghäuschen seinen Gutedel.

22

Kulinarische Köstlichkeiten
Aus Freyburg kommt der süffige Rotkäppchen-Sekt, zu den regionalen Köstlichkeiten gehört Deftiges wie Kümmelbraten, Lammkeule, vielfältige Wildzubereitungen, Weißkrautwickel, Thüringer Schlachtplatte, aber auch Zwiebelkuchen, Fettbemme (Schmalzbrot); es gibt Zeitzer Heck-Meck, Bacchusmedaillons, aber auch Goethe-Essen in Freyburg, Knastessen, Schlemmen wie Karl der Große und Hedwig-Courths-Mahler-Essen in Naumburg, Rittermahle auf der Rudelsburg und natürlich Thüringer Rostbratwürste.

Nun führt unser Weg an der Saale entlang, bis wir **Bad Kösen (5)** erreichen. Zuvor haben wir das Kloster Schulpforta passiert. Bad Kösen ist nicht nur wegen seines Weins und seiner Solequellen bekannt, sondern auch wegen Käthe Kruse, die hier 1912 ihre bekannte Puppenwerkstatt errichtete. Auf dem weiteren Weg passieren wir die Rudelsburg und Burg Saaleck oberhalb des Flusses. Unser letzte Station ist **Bad Sulza (6)**, wo schon um 1195 auf dem Muschelkalkboden der Umgebung Wein angebaut wurde. Wir spazieren durch die Weinberge, bevor wir in einer der schönen Weinstuben einen Schoppen Saale-Unstrut-Wein genießen.

23

Fürstenstraße der Wettiner

Highlights
Festspielhaus Bayreuth, Veste Coburg, Schloss Friedenstein in Gotha, Klassikerstadt Weimar, Messestadt Leipzig; Kursächsisches Friedensfest in Leipzig; Lutherstadt Wittenberg, Porzellanstadt Meißen.

Anfahrt
Die Städte entlang dieser Ferienstraße sind über verschiedene Autobahnen zu erreichen, es sind die A 4, A 9, A 13 und A 70. Kleinere Orte sind über zahlreiche Bundes- und Kreisstraßen zu erreichen.

Die Wettiner waren eine in Sachsen und Thüringen beheimatete Adelsdynastie. Namensgeberin wurde ab dem 12. Jh. die Burg Wettin an der Saale. Konrad I. der Große erhielt 1123 vom Sachsenkönig Lothar die Mark Meißen zum Geschenk. Außerdem gewann Konrad I. neue Ländereien hinzu, doch nach seinem Tod zerfiel sein Reich durch Erbteilung.

Die Hauptroute dieser interessanten Ferienstraße ist rund 1000 km lang. Sie beginnt in **Bayreuth (1)**, der Festspielstadt, und führt über die Bierstadt Kulmbach nach Coburg und Meiningen. In Coburg besuchen wir die Veste Coburg und schauen von hier oben ins schöne weite Land. Auf unserem weiteren Weg nach Meiningen machen wir Halt im thüringischen Sonneberg und besuchen das Spielzeug- und Puppenmuseum. Von **Meiningen (2)** fahren wir

Wettin an der Saale.

weiter über Schmalkalden, wo wir das Schloss und die historische Altstadt aufsuchen, und Gotha mit Schloss Friedenstein nach **Erfurt (3)**, der Landeshauptstadt Thüringens. Nach Altstadt, Domplatz und Krämerbrücke (14. Jh.), Befestigungsanlagen der Cyriaksburg mit der Gartenausstellung und einem Ausflug nach Schloss Molsdorf, einer der schönsten Rokokoanlagen Thüringens, und einem thüringischen Imbiss setzen wir unsere Tour fort. Unseren nächsten Stopp legen wir an der Gedenkstätte Buchenwald ein, bevor wir nach **Weimar (4)**, in die Stadt der deutschen Klassiker, gelangen.

Über Bad Sulza und Bad Kösen fahren wir nach **Merseburg (5)**, der bekannten Bischofs- und Residenzstadt an der Saale. Über der Stadt thronen Dom und Schloss. Und weiter geht's über Halle und Wettin nach **Leipzig (6)**, der berühmten Messestadt. Zu den sehenswerten Bauten gehören die Thomaskirche, die alte Börse, die Passagen und Messehäuser am Markt, die Mädler-Passage mit Auerbachs Keller (verewigt in Goethes „Faust"), das Völkerschlachtdenkmal.

Jetzt fahren wir gen Süden bis Colditz, biegen nach Norden ab und durchqueren die Dübener Heide, bis wir die **Lutherstadt Wittenberg (7)** an der Elbe erreicht haben. Hier statten wir dem Lutherhaus und dem Melanchthonhaus einen Besuch ab. Wir nähern uns unserem Ziel. Zuvor passieren wir Torgau mit der historischen Altstadt und Schloss Hartenfels und fahren bis **Meißen (8)**. Als Porzellanliebhaber besuchen wir die Schauhalle und Schauwerkstatt der Staatlichen Porzellan-Manufaktur, wir bewundern auch die Albrechtsburg, Dom und Domplatz, erklimmen die Frauenkirche (15. Jh.) und genießen einen wunderschönen Ausblick.

Wir fahren weiter an der Elbe entlang, passieren Moritzburg, die Landeshauptstadt Dresden (siehe hierzu auch unsere Route 21: *Sächsische Weinstraße*) und Pirna, bis wir nach **Königstein/Elbe (9)** kommen. Von hier können wir eine Wanderung durch die Sächsische Schweiz unternehmen, den Festungs- und Museumskomplex anschauen, durch die idyllische Altstadt von Königstein bummeln oder mit der Weißen Flotte auf dem Fluss einen Ausflug machen.

Neben dieser Hauptroute existieren mehrere Nebenrouten. Die südliche Nebenroute

Tourist-Information
Verein Fürstenstraße der Wettiner
Könnernsche Straße 22
06198 Wettin/Saale
Tel. + Fax 03 46 07 / 2 05 44

Hauptgeschäftsführer
Christian-Meltzer-Straße 2
08289 Schneeberg/Erzgebirge
Tel. + Fax 0 37 72 / 5 56 41

Fremdenverkehrsamt Wettin
Burgstraße 4
06198 Wettin/Saale
Tel. + Fax 03 46 07 / 2 05 43

Feste und Veranstaltungen
Burgfest in Wettin/Saale; Kursächsisches Friedensfest in Leipzig; Kaiserfrühling in Quedlinburg zu Ostern und Pfingsten; Markgrafenfest in Meißen April/Mai; Luthers Hochzeit in Wittenberg am 2. Juli-Wochenende; Hafenfest in Magdeburg im September.

23

Residenz Schönburg-Glauchau der südlichen Nebenroute.

Kulinarische Köstlichkeiten
Die Köstlichkeiten entlang dieser Ferienstraße sind außerordentlich vielfältig: So können wir uns laben an vogtländischer und erzgebirgischer Küche in Südwest-Sachsen, an Oberlausitzer und obersorbischer Küche in Ost-Sachsen, an Spreewald-Delikatessen wie Spreewaldgurken, Freyburger Weinen, an Thüringer Klößen, Thüringer Rotkohlrouladen, Thüringer Rostbratwurst und Rotwurst, an Wackerbarth-Sekt, „Kaffee-Trink-Kuren", Halloren-Kugeln aus Mittel-Sachsen-Anhalt, an Leipziger Allerlei und Leipziger Lerchen, an erzgebirgischen Flecken oder an der Zudelsupp, an der Thüringer Zwiebelsupp und vielen anderen Dingen mehr.

führt von Jena an der Saale quer durch Sachsen bis nach Pirna an der Elbe. Auf dieser Tour werden die Orte Eisenberg, Zeitz, Altenburg, Waldenburg, Glauchau, Hartenstein, Augustusburg und Freiberg angefahren.

Eine andere südliche Nebenroute führt von Sonneberg in Thüringen über Rudolstadt, Saalfeld, Greiz, Plauen, Schneeberg und Schwarzenberg nach Annaberg. Die Nordroute beginnt in Wettin an der Saale und passiert die folgende Orte: Gernrode, Quedlinburg, Halberstadt, Magdeburg, Lutherstadt Wittenberg, von hier geht's durch das südliche und östliche Brandenburg bis nach Guben. Die Ostroute beginnt in Dresden, führt durch die nördliche Oberlausitzer Heidelandschaft nach Görlitz, geht nach Polen und kommt über Zittau wieder zurück, führt durch das Lausitzer Bergland, berührt das Elbsandsteingebirge und geht über Pillnitz an der Elbe zurück nach Dresden. Mit allen Nebenrouten ist diese Ferienstraße über 3000 km lang.

24

Sächsische Silberstraße

Wie ein silbernes Band zieht sich diese Ferienstraße durchs Erzgebirge. Attraktive Bergwerke säumen die Straße und herrliche Kunstschätze, Bauwerke und Naturschönheiten machen die rund 230 km lange und erste Ferienstraße Sachsens zu einem Erlebnis. Diese Straße gilt auch als Europas größtes Freilichtmuseum. Die Paraden und Aufzüge der Bergbrüderschaften im Advent ziehen jedes Jahr Tausende von Menschen aus aller Welt an. Einzigartig sind auch die Holzkunst- und Spielzeugherstellung ebenso wie die Handklöppelei. Als im 17. Jh. der Bergbau aufgrund fehlender

Highlights
Meißner Glockenspiel in Schwarzenberg; Schloss Augustusburg, Schaubergwerke; Silbermanntage in Freiberg; Greifensteine bei Annaberg-Buchholz; Grünes Gewölbe in Dresden.

Anfahrt
Die Orte entlang der Ferienstraße sind über die Autobahnen A 4 und A 72 und Kreisstraßen zu erreichen.

Bodenschätze zurückging, suchten die Bergmannsfamilien einen neuen Broterwerb mit der Holzbearbeitung und Klöppelei.

Wir beginnen unsere Tour in **Zwickau (1)**. Nach einem Stadtbummel und Besichtigung des Gewandhauses, des Dünnebier-Hauses sowie des Rathauses besuchen wir das Automobilmuseum und das Bergbaumuseum Oelsnitz.

Auf der Weiterfahrt sehen wir Schneeberg mit dem Museum für bergmännische Volkskunst, die Traditionsstätte sächsisch-thüringischer Uranerzbergbau in Schlema, das Schaubergwerk „St. Anna am Freudenstein" in Zschorlau und Schwarzenberg mit dem Meißner Glockenspiel und der Schnitzausstellung, das Eisenbahnmuseum in Oberrittersgrün und den Bergbaulehrpfad Rittersgrün und sind nun in **Annaberg-Buchholz (2)**. Auf unserem Weg dorthin kommen wir an zahlreichen Besucherbergwerken und Schaubergwerken vorbei.

In Annaberg-Buchholz werden wir uns im Erzgebirgsmuseum mit Schaubergwerk ebenso umsehen wie im Adam-Riese-Museum. Wir bewundern die mächtige Burganlage von Schloss Augustusburg oberhalb von Augustusburg im Erzgebirge und Burg Scharfenstein mit dem Spielzeugmuseum sowie das Schloss Klaffenbach.

Auf unserem weiteren Weg kommen wir nach Wolkenstein mit dem mittelalterlichen Stadtkern, dem Schloss und einem Bergbaulehrpfad. Wir fahren über **Marienberg (3)** und Pobershau, besuchen das Schaubergwerk „Zum Tiefen Molchner Stolln", das Technische Museum Kupferhammer im Denkmalkomplex Saierhütte, das Erste Nussknackermuseum Europas in Neuhausen sowie die Ölmühle in Dörnthal.

Bevor wir nach Freiberg kommen, sollten wir uns die Schauanlage Bartholomäusschacht mit

Glückauf und herzlich willkommen! So grüßt der freundliche Bergmann die Gäste der Silberstraße.

Tourist-Information
Ferienstraße Silberstraße
Bergstraße 22
08301 Schlema
Tel. 0 37 71 / 5 58 00
Fax 0 37 71 / 55 80 25

Feste und Veranstaltungen
Erzgebirgischer Schnitzertag in Annaberg-Buchholz im März; in den Monaten Juni und Juli gibt es in verschiedenen Orten entlang der Silberstraße in Kirchen und Schlössern Konzerte; Internationales Trabantfahrertreffen in Zwickau im Juni; Silbermanntage in Freiberg und Umgebung im September; Europäisches Blasmusikfestival im Schlema im September; Annaberger Klöppeltage im September.

24

Kulinarische Köstlichkeiten
Allen voran steht auf der Beliebtheitsskala der Dresdner Stollen, köstlich aber auch die Dresdner Eierschecke, ein samtig weicher Blechkuchen aus lockerem Hefeteig, süßem Quark und der butterzarten Eierschecke obendrauf; andere Köstlichkeiten sind erzgebirgische Klöße, Quarkkeulchen, Buttermilchgetzen und die Zudelsupp.

Museum in Brand-Erbisdorf sowie das Gottfried-Silbermann-Museum in Frauenstein ansehen. In **Freiberg (4)** haben wir die Auswahl zwischen zahlreichen Lehr- und Besucherbergwerken, die so klangvolle Namen tragen wie „Himmelfahrt Fundgrube", „Alte Elisabeth", „Reiche Zeche" und „Thurmhof Schacht". In Freiberg gibt es außerdem ein Bergbaumuseum, eine Mineralien- und Lagerstättensammlung sowie die Sächsische Volkskunst-Stube mit Schauklöppeln.

Über Tharandt mit dem Holzkohlenmeiler im Breiten Grund erreichen wir **Dresden (5)**, wo wir unter vielem anderem das Grüne Gewölbe aufsuchen (siehe hierzu auch die Beschreibung der Route 21: *Sächsische Weinstraße*).

25

Highlights
Porzellanmanufakturen mit Schauräumen und Werksverkauf, Porzellanmarkt in Lichte; reizvolle Landschaft.

Anfahrt
Die Orte entlang der Porzellanstraße sind über die Autobahnen A 4 und A 9 sowie über die Bundesstraßen B 87, B 88 und B 281 zu erreichen.

Thüringer Porzellanstraße

Es war vor rund 200 Jahren, als auch in Thüringen das Geheimnis der Herstellung des „Weißen Goldes" gelüftet wurde. Georg Heinrich Macheleid (1723 – 1801) in Sitzendorf, Wolfgang Hamman (1713 – 1785) in Katzhütte und Johann Gotthelf Greiner (1732 – 1797) in Limbach haben den Grundstock für die Thüringer Porzellanherstellung gelegt. Die Thüringer Porzellanstraße ist rund 340 km lang, die Schilder dieser Ferienstraße zeigen die Volkstedter Potpourri-Vase von 1765, die im Original im Museum in Eisfeld zu bewundern ist.

Figurengruppe „Macheleid bittet um das Privileg zur Errichtung einer Porzellanmanufaktur" von der Sitzendorfer Porzellanmanufaktur.

Die Ferienstraße beginnt in **Plaue (1)** und führt über Martinsroda nach Ilmenau, wo wir die Porzellanfabrik Graf von Henneberg (gegründet 1777) besuchen. Weiter geht's über Großbreitenbach nach **Scheibe-Alsbach (2)**. Auf unserem Weg nach Gräfenthal passieren wir Lichte. Hier wird modernes und traditionelles Porzellan bei Lichte GmbH und in der 1764 gegründeten Porzellanmanufaktur Wallendorf hergestellt.

Über Lippelsdorf, wo ein kleiner Familienbetrieb Tiere und Kinderfiguren aus Porzellan herstellt, kommen wir nach **Gräfenthal (3)** und **Saalfeld (4)**. Entlang unserer Route ist eine Vielzahl von Manufakturen angesiedelt, wo die Möglichkeit besteht, den Porzellinern während der Arbeit über die Schulter zu schauen oder selbst Hand anzulegen. Alle Manufakturen betreiben Werksverkauf und Ladengeschäfte.

Vorbei geht's nun an Pößneck bis nach **Reichenbach (5)**, wo wir wieder eine Porzellanmanufaktur besuchen können. Unsere nächste Station ist **Seitenroda (6)** mit dem Museum Leuchtenburg. Von hier fahren wir nach **Rudolstadt (7)** mit dem Thüringer Landesmuseum Heidecksburg. In Rudolstadt-Volkstedt befindet sich auch die „Aelteste Porzellanmanufaktur". Sie wurde 1760 von Macheleid gegründet.

Von Schwarzburg können wir einen Abstecher nach Königsee machen, wo die Firma Rohler Kinderservice und Miniaturen fertigt. Wenige Autominuten von Rudolstadt entfernt, im romantischen Schwarzatal, liegt die Gemeinde Sitzendorf. Die hier ansässige Manufaktur verfügt über eine schöne Vorführstraße. Hier können wir hautnah erleben, wie Porzellanfiguren und die bekannten Spitzentänzerinnen hergestellt werden. Von da fahren wir über Großbreitenbach und Ilmenau zurück nach Plaue.

Eine andere Route geht von **Seitenroda (6)** über Kahla mit der Thüringen Porzellan GmbH, **Blankenhain (8)** und Ilmenau zurück nach **Plaue (1)**. In Blankenhain arbeitet seit über 200 Jahren die Weimar Porzellan GmbH. Die Produktion umfasst klassische Service, Geschenkartikel sowie Mokka-, Espresso- und Sammeltassen. Zurück fahren wir über Ilmenau nach **Plaue (1)**. Ein großer Teil dieser Ferienstraße wird auch bei der *Klassikerstraße Thüringen* (unsere Route 26) beschrieben.

Tourist-Information
Thüringer Tourismus GmbH
Weimarische Straße 45
99099 Erfurt
Tel. 03 61 / 3 74 20
Fax 03 61 / 3 74 22 99

Thüringer Porzellanstraße
Hauptstraße 40
07429 Sitzendorf
Tel. 03 67 30 / 3 43 13
Fax 03 67 30 / 3 43 18

Feste und Veranstaltungen
Ostermarkt in der Porzellanmanufaktur Graf von Henneberg in Ilmenau; Rasselbachfest in Sitzendorf im Mai; Porzellanmarkt in Lichte Juli/August; Dorffest in Lippelsdorf im August.

Kulinarische Köstlichkeiten
Thüringen ist berühmt wegen seiner würzigen Rot- und Leberwurst, Thüringer Rostbratwürste sind weltweit bekannt und begehrt, Thüringer Klöße verlangen von der Hausfrau viel Geschick, bis sie am Sonntag zusammen mit dem duftenden Braten auf dem Mittagstisch stehen. Weitere Köstlichkeit sind Rotkohlrouladen, Zwiebelsoße, Desserts aus Waldbeeren und Wildgerichte.

75

26 Klassikerstraße Thüringen

Auf der Wartburg bei Eisenach.

Highlights
Die Wartburg bei Eisenach, Schloss Molsdorf, Goethestadt Weimar, größte Faust-Sammlung der Welt in Weimar; Thüringer Wald; Orgelsommer in Arnstein, Porzellanstadt Ilmenau, Zwiebelmarkt in Weimar, Thüringer Herbst.

Anfahrt
Die Orte entlang der Klassikerstraße sind über die Autobahn A 4 und über die Bundesstraßen B 4, B 7, B 19 und B 88 zu erreichen.

Tourist-Information
Thüringer Tourismus GmbH
Weimarische Straße 45
99099 Erfurt
Tel. 03 61 / 3 74 20
Fax 03 61 / 3 74 22 99

Kein Bundesland wurde so stark von literarischer Klassik geprägt wie der Freistaat Thüringen. Die Ferienstraße schlängelt sich über rund 300 km von einer Klassikerstadt zur nächsten. Ausgangsort ist **Eisenach (1)**, eingebettet in die sanften Berge des Thüringer Waldes. Es ist die Geburtsstadt von Johann Sebastian Bach, hier ging Martin Luther zur Schule, und hier war die Wahlheimat des Dichters Fritz Reuter. Im 13. Jh. galt die Wartburg als berühmtester Musenhof. Höhepunkt weltlicher Kultur im Mittelalter war das Wett- und Rätselsingen, bekannt geworden als „Sängerkrieg". Der berühmteste Burgbewohner war sicherlich Martin Luther, der hier Zuflucht fand. Als Junker Jörg übersetzte er auf der Wartburg das Neue Testament in die deutsche Sprache. Von Eisenach führt übrigens der berühmte Wanderweg Rennsteig durch den Thüringer Wald. **Gotha (2)** heißt unsere nächste Station. Hier wandeln wir auf den Spuren des großen deutschen Dichters Johann Wolfgang von Goethe, der als Student 1768 in Gotha Halt machte und sich das Schloss Friedenstein zeigen ließ.

Wir fahren jetzt ins „Thüringische Rom", wie Goethe **Erfurt (3)**, die Stadt an der Saale, liebevoll nannte. Martin Luther studierte in der Stadt und lebte später im Augustiner-Kloster. Die Familie Bach weilte häufig in der Stadt. An der Universität lehrten unter anderen Adam Riese und Johannes Gutenberg. Der Dichter Christoph Martin Wieland wohnte in der Nähe der einzigartigen Krämerbrücke. In der früheren Statthalterei, der heutigen Staatskanzlei, trafen sich Herzog Karl August, Goethe, Wieland, die Brüder Humboldt und Schiller zu geselligem Beisammensein. Etwa 20 Autominuten von Erfurt und der Klassikerstraße entfernt können wir das „thüringische Sanssouci", Schloss Molsdorf, besuchen. Von hier fahren wir nach der Schlossbesichtigung auf der Klassikerroute nach **Weimar (4)**, Europäische Kulturstadt 1999. Das „Athen an der Ilm" begeistert uns mit seinem enormen Kulturangebot. Der Mittelpunkt der „Kulturmeile" in der Stadt ist das Goethe- und-Schiller-Standbild (19. Jh.). Goethe heiratete in der Jakobskirche Christiane Vulpius. Im Haus am Frauenplan lebte Goethe fast fünfzig Jahre; daneben befindet sich heute das Goethe-Nationalmuseum. In der Schillerstraße erwarb Friedrich Schiller für sich und seine Familie jenes zwischen zwei großen Gebäuden eingezwängte Haus, übrigens das älteste Gebäude in der Straße, in dem der Dichter bis zu seinem

Tode 1805 lebte. Daneben steht das Schiller-Museum. Im herrlichen Rokoko-Saal der Anna-Amalia-Bibliothek werden rund 850 000 Bände aufbewahrt, einschließlich der größten „Faust"-Sammlung der Welt. Im Lukas-Cranach-Haus lebte der Maler bis zu seinem Tode 1553. Schräg gegenüber entdecken wir das Hotel „Elephant", berühmt geworden durch die Thomas-Mann-Verfilmung seiner „Lotte in Weimar". In **Jena (5)** lebte Friedrich Schiller rund zehn Jahre, hier begann auch die Freundschaft mit Goethe. Nach Leipzig galt Jena als zweitältester Konzertmittelpunkt.

Jetzt machen wir uns auf in eine Goethe-und-Schiller-Stadt, in eine Residenz-, Theater- und Festspielstadt, in eine Stadt der Musik und des Tanzes, nach **Rudolstadt (6)** im reizvollen Saaletal. Hier lebten und arbeiteten so berühmte Größen wie Martin Luther, Johann Wolfgang von Goethe, Friedrich Schiller, die Brüder Humboldt, Arthur Schopenhauer, die Musiker Nicolo Paganini, Franz Liszt, Albert Methfessel und andere. Hier lernte Schiller auch seine spätere Ehefrau Charlotte von Lengefeld kennen. Nachdem Schiller in der Rudolstädter Gießerei sah, wie die Glocke für die St.-Andreas-Kirche gegossen wurde, entstanden die berühmten Anfangszeilen für „Das Lied von der Glocke".

In der Universitätsstadt **Ilmenau (7)** hat sich Goethe länger aufgehalten. Auf dem Kickelhahn, dem höchsten Berg der Umgebung, sammelte Goethe seine Gedanken und ritzte 1783 in eine Bretterwand einer Waldaufseherhütte die berühmten Zeilen: „Über allen Gipfeln ist Ruh...". Von **Ilmenau (7)** oder von **Erfurt (3)** machen wir einen Abstecher in die Bachstadt Arnstein, den ältesten Ort Thüringens. Sehenswert sind neben der historischen Altstadt die Bachgedenkstätte, das Literatenkabinett und das Schlossmuseum mit seiner einzigartigen Puppenstadt „Mon Plaisir".

Die Stadt **Meiningen (8)** wurde durch die „Meininger" bekannt, eine berühmte Schauspieltruppe des Hoftheaters. Zwischen 1874 und 1890 besuchten die „Meininger" 38 europäische Städte und traten dort insgesamt 2591-mal auf. Auch die Hofkapelle blickt auf eine über 300 Jahre lange Tradition zurück. 1783 fand Schiller im benachbarten Bauerbach im Gutshaus der Familie von Wolzogen Unterschlupf.

Feste und Veranstaltungen
Eisenacher Bachtage im März; Sommergewinn in Eisenach am 3. Samstag vor Ostern; Gothardusfest in Gotha am 2. Mai-Wochenende; Museumsfest in Gotha im Juni; Thüringer Orgelsommer in Arnstadt Juni bis August; Thüringer Bachwochen in Erfurt März/April; Krämerbrückenfest in Erfurt im Juni; Goethe-Geburtstag mit Weinfest in Weimar, Ende August; Zwiebelmarkt in Weimar am 2. Oktober-Wochenende; Sommer- IMAGINATA in Jena im Juni; Jenaer Kulturarena in Ilmenau Juli/August; Kickelhahnfest zu Goethes Geburtstag in Ilmenau im August; Schlossnacht in Meiningen im August; Thüringer Herbst entlang der Klassikerstraße.

Kulinarische Köstlichkeiten
Thüringen ist berühmt wegen seiner würzigen Rot- und Leberwurst, Thüringer Rostbratwürste sind weltweit bekannt und begehrt, Thüringer Klöße verlangen von der Hausfrau viel Geschick, bis sie am Sonntag zusammen mit dem duftenden Braten auf dem Mittagstisch stehen. Weitere Köstlichkeiten sind Rotkohlrouladen, Zwiebelsoße, Desserts aus Waldbeeren und Wildgerichte.

27 Reußische Fürstenstraße

Highlights
Bleiloch-Talsperre, Schleizer Schloss und Bergkirche, Zeulenrodaer Rathaus, Holzbrücke in Wünschendorf, Schloss und Parkstadt Greiz, Prunksarg von Heinrich Posthumus in Gera; Heinrich-Schütz-Tage und Heinrich-Schütz-Haus in Bad Köstritz.

Anfahrt
Die Ferienstraße liegt im Bereich der Autobahnen A 4 und A 9. die Straße führt über die Bundesstraßen B 90, B 94 und B 92 entlang.
Es sind Radwanderwege zwischen Greiz, Werdauer Wald und Göltzschtalbrücke, zwischen Elster und Mühltal sowie um die Ronneburg ausgeschildert, darüber hinaus existieren gute Wanderwege.

Tourist-Information
Reußische Fürstenstraße
Straße der Einheit 58
07987 Mohlsdorf
Tel. 0 36 61 / 67 41 44

Feste und Veranstaltungen
Karpfenpfeiferfest in Zeulenroda im Mai; Park- und Schlossfest in Greiz im Juni; Brückenfest in Wünschendorf im Juni; Schlossfest in Ronneburg im Juli; Greizer Theaterherbst August/September; Dahlienfest im September und Heinrich-Schütz-Tage in Bad Köstritz im Oktober.

Das stattliche Rathaus von Zeulenroda.

Bis zum Ersten Weltkrieg gab es die souveränen Fürstentümer Reuß jüngere Linie und Reuß ältere Linie. Diese Fürstentümer gründen auf die einstigen Vogteien des Heiligen Römischen Reichs Deutscher Nation. 1673 wurden die regierenden Reußen in den Reichsgrafenstand erhoben.

Heinrich XI. (Reuß ältere Linie) erhielt 1778 die Reichsfürstenwürde. Von den Herrschern Reuß jüngerer Linie erhielt 1790 Heinrich XXXV. die Reichsfürstenwürde. Nach der Novemberrevolution 1918 vereinigten sich die Fürstentümer Reuß ältere Linie mit der Hauptstadt Greiz und Reuß jüngere Linie mit den Hauptstädten Schleiz und Gera zum Volksstaat Reuß. Zwei Jahre später vereinigte sich der Volksstaat mit anderen Fürstentümern zu einem Freistaat in der Weimarer Republik und ging im Land Thüringen auf.

Die Reußische Fürstenstraße ist rund 100 km lang. Wir starten in **Hirschberg (1)** an der Grenze zu Bayern. Eine Tafel am hoch über der Saale thronenden Schloss erinnert daran, dass es 1652 als Afterlehen den Reußen zugesprochen wurde. Unsere Fahrt geht über Lobenstein, wo wir den „Alten Turm" besteigen, um den herrlichen Ausblick zu genießen, weiter nach **Ebersdorf (2)**. Zu den reußengeschichtlichen Sehenswürdigkeiten gehört das Schloss (17. Jh.), in dem 1806 Napoleon Quartier nahm und 40 Jahre später die Tänzerin Lola Montez

27

weilte, bevor sie dem bayerischen König Liebesglück und Thronverzicht bescherte. Der im englischen Stil angelegte Landschaftspark neben dem Schloss beherbergt die beachtenswerte Grabstätte der Familie Heinrichs XXVII. jüngere Linie, die Ernst Barlach (1870 – 1938) schuf. Wir machen einen Abstecher nach Burgk mit dem gleichnamigen Schloss, das bis 1918 zum Fürstentum Reuß ältere Linie gehörte.

Bevor wir unser nächstes Ziel, **Schleiz (3)**, erreicht haben, grüßt schon von weitem die Bergkirche (17. Jh.) vom Liebfrauenberg. Sie gehört zu den schönsten und bedeutendsten Kirchen Thüringens; die reußischen Fürsten benutzten sie als Beisetzungsstätte. Die Stadt war zeitweilige Residenzstadt der Reußenfürsten jüngerer Linie. Weiter geht's nun nach **Greiz (4)** an der Elster, seit 1309 reußische Residenz. Das Obere Schloss, auch Altes Schloss genannt, liegt auf einem Hügel mit angrenzendem englischem Landschaftsgarten und überragt das Stadtbild. Das Obere Schloss war bis 1846 Sitz der Reußenfürsten, danach zogen sie ins Untere Schloss, heute ein Museum.

Über Weida, die älteste Stadt im Thüringer Vogtland mit der Osterburg und dem besterhaltenen Burgfried Thüringens, gelangen wir nach **Gera (5)**, Hauptsitz der Reußen jüngerer Linie (1848 – 1918). Zuvor besuchen wir an der Weißen Elster Wünschendorf mit der mächtigen überdachten und unter Denkmalschutz stehenden Holzbrücke von 1786. Zurück in Gera besichtigen wir die St.-Johannis-Kirche, in der sich seit 1995 der prachtvolle Sarg des Reußen Heinrich Posthumus (1572 – 1635) befindet. An das Haus Reuß erinnern auch das Theater (früher „Reußisches Theater") und die Orangerie im Küchengarten.

Unsere letzte Station ist **Bad Köstritz (6)**, die Stadt des Bieres (hier wird seit 1543 das süffige Schwarzbier gebraut), der Blumen und des Bades. Hier lebte die Nebenlinie Reuß-Köstritz, wovon die Schloss- und Parkanlagen zeugen. Der große Komponist des 17. Jh., der 1585 in Köstritz geborene Heinrich Schütz, war zeitlebens mit den Reußen des Hauses jüngere Linie befreundet. In dem früheren Wohnhaus des Komponisten befindet sich heute ein Museum, das das Leben und Wirken des Komponisten dokumentiert.

Kulinarische Köstlichkeiten
Thüringen ist berühmt wegen seiner würzigen Rot- und Leberwurst, Thüringer Rostbratwürste sind weltweit bekannt und begehrt, Thüringer Klöße verlangen von der Hausfrau viel Geschick, bis sie am Sonntag zusammen mit dem duftenden Braten auf dem Mittagstisch stehen. Weitere Köstlichkeiten sind Rotkohlrouladen, Zwiebelsoße, Desserts aus Waldbeeren und Wildgerichte. Dazu schmeckt das gute heimische Bier.

28

Sieg-Freizeitstraße und Historische Raiffeisenstraße

Sieg-Freizeitstraße

Diese herrliche touristische Straße ist rund 140 km lang und beginnt an der Quelle der Sieg in **Großenbach (1)**. Weiter geht's durch das malerische Siegtal über Walpersdorf, wo wir den Kohlenmeiler besichtigen können, nach **Netphen (2)** mit der Obernau-Talsperre. Von hier sind es nur wenige Autominuten nach **Siegen (3)**. Hier machen wir einen Bummel durch die historische Innenstadt und besuchen das Siegerlandmuseum im Oberen Schloss (13. Jh.) mit dem Regionalmuseum und dem Rubenssaal mit acht Originalgemälden des Künstlers, der in Siegen geboren wurde. Das Untere Schloss (17. Jh.) beherbergt die Fürstengruft.

Während unserer Fahrt durch den Naturpark Rothaargebirge, in dem es eine Reihe interessanter Waldlehrpfade gibt, passieren wir Mudersbach, Betzdorf und Wissen mit dem Schloss Schönstein und gelangen nach **Hamm (4)**; hier endet die *Historische Raiffeisenstraße* (siehe unten). Wir fahren bei Windeck-Dattenfeld an Dattenfelds Wahrzeichen, dem Siegtaldom, vorbei. In **Siegburg (5)** bewundern wir die Benediktiner-Abtei St. Michaelsberg (11. Jh.) und am Fuße des Michaelsbergs die Kirche St. Servatius; die Schatzkammer enthält einen der bedeutendsten spätromanisch-gotischen Kirchenschätze.

Nach wenigen Minuten haben wir **Troisdorf (6)** bei Bonn erreicht. Sehenswert ist die Burg Wissen, eine Hofanlage aus der karolingischen Zeit. Heute beherbergt die Burg Europas einziges Museum für Bilderbuchkunst und originale Jugendbuchillustration. Nach **Bonn (7)**, wo die Sieg in den Rhein mündet, sind es nur noch knapp 10 km.

Historische Raiffeisenstraße

Diese touristische Straße ist rund 65 km lang und erinnert an den Sozialreformer und Genossenschaftsgründer Friedrich Wilhelm Raiffeisen. Er wurde 1818 in **Hamm (1)** an der Sieg (siehe auch oben die Beschreibung der *Sieg-Freizeitstraße*) geboren. Sein Geburtshaus ist heute ein Hotel. Nach Beendigung der Schule trat er in den Militärdienst ein, bis er 1843 wegen seines Augenleidens den Dienst quittieren musste. Über **Altenkirchen (2)**, wo wir den 34 m hohen Raiffeisenturm auf dem Beulskopf erklimmen und die Aussicht genießen, kommen wir nach **Weyerbusch (3)**, wo Raiffeisen,

Highlights
Romantisches Siegtal; Rubenssaal in Siegen, Benediktiner-Abtei in Siegburg, Burg Wissen; Raiffeisenmuseum in Hamm, Raiffeisen-Backhaus in Weyerbusch, Internationales Beethovenfest in Bonn.

Anfahrt
Troisdorf ist über die Autobahn A 59, Siegburg über die A 3 und Siegen über die A 45 zu erreichen.
Neuwied ist über die Autobahn A 48 zu erreichen.
Die Sieg-Freizeitstraße ist auch als Radwander- und Wanderweg ausgeschildert.

Tourist-Information
Westerwald-Touristik
Siegener Straße 20
57610 Altenkirchen
Tel. 0 26 81 / 8 13 58
Fax 0 26 81 / 8 14 45

Burgruine Windeck.

inzwischen Verwaltungsbeamter, 1843 Bürgermeister wurde. Während der großen Hungersnot im Winter 1846/47 rief er den Weyerbuscher „Brodverein" ins Leben; sichtbares Zeichen seiner Aktion durch Selbsthilfe ist das Backhaus an der Raiffeisenstraße. Zwischen 1848 und 1852 war Raiffeisen Bürgermeister in **Flammersfeld (4)**. Hier gründete er einen „Hülfsverein" zur Unterstützung mittelloser Landwirte. 1852 wurde Raiffeisen Bürgermeister von Heddesdorf bei **Neuwied (5)**. Er gründete 1854 den Heddesdorfer Wohltätigkeitsverein, 1865 den Heddesdorfer Darlehenskassen-Verein und 1881 die Raiffeisendruckerei, in der sein vielgelesenes Buch „Die Darlehenskassen-Vereine" erschien. Wegen seines Augenleidens wurde Raiffeisen 1865 pensioniert. Nun widmete er sich verstärkt dem Aufbau von Genossenschaften und er ließ befestigte Straßen durch den Westerwald bauen. 1902 setzte die Stadt dem 1888 gestorbenen Gründer der Raiffeisen-Organisation ein Denkmal.

Feste und Veranstaltungen
Simon-Juda-Markt in Altenkirchen im Frühling; Bonner Sommer Mai bis September; Museumsmeilenfest in Bonn im Juni; Internationales Beethovenfest in Bonn im Oktober.

Kulinarische Köstlichkeiten
Zu den Westerwälder Spezialitäten gehören deftige Gerichte rund um die Kartoffel, Döppekoche, Eierkäs, aber auch Dampfnudeln mit süßer Soße, pikante Wildgerichte mit Waldpilzen und vielfältige Zubereitungen von Süßwasserfischen; im Bergischen Land mag man Waffeln mit Kompott und frischgeschlagener Sahne und beliebt bei Jung und Alt ist die üppig gedeckte Bergische Kaffeetafel mit der Dröppelminna.

Technische Denkmäler im Märkischen Kreis

In keinem Landstrich dieser Erde haben sich seit dem 14. Jh. bis heute so viele Wasserräder für Hammerschmieden, Schleifkotten, Drahtrollen und Mühlen gedreht wie im Märkischen Sauerland. Es existiert keine durchgehende Straße; hier wollen wir nur auf einige besonders sehenswerte technische Denkmäler hinweisen, ihre Zahl ist aber wesentlich höher.

Unsere ersten technischen Baudenkmäler finden wir in **Meinerzhagen (1)**, und zwar die Fürwigge-Talsperre aus der Zeit Anfang des 20. Jh. und die funktionsfähige Knochen-

Highlights
Romantisches Hönnetal; Burg Altena mit Schmiedemuseum, Märkische Kleinbahn, historische Fabrikanlage in Iserlohn, Freilichtmuseum Hagen.

29

Anfahrt
Meinerzhagen und die Orte entlang dieser Ferienstraßen bis Menden sind über die Autobahnen A 45 und A 46 zu erreichen. Kleinere Orte erreicht man über Bundes- und Kreisstraßen.

Tourist-Information
Märkischer Kreis
Kulturamt
Bismarckstraße 15
58762 Altena
Tel. 0 23 52 / 9 66 70 41
Fax 0 23 52 / 9 66 71 66

Feste und Veranstaltungen
Meilertage an der Luisenhütte in Balve alle drei Jahre (zuletzt 1999) um Pfingsten ; Hemeraner Herbsttage in der letzten September-Woche, Mendener Herbst am 3. Wochenende im Oktober.

mühle Mühlhofe (19. Jh.). Über Kierspe mit der Ölmühle, der Jubach-Talsperre und dem Hammerwerk fahren wir nach **Halver (2)**, wo wir die Mühle bewundern, die demnächst restauriert werden soll. In **Lüdenscheid (3)** entdecken wir den letzten Zeugen der eisengeschichtlichen Tätigkeit aus vorindustrialisierter Zeit der Stadt, den Bremecker Hammer (18. Jh.). Von Lüdenscheid nach **Altena (6)** fährt „Schnurre", eine 1887 eingerichtete Schmalspurbahn, die Güter und Personen transportierte und heute Groß und Klein erfreut.

Zwischen **Herscheid (4)** und **Plettenberg (5)** mit dem Bärenberger Stollen verkehrt die Sauerländische Kleinbahn. In Herscheid können wir auf dem Bergbaulehrpfad etwas über den Bergbau erfahren. Über Werdohl mit Schmiede, Haferkasten und Blasebalgwerkstatt gelangen wir nach **Altena (6)**. Zu den Sehenswürdigkeiten gehören die Fuelbecke-Talsperre, das Märkische Schmiedemuseum auf Burg Altena, die steinerne Brücke mit Jugendstilelementen und die Drahtrolle „Am Hurk".

In **Balve (7)** entdecken wir die älteste vollständig erhaltene Hochofenanlage Deutschlands (1748), eine Hof- und Wagenschmiede von 1890, die dreibogige Steinbrücke mit Schmiede, einen Kalkofen von 1896 und im romantischen Hönnetal die Klusensteiner Mühle aus dem 14. Jh.

Die älteste erhaltene deutsche Hochofenanlage, die Luisenhütte bei Balve.

Unser nächstes Ziel ist **Menden (8)**. Hier betrachten wir die „Rödinghauser Eisenfabrique". Sie wurde von M. Theodor von Dücker zu Rödinghausen als eine der frühesten Frisch- und Roheisenhämmer in Westfalen betrieben. Nun gelangen wir über Hemer mit dem sehenswerten Bahnhof nach **Iserlohn (9)**, wo wir verschiedene Kettenschmiedekotten im Fachwerkstil und die historische Fabrikanlage Maste in Barendorf besichtigen. Bevor wir unseren Endpunkt erreichen, können wir von Iserlohn aus nach Hagen ins hochinteressante Freilichtmuseum fahren. Zum Schluss unserer Reise kommen wir nach **Nachrodt-Wiblingwerde (10)** mit der Brennscheider-Ölmühle von 1845 und dem Fernmeldeturm Lohagen. Zahlreiche technische Denkmäler mussten allerdings auch Bau- und Straßenbaumaßnahmen weichen, sie wurden im Freilichtlichtmuseum in Hagen (erreichbar von **Iserlohn (9)** über die A 46) wieder aufgebaut.

Die *Märkische Schmiedestraße* ist in Vorbereitung.

Kulinarische Köstlichkeiten
Zu den bergischen und westfälischen Spezialitäten gehören frisch gebackene Waffeln mit Kompott und Schlagsahne, beliebt ist die üppige Bergische Kaffeetafel mit der Dröppelminna, andere Köstlichkeiten sind Döppekoche, westfälisches Blindhuhn, ein deftiger Eintopf, Pfefferpotthast, Pickert und saftige Speckpfannkuchen.

Sauerland-Brauerstraße und Höhenstraße Hochsauerland

Sauerland-Brauerstraße
Entlang dieser Route treffen wir zahlreiche Brauereien und Gasthäuser, die das erfrischende Sauerländer Bier ausschenken.

Wir starten in **Hagen (1)** mit dem Westfälischen Freilichtmuseum Technischer Kulturdenkmäler, das wir bereits aus der Beschreibung der *Technischen Denkmäler im Märkischen Kreis* (unsere Route 29) kennen. Der Weg führt vorbei an Schloss Hohenlimburg und durch das Grüner Tal zur Brauerei Iserlohn. Wir passieren das Felsenmeer, die Heinrichshöhle, die Straße schlängelt sich durchs Hönnetal, vorbei an Burg Klusenstein bis nach **Balve (2)**, wo einmal das gute „Balver Lüll" gebraut wurde.

Bald kommen wir an der Sorpe-Talsperre vorbei, fahren durch den Naturpark Homert, durchs Salweytal nach Grevenstein mit der Brauerei Veltins. Nun steigt die Straße leicht an und führt nach **Arnsberg (3)**, der heimlichen Hauptstadt des Sauerlands. Wir genießen die herrliche Fahrt durch den

Highlights
Möhne-Talsperre; Brauereien; Naturpark Arnsberger Wald, Arnsberger Wochen und Ruinenfest, Naturpark Rothaargebirge, Naturpark Eggegebirge, Hochsauerland.

Anfahrt
Die Sauerland-Brauerstraße liegt zwischen den Autobahnen A 44 und A 45, die meisten Orte sind über die Bundesstraßen B 62 und B 252 zu erreichen.
Die Orte entlang der Höhenstraße Hochsauerland sind über die Autobahn A 45 und über die Bundesstraßen B 55 und B 62 zu erreichen.

30

Tourist-Information
Touristikzentrale Sauerland
Heinrich-Jansen-Weg 14
59929 Brilon
Tel. 0 29 61 / 94 32 29
Fax 0 29 61 / 94 32 47

Feste und Veranstaltungen
Stadtfest in Hagen, Gang zum Ballotsbrunnen in Iserlohn am Pfingstmontag; Bördetag, Altstadtfest in Soest im Mai; Mendener Sommer von Juli bis September; Schnadegang (Grenzgang) in Meschede am 3. September-Wochenende; Arnsberger Woche mit Ruinenfest in der letzten Maiwoche; Arolser Kram- und Viehmarkt am 1. August-Wochenende; Waldfest in Winterberg am 1. August-Samstag; in zahlreichen Orten finden in den Sommermonaten außerdem Schützenfeste statt.

Kulinarische Köstlichkeiten
Versuchen Sie Sipp-Sapp, einen Gemüseeintopf mit luftgetrocknetem Speck; auch Sauerkrautauflauf ist eine beliebte und sättigende Spezialität, ebenso wie Biersuppe mit Rosinen und Sahne; im Herbst schmecken die verschiedenen Wildgerichte mit frischen Waldpilzen; Kasseler in Brotteig passt besonders gut

Typische Häuserzeile im Schmallenberger Sauerland.

Naturpark Arnsberger Wald und gelangen über die Möhne-Talsperre nach **Warstein (4)**. Das Brauerdenkmal vor dem Gebäude der Warsteiner Brauerei signalisiert: Hier wird die größte Privatbrauerei verwaltet; die Brauerei selbst liegt versteckt im Wald. In Brilon, der waldreichsten Stadt Deutschlands, bewundern wir das geweihgeschmückte Rathaus. Weiter geht's über die nie zufrierenden Almequellen und das Kloster Bredelar nach **Marsberg (5)** mit der Stiftskirche, der Nikolaikapelle und der Rolandssäule.

Jetzt fahren wir durch hübsche Dörfer und unberührte Landschaften, bis wir in Hessen und in Arolsen, einer barocken Residenzstadt mit einem Hofbräuhaus, ankommen. Wir halten uns westwärts, fahren durch den Naturpark Diemelsee nach **Willingen (6)** und von hier über Olsberg und **Winterberg (7)** nach Schmallenberg (*Höhenstraße Hochsauerland*, siehe rechts oben). Durch den Naturpark Rothaargebirge, vorbei am Panorama-Park und Lennestadt gelangen wir nach einem kurzen Abstecher in das **Wittgensteiner Land (10)**, wo das bekannte Krombacher Bier gebraut wird (siehe hierzu auch die Beschreibung der *Wittgensteiner Kirchentour*, unsere Route 31).

Wir können aber auch von **Winterberg (7)** über **Medebach (8)** und Hallenberg, die älteste Brauerstadt des Sauerlandes, nach **Bad Berleburg (9)** und von hier wieder nach Schmallenberg fahren. Jetzt befinden wir uns wieder im **Wittgensteiner Land (8)**. Auf unserem weiteren Weg schlängelt sich die Straße die Bigge-Talsperre entlang, bis wir in **Meinerzhagen (11)** an der Grenze zum Bergischen Land ankommen. Über Lüdenscheid und Ennepetal kommen wir wieder zurück nach **Hagen (1)**.

84

30

Höhenstraße Hochsauerland

Über 100 km lang ist diese traumhaft schöne Panoramastraße mit weiten Blicken ins Land der 1000 Berge. Diese landschaftlich reizvolle Straße beginnt in **Winterberg (7)** und führt über die Höhendörfer Neuastenberg und Langewiese nach **Oberkirchen (12)** mit den herrlichen Fachwerkhäusern. Wir fahren über Grafschaft und vorbei an dem 657 m hohen Wilzenberg nach Schmallenberg und **Bad Fredeburg (13)**, dem einzigen Kneippbad der Region. Auf unserem weiteren Weg kommen wir an dem 713 m hohen Rimberg vorbei und gelangen über Bödefeld nach Siedlinghausen **(14)**. Von hier fahren wir gemächlich das Negertal hinauf zum 700 m hohen Großen Bildchen und weiter nach Altastenberg, dem am höchsten liegenden Ort Nordwestdeutschlands. Von hier können wir auf den Kahlen Asten, 841 m hoch, wandern, wo Ruhr und Lenne entspringen. Unsere Tour ist aber noch nicht zu Ende; von **Winterberg (7)** können wir über Elkeringhausen und Küstelberg nach **Wissinghausen (15)** mit dem 790 m hohen Schlossberg fahren. Über Oberschledorn und **Medebach (9)** mit dem Ferienpark Hochsauerland führt unser Weg über Küstelberg zurück nach **Winterberg (7)**.

zu Sauerländer Bier, Pfefferpothast ist ein würziges Fleischgericht; Köhlerkaffee wird mit einem Stück Holzkohle umgerührt und natürlich gehören knusprige Kartoffelpuffer und andere leckere Kartoffelgerichte zu den regionalen Spezialitäten.

Blick über die bewaldeten Berge im Schmallenberger Sauerland.

31

Wittgensteiner Kirchentour

Diese romantische Tour ist rund 60 km lang und beginnt in Bad Berleburg-**Girkhausen (1)** an der Pfarrkirche, deren Bau sich bis ins 13. Jh. zurück verfolgen lässt. Das Besondere an diesem Gotteshaus ist, dass es zweischiffig und zweichörig ist. Der Kirchturm steht isoliert neben der Kirche wie ein Campanile. Bis zur Reformation war sie eine Wallfahrtskirche, deren Geschichte jedoch unklar ist; ein Ablassbrief von Papst Johannes XXII. unterstreicht aber ihre Bedeutung. Die Kirche in **Bad Berleburg (2)** ist die jüngste Kirche. Sie entstand 1859 in enger Anlehnung an den klassizistischen Baustil, dessen führender Baumeister Karl Friedrich Schinkel war. Zu den Sehenswürdigkeiten gehören auch die historische Altstadt, das Berleburger Schloss mit dem Schlosspark sowie das Landwirtschaftsmuseum „Hof Espe".

Highlights
Stadtkirche in Bad Laasphe, Berleburger Schloss, Internationale Musikfestwoche auf Schloss Berleburg, Kapelle in Sassenhausen.

Anfahrt
Bad Berleburg ist über die Autobahn A 45 und über die Bundesstraßen B 62, B 252 und B 253 zu erreichen. Es existieren rund 80 km beschilderte Wanderwege um Bad Berleburg.

31

Weiter geht unsere Fahrt nach **Raumland (3)** mit der Bonifatiuskirche, die um 1200 Martin von Tours gewidmet wurde. Es handelt sich um eine spätromanische südwestfälische Hallenkirche mit drei Schiffen. Sehenswert sind die 12 Bildfenster im Chorraum und in der Chorapsis. Die nächste Kirche steht in **Weidenhausen (4)**. In ihrer heutigen Form entstand sie 1765. Einmalig ist in dieser Gegend das achtseitige Kirchenschiff. Dem wehrhaften spätromanischen Kirchturm wurde in der Barockzeit eine gestufte Haube aufgesetzt. Nach wenigen Autominuten erreichen wir **Feudingen (5)**, wo wir die aus dem 13. Jh. stammende Hallenkirche bewundern. Sehenswert sind nicht nur die alten Fresken im Chorraum und die Ornamente an den vorderen Gewölben, sondern auch das 1705 gebaute barocke Orgelgehäuse mit dem aus der gleichen Zeit stammenden Riemchen-Fußboden.

In **Bad Laasphe (6)** spazieren wir zunächst durch die hübsche Altstadt, bewundern von außen das Schloss Wittgenstein, besichtigen das Pilzmuseum, das Radiomuseum und das Heimatmuseum, bevor wir die Stadtkirche besuchen. Es handelt sich um einen romanischen Saalbau mit Westturm. Neben dem Chor befindet sich die Fürstenbühne, die auf das Patronat des Hauses Sayn-Wittgenstein hinweist. Die Dorfkirche von **Puderbach (7)** ist ein einschiffiger romanischer Bau mit Chor und Westturm. Auf der Westseite befindet sich der frühere Eingang. Wenn wir heute das Kirchenschiff be-

Tourist-Information
Touristik e. V.
Poststraße 44
57319 Bad Berleburg
Tel. 0 27 51 / 9 36 33
Fax 0 27 51 / 93 63 23
www.bad-berleburg.de
E-Mail: Tourist.Bad-Berleburg@online.de

Feste und Veranstaltungen
Wittgensteiner Holzmarkt in Bad Berleburg Mitte Juni; Internationale Musikfestwoche auf Schloss Berleburg in der 1. Juli-Woche; Let's dixi-Konzerte in Bad Berleburg von Mitte August bis Mitte September.

Blick auf Bad Berleburg-Girkhausen mit der Pfarrkirche und dem 30 m hohen Kirchturm.

86

treten, sollten wir das Licht einschalten, um die freigelegten Malereien an den Kreuzgewölben und Pfeilern betrachten zu können. Der beachtenswerte Taufstein fasst 73,5 Liter. Der nächste Ort heißt **Sassenhausen (8)**. Hier bewundern wir die Kapelle, die die wenigen Bauern 1703 aus eigenen Mitteln nur aus Holz erbauten. Sie diente gleichzeitig als Schulgebäude. Der Chor ist mit besonderer Sorgfalt gearbeitet. Kanzel, Emporen, Gestühl und das Außenfachwerk sind mit schönen Schnitzereien versehen.

Wer die Kirchen von innen besichtigen möchte, bekommt in der Regel in Pfarrhäusern oder im Gemeindehaus einen Schlüssel ausgehändigt.

Kulinarische Köstlichkeiten
In der waldreichen Umgebung von Bad Berleburg sind besonders die vielfältigen Zubereitungsarten von Wild und Waldpilzen hervorzuheben.

Kannenbäckerstraße und Lahn-Ferien-Straße

Kannenbäckerstraße

Auf ein Alter von weit über 2500 Jahren werden die ältesten Keramikfunde im Westerwald geschätzt. Auf unserer knapp 40 km langen Tourismusstraße erleben wir die Geschichte des weltberühmten graublauen, salzglasierten Steinzeugs.

Wir beginnen unsere schöne Tour in **Boden (1)** in der Nähe von Montabaur. Von hier ist es nicht weit nach **Wirges (2)**, wo wir den „Westerwälder Dom", die größte und prächtigste Kirche in dieser Gegend, besichtigen. Wir befinden uns mitten im Kannenbäckerland, in dem sich der Ton als Verwitterungsprodukt feldspathaltiger und glimmerreicher Gesteine in den Becken und Mulden stiller Seen in Schichten von bis zu 50 m Stärke abgelagert hat. Wir fahren weiter über Siershahn mit dem Schaubergwerk „Gute Hoffnung". Über Mogendorf gelangen wir nach **Ransbach-Baumbach (3)**. Dieser Ort gilt neben Höhr-Grenzhausen als Mittelpunkt der Keramikindustrie, die auf das Töpferhandwerk zurückgeht.

Wir fahren über Hilgert, wo noch Tonpfeifen hergestellt werden, durch das stille Masselbachtal nach **Alsbach (4)**, wo die keramischen Betriebe direkt neben der Straße angesiedelt sind. Dann kommen wir nach **Höhr-Grenzhausen (5)**. Hier befindet sich Europas größtes Ausbildungszentrum für Keramik. Zeugnisse alter und neuer Töpferkunst sind im Keramikmuseum Westerwald zu sehen. Zwei Dauerausstellun-

Highlights
Keramikmuseum Westerwald und Keramikmarkt in Höhr-Grenzhausen; romantisches Lahntal, Limburger Dom, Bad Ems, Burg Lahneck, Rhein in Flammen.

Anfahrt
Höhr-Grenzhausen ist über die Autobahn A 45, Montabaur über die A 3, Neuhäusel über die Bundesstraße B 49 zu erreichen; die Straßen im Bereich der Lahn-Ferien-Straße sind über die A 3 und A 61 und über die B 54, B 260, B 274 und B 417 zu erreichen.
Im Kannenbäckerland führt ein Radwanderweg teils parallel zur Ferienstraße. Auch im Lahntal gibt es einen ausgeschilderten Radwanderweg.

32

gen, Keramik im Garten und die Galerie im Kannenbäcker-Grill, runden das Angebot ab. Wir fahren nach **Hillscheid (6)** weiter, wo wir auf den Köppel (540 m) wandern können. Von hier oben genießen wir einen herrlichen Blick über das Kannenbäckerland und stärken uns beim Köppelwirt mit einem köstlichen Aschenbraten. Von hier sind es nur wenige Autominuten nach **Neuhäusel (7)**.

Lahn-Ferien-Straße

Diese rund 250 km lange Ferienstraße durchs schöne Lahntal beginnt an der Quelle am **Forsthaus Lahnhof (8)**. Von hier fahren wir über Bad Laasphe (siehe hierzu auch die Beschreibung unserer Route 31: *Wittgensteiner Kirchentour*) nach **Biedenkopf (9)** im oberen Lahntal. Schon von weitem erkennen wir das Landgrafenschloss, welches über der Stadt thront. Im Freizeitpark Sackpfeife wurde eine Superrutschbahn angelegt.

Unser nächstes Ziel ist die Universitätsstadt **Marburg (10)**. Hier können wir durch eine entzückende Altstadt mit engen Gässchen bummeln und uns in einem der gemütlichen Cafés stärken. Zu den Sehenswürdigkeiten zählen das Landgrafenschloss und die Elisabethkirche. Wer keine Zeit findet, die Stadt bei Tag zu bewundern, dem empfehlen wir eine der angebotenen Stadtführungen bei Laternenschein. Auf unserem Weg nach Gießen können wir bei schönem Wetter eine romantische Paddeltour auf der Lahn unternehmen. Anschließend fahren wir über Fronhausen nach **Gießen (11)**. Hier spazieren wir durch die heimelige Altstadt mit vielen Fachwerkbauten, Museen, Kleinkunstbühnen und Musiklokalen. In dieser Stadt wurde Karl Liebknecht geboren, hier studierten Georg Büchner, Konrad Röntgen und Justus von Liebig – dessen Originallaboratorium ist im Chemiemuseum, das zu den fünf wichtigsten Chemiemuseen der Welt zählt, zu besichtigen. In **Wetzlar (12)** wandeln wir ebenfalls auf den Spuren Goethes. Denn was der große Dichter hier in der Fachwerkstadt erlebte, inspirierte ihn zu dem Briefroman „Die Leiden des jungen Werthers". Auf unserem weiteren Weg gelangen wir von Wetzlar nach Solms-Oberbiel; hier gibt es ei-

Tourist-Information
Westerwald Gäste-Service
Kirchstraße 48 a
56410 Montabaur
Tel. 0 26 02 / 3 00 10
Fax 0 26 02 / 52 45 oder 30 01 15
www.ww-touristik.de, E-Mail: wwgsm@t-online.de

Freizeitregion Lahn-Dill
Karl-Kellner-Ring 51
35576 Wetzlar
Tel. 0 64 41 / 4 07 19 00
Fax 0 64 41 / 4 07 19 03

Lahn-Taunus-Touristik
Römerstraße 1
56130 Bad Ems
Tel. 0 26 03 / 1 94 33
Fax 0 26 03 / 44 88

Feste und Veranstaltungen
Keramikmarkt in Höhr-Grenzhausen am 1. Samstag und Sonntag im Juni; Töpfermarkt in Ransbach-Baumbach am 1. Samstag und Sonntag im Oktober. Wetzlarer Festspiele Juli/August; Stadtfest in Marburg im Juli; Brückenfestival in Bad Ems im Juli; Rheingauer Weintage in Limburg im

ne Erlebniswelt unter Tage im Besucherbergwerk „Grube Fortuna".

Weiter geht's auf unserer Tour über die bilderbuchschöne Stadt Braunfels, die barocke Residenz Weilburg und das mittelalterliche Städtchen Runkel mit der historischen Lahnbrücke und dem mächtigen Schloss auf der Höhe nach **Limburg (13)**. Der prachtvolle Dom (13. Jh.) mit den sieben Türmen grüßt weit ins Land. Wir nähern uns dem Ende der Tour, aber zuvor geht's über Nassau mit seinem dekorativen Fachwerk-Rathaus und Dausenau mit dem durch die Wirtinnen-Verse bekannten „Wirtshaus an der Lahn" nach **Bad Ems (14)**. Von hier sind es nur wenige Autominuten nach **Neuhäusel (7)**, wo wir eine Reise durch Kannenbäckerland einschieben können (siehe oben). Nach diesem Ausflug in die Welt der Töpferkunst gelangen wir von Bad Ems nach **Lahnstein (15)**, wo sich die Lahn in den Rhein ergießt. Hoch oben schaut Burg Lahneck auf die beiden Flüsse hinunter. Die Burg stammt aus dem 13. Jh. und wird heute für sommerliche Kulturveranstaltungen und Burgfestspiele genutzt. Wer jetzt noch mehr Lust auf Schlösser und Burgen hat, setzt die Tour am Romantischen Rhein fort.

32

Juli; Rhein in Flammen (Feuerwerk in Lahnstein) im August; Blumenkorso in Bad Ems im August.

Kulinarische Köstlichkeiten
Im Westerwald werden die leckersten Gerichte rund um die Kartoffel angerichtet, weitere regionale Spezialitäten sind Döppekoche, Aschenbraten und Eierkäs. Im Lahntal in Hessen und Rheinland-Pfalz heißen die regionalen Spezialitäten Handkäs mit Musik, Rippchen mit Kraut, saftiges Rieslinghähnchen, Storzenieren (Schwarzwurzeln) gebacken oder in Sahnesoße, Grüne Soße mit Kartoffeln, Zwetschgenkuchen und Saumagen.

Der Meister erklärt der Hobbytöpferin, wie's geht.

Solmser Straße

33

Erstmals wurden die Herren von Solms 1129 erwähnt und um 1250 erfolgte die Aufteilung in die Linien Braunfels, Burgsolms und Königsberg. Durch Erwerb und Erbe und durch Teilung veränderte sich das Herrschaftsgebiet der Grafen. 1742 wurde Braunfels ein Fürstentum. 1806 ging die Souveränität verloren. Braunfels und Hohensolms fielen an Nassau, die anderen Gebiete an das Großherzogtum Hessen. Auf den 240 km der Solmser Straße durchstreifen wir fast 900 Jahre Geschichte.

Highlights
Schloss Braunfels, Kloster Altenberg, Grube Fortuna, Ruine Greifenstein, Domstadt Wetzlar, Burg Münzenberg, Kloster Arnsburg, Schloss Lich, Schloss Laubach, Schloss Hungen, Reichsstadt Friedberg, Kronberg mit Burg.

89

33

Anfahrt
Über die Autobahn A 45 nach Wetzlar, von hier über Solms nach Braunfels. Auf Teilstrecken gibt es Rad- und Wanderwege.

Tourist-Information
Verein Solmser Straße
Stadt Lich, Amt für Fremdenverkehr
Rathaus
35423 Lich
Tel. 0 64 04 / 80 62 47

Feste und Veranstaltungen
In jedem Ort werden Heimatfeste gefeiert. Die Solmser Tage im Herbst, eine Veranstaltungsreihe um das Grafen- und Fürstengeschlecht zu Solms, verbindet die vielen Orte in den unterschiedlichen Landschaften Hessens.

Kulinarische Köstlichkeiten
Die hessischen Wälder liefern Wild, die Flüsse und Seen Fisch. Typisch für Hessen sind einfache und kräftige Gerichte mit Fleisch und Gemüse, vor allem Kraut jeder Art. Reich ist die Wurst-Auswahl. Vorzügliche Biere werden im Bereich der Solmser Straße gebraut.

Das Schloss von Lich – im Herzen der Natur.

In **Braunfels (1)** erhebt sich über die Altstadt das Schloss, auf dem seit etwa 1280 die Braunfelser Linie des Grafenhauses ansässig war. In **Solms (2)** befand sich der ursprüngliche Stammsitz der Solmser Herren, deren Wasserburg in Burgsolms 1384 zerstört wurde. Das Kloster Altenburg aus dem 12. Jh. erhielten die Solmser 1803 als Besitz. Im Ortsteil Oberbiel gibt es ein Besucherbergwerk mit Grubenbahn. Die B 49 führt uns am rechten Lahnufer bis Biskirchen; hier biegen wir nach rechts ab und kommen über Allendorf mit der Dianaburg, einem Solmser Jagdschloss aus dem 19. Jh., nach **Beilstein (3)** mit der Schlossruine. Die nächste Station ist **Greifenstein (4)**, überragt von der mächtigen Ruine der Burg Greifenstein (12. Jh.) mit ihren Doppeltürmen. Hier sind das Deutsche Glockenmuseum zu besichtigen und die barocke Schlosskirche.

Über Edingen und Sinn, von hier auf der B 277, erreichen wir **Herborn (5)**, eine mittelalterliche Stadt mit 400 prachtvollen Fachwerkhäusern; zu den Sehenswürdigkeiten zählen auch das Schloss, die Stadtkirche und das Rathaus. Wir verlassen die Stadt an der Dill, einem Zufluss der Lahn, fahren nach Osten auf der B 255 durch die Orte Herbornseelbach, Offenbach, Bischoffen am Aartal-Stausee, um bei Niederweidbach nach rechts abzubiegen und **Hohensolms (6)** zu erreichen. Auf der höchsten Erhebung steht hier das wehrhafte Burgschloss (14. Jh.).

Über Blasbach kommen wir nun nach **Wetzlar (7)**, der Domstadt an der Lahn. Das mächtige Gotteshaus weist romanische und gotische Elemente auf. Im Vorort Hermannstein sehen wir die Ruine der Solmsburg aus dem 14. Jh. Ein Abstecher auf der B 277 nach Norden bringt uns in den Nachbarort Aßlar-Werdorf mit dem Solmser Schloss.

Von Wetzlar folgen wir der Landstraße über Rechtenbach nach **Butzbach (8)** mit seiner Altstadt und dem Rathaus von 1559. Im ehemaligen Solmser Schloss von 1481 ist das Amtsgericht untergebracht. Auf der B 488 erreichen wir von Butzbach nach wenigen Kilometern **Münzenberg (9)**, einst Mitbesitz der Solmser. Die Ruine der staufischen Burg Münzenberg (12. Jh.) ragt empor, wegen ihrer zwei Türme „Wetterauer Tintenfass" genannt. Über Arnsburg, dessen Zisterzienser-Kloster von 1174 im Jahr 1803 in den weltlichen Besitz der Solmser gelangte, erreichen wir auf der B 488 den Erholungsort **Lich (10)** mit seinen schmucken Fachwerkhäusern und der gotischen Marienstiftskirche von 1525.

Über Bessingen und Wetterfeld kommen wir auf einer Landstraße nach **Laubach (11)**, einem Ort mit engen Fach-

90

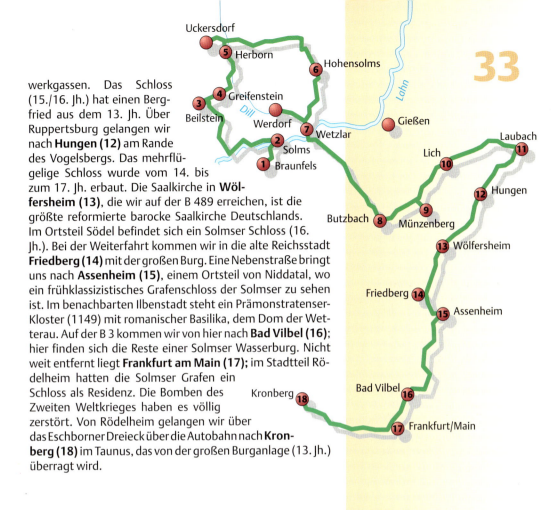

werkgassen. Das Schloss (15./16. Jh.) hat einen Bergfried aus dem 13. Jh. Über Ruppertsburg gelangen wir nach **Hungen (12)** am Rande des Vogelsbergs. Das mehrflügelige Schloss wurde vom 14. bis zum 17. Jh. erbaut. Die Saalkirche in **Wölfersheim (13)**, die wir auf der B 489 erreichen, ist die größte reformierte barocke Saalkirche Deutschlands. Im Ortsteil Södel befindet sich ein Solmser Schloss (16. Jh.). Bei der Weiterfahrt kommen wir in die alte Reichsstadt **Friedberg (14)** mit der großen Burg. Eine Nebenstraße bringt uns nach **Assenheim (15)**, einem Ortsteil von Niddatal, wo ein frühklassizistisches Grafenschloss der Solmser zu sehen ist. Im benachbarten Ilbenstadt steht ein Prämonstratenser-Kloster (1149) mit romanischer Basilika, dem Dom der Wetterau. Auf der B 3 kommen wir von hier nach **Bad Vilbel (16)**; hier finden sich die Reste einer Solmser Wasserburg. Nicht weit entfernt liegt **Frankfurt am Main (17)**; im Stadtteil Rödelheim hatten die Solmser Grafen ein Schloss als Residenz. Die Bomben des Zweiten Weltkrieges haben es völlig zerstört. Von Rödelheim gelangen wir über das Eschborner Dreieck über die Autobahn nach **Kronberg (18)** im Taunus, das von der großen Burganlage (13. Jh.) überragt wird.

Ahr-Rotweinstraße

Nur 30 km lang ist diese Ferienstraße, aber sie führt durch Deutschlands Rotweinparadies. Sonnenberg, Sonnenschein, Rosenthal, Himmelchen, Goldkaul sind die Namen nur einiger Lagen im von der Natur verwöhnten Ahrtal. Unsere Fahrt ins Paradies beginnt in Sinzig-**Bad Bodendorf (1)** auf der B 266. Das kleine Kurbad ist das „Tor zum Ahrtal". Gegenüber von Heppingen, auf der anderen, der rechten Ahrseite, ist **Heimersheim (2)** der erste Weinort im Tal.

Nun kommen wir nach **Bad Neuenahr (3)**, der eleganten Kurstadt, die weniger des Weins, eher des Wassers wegen

Highlights
Die Kurstadt Bad Neuenahr, das historische Ahrweiler, Weinbaumuseum in Bachem, die älteste Winzergenossenschaft der Welt in Mayschoß, Burgruine Are über Altenahr; die Weinberge und die Winzer.

34

Anfahrt
Sinzig liegt an der linksrheinischen Bundesstraße B 9, Bad Neuenahr ist über die Autobahn A 61 zu erreichen.
Längs der Ahr-Rotweinstraße verläuft der Ahr-Radwanderweg, in den Weinbergen oberhalb der Ahr-Rotwein-Wanderweg.

Tourist-Information
Touristik Service Ahr, Rhein, Eifel
Markt 11
53474 Bad Neuenahr-Ahrweiler
Tel. 0 26 41 / 9 77 30
Fax 0 26 41 / 97 73 73
www.ahr-rhein-eifel.de
E-Mail: tour-are@t-online.de

Feste und Veranstaltungen
Gegen Ende April wird beim Frühlingsfest in Altenahr die Proklamation der Weinkönigin vorgenommen; gegen Ende Juni wird in Mayschoß das Weinblütenfest gefeiert; Mitte Juli gibt es das Burgunderfest in Bad Neuenahr; gegen Ende Juli wird das Ahruferfest in Bad Sinzig-Bodendorf veranstaltet; jeder Ort im Ahrtal feiert mindestens ein eigenes Weinfest.

berühmt ist. Aber die erste Heilquelle entdeckte 1852 ein Winzer in einem Weinberg. Neben Kurhaus, Kurpark und Spielbank ist auch die 990 geweihte Willibrorduskirche sehenswert. Die Fahrt geht nun weiter auf der B 266. Der Stadtteil **Bachem (4)**, berühmt durch seinen Frühburgunder, ist der nächste Ort unserer Rotweintour. Im alten Backhaus aus dem 13. Jh. besichtigen wir ein Weinmuseum.

Ahrweiler (5) ist von einer mittelalterlichen Stadtmauer mit Türmen und Toren umgeben. Auch **Walporzheim (6)** ist heute ein Stadtteil von Bad Neuenahr-Ahrweiler. Das historische Weinhaus Sanct Peter stammt aus dem Jahr 1246. **Marienthal (7)** bildete sich um das Augustinerinnen-Kloster von 1137, das heute Sitz der Staatlichen Weinbaudomäne ist. Auch der Nachbarort **Dernau (8)** ist ein alter Weinort. Von den winkligen Fachwerkgassen steigen wir auf den 360 m hohen Krausberg, um bei klarem Wetter bis zum Kölner Dom zu schauen.

Das Ahrtal wird immer enger, das Weindorf **Rech (9)** liegt beiderseits des Flusses, verbunden durch die älteste erhaltene Ahrbrücke von 1759. Steil ziehen sich die Weinlagen in die Höhe. Die Straße macht einen Bogen, dem Fluss folgend, und führt nach **Mayschoß (10)**, das von der Ruine der Saffenburg überragt ist. Im Ort besichtigen wir die älteste Winzergenossenschaft der Welt, die 1868 gegründet wurde. Bei der Weiterfahrt erreichen wir die letzte Station unserer rotweinseligen Tour, **Altenahr (11)** mit den Ortsteilen Altenburg, Kreuzberg und Reimerzhoven, umgeben von zerklüfteten Felspartien. Auf den 354 m hohen Ditschhardt bringt uns ein Sessellift, damit wir von oben bei einem Glas Wein die Ahr und ihre Landschaft genießen.

Dernau inmitten seiner Weinlagen.

92

Grüne Straße Eifel – Ardennen und Große Eifel-Route

35

Grüne Straße Eifel – Ardennen

Von Sinzig am Rhein bis Altenahr haben wir die *Ahr-Rotweinstraße* (Route 34) schon kennen gelernt – die auf dieser Strecke identisch ist mit der etwa 150 km langen Grünen Straße Eifel – Ardennen. Wir setzen die Fahrt in **Altenahr (1)** mit seinen Ortsteilen wie Reimerzhoven auf der B 257 fort. Bei Dümpelfeld verlassen wir den Oberlauf der Ahr und gelangen in das historische Tuchmacherstädtchen **Adenau (2)** mit seiner Pfarrkirche aus dem 10. Jh. Ein Abstecher hinter Adenau Richtung Mayen bringt uns zur Hohen Acht, mit 747 m der höchste Berg der Eifel. Vom Aussichtsturm haben wir bei klarer Sicht einen Blick bis Köln, ins Moseltal und zu den Ardennen. Auf der Landstraße geht es weiter bis zur Kreuzung mit der B 412; wir biegen rechts ab und kommen auf der B 258 zum **Nürburgring (3)** rund um die Ruine der Nürburg. Bei Kelberg verlassen wir die B 257 und fahren durch die Hohe Eifel nach **Daun (4)**, das überragt wird von der Ruine Höhenburg auf einem Basaltkegel. Dem Wegweiser „Maare" folgend, gelangen wir in den Freizeitpark Gemündener Maar. Den Hirsch- und Saupark Daun können wir auch auf der Tour *Deutsche Wildstraße* (Route 37) besuchen. Auf der Landstraße erreichen wir **Brockscheid (5)** und besichtigen die Glockengießerei, die hier seit 1840 ihre klangvollen Geschöpfe fertigt.

Über Manderscheid mit seinen Burgruinen und Großlittgen, wo wir nach rechts abbiegen, über Kyllburg mit Altstadt und Burg (13. Jh.) fahren wir nach **Bitburg (6)**. An der Römermauer, die vom Alter der Stadt zeugt, liegt die Brauerei, die wir gern besichtigen. Die Weiterfahrt auf der B 50 bringt uns über Sinspelt nach **Roth (7)** an der Our, gegenüber der Hofburg von Vianden, dem Stammsitz des Hauses Nassau-Oranien. Wir sind jetzt auch im Gebiet der *Route Gottfried von Bouillon* (Route 36), der internationalen Burgenstraße. Die *Grüne Straße Eifel – Ardennen* durch den europäischen Naturraum mit gemeinsamer Geschichte und Kultur führt hier weiter nach Luxemburg, Belgien und Frankreich.

Highlights
Die Ahr-Rotweinstraße, die Eifel mit Maaren und Vulkanen, Nürburg und Nürburgring, die Glockengießerei in Brockscheid, die Brauerei in Bitburg, die Berge der Ardennen; Fahrten mit Museumseisenbahnen durch die Eifel.

Anfahrt
Wir benutzen dieselben Straßen wie bei der Anfahrt zur Ahr-Rotweinstraße; wollen wir die Reise im Westen beginnen, fahren wir auf der Autobahn A 1 bis Trier, weiter auf der A 64 Richtung Luxemburg, dann an der Grenze auf der Bundesstraße B 418 nach Norden bis Roth. Im Gebiet der Grünen Straße gibt es viele Radwege, Wanderwege und Lehrpfade.

Tourist-Information
Verkehrsamt der Ostkantone
Mühlenbachstraße 2
B-4780 St. Vith
Tel. 00 32 80 / 22 76 64
Fax 00 32 80 / 22 65 3

Eifelverein
Stützstraße 2 – 6
52349 Düren
Tel. 0 24 21 / 1 31 21

35

Feste und Veranstaltungen
Auf dem Nürburgring gibt es verschiedene Motorsport-Veranstaltungen, jeder Ort hat seine heimatlichen Feste, ansonsten verweisen wir auf die anderen Ferienstraßen in dieser Region.

Kulinarische Köstlichkeiten
Die Delikatessen sind bei den anderen Routen der Region erwähnt; besonders hervorheben wollen wir hier noch Schinken und Käse aus den Ardennen. Zum Trinken empfehlen sich Bitburger Bier, Ahrweine, Moselweine, Brände aus den Ardennen.

Bei Reimerzhoven im Ahrtal bei Altenahr führt die Straße in die Hohe Eifel.

Große Eifel-Route

Die *Große Eifel-Route* verläuft zum Teil auf der Strecke der *Grünen Straße Eifel – Ardennen* (siehe vorige Seite) und der *Deutschen Wildstraße* (Route 37), führt im Norden der Eifel nach Bad Münstereifel und Mechernich. Über Heimbach, Kall, Nettersheim, Blankenheim, Dahlem und Prüm in die südliche Eifel.

36

Highlights
28 historische Bauwerke, jedes für sich eine besondere Sehenswürdigkeit.

Anfahrt
Die Autobahnen A 48 und die A 60 führen in das Gebiet der Route.

Route Gottfried von Bouillon

In der belgischen Stadt Bouillon wurde 1988 die grenzüberschreitende Route eröffnet, die ihren Namen zu Ehren des Gottfrieds erhielt, der um das Jahr 1060 geboren wurde und als erster Reichsfürst dem Aufruf Papst Urbans II. zum Kreuzzug folgte, mit 20 000 Mann aufbrach und 1099 Jerusalem erstürmte, wo er als Vogt des Heiligen Grabes ein Jahr später starb. Die Route, die keinen bestimmten Ausgangs- oder Zielort hat, verbindet Burgen, Schlösser und Abteien in Belgien, Luxemburg, Frankreich und Deutschland, die zum gemeinsamen historischen und kulturellen Erbe gehören.

Wir beginnen unsere Tour von Koblenz her längs des Mosellaufes auf der Bundesstraße 416, die am linken Flussufer entlangführt. Rechts zweigt die Straße nach Münstermaifeld ab, über dem Ort ragt die **Burg Eltz (1)** auf, die seit 1157 Sitz der Grafen von Eltz ist. Von Münstermaifeld fahren wir über Brohl nach Roes. Hier erhebt sich auf einer Höhe die **Burg Pyrmont (2)** mit dem alten Bergfried und dem barocken Wohnbau. Zurück auf der Bundesstraße, die jetzt die Nr. 49 trägt, gelangen wir nach Cochem an der Mosel. In der Stadt besuchen wir in der Brückenstraße 3 die **Alte Thorschenke Cochem (3)**, ein Fachwerkhaus aus dem Jahr 1332, in dem die Küche mit regionalen Spezialitäten aufwartet. Hoch über der Stadt erhebt sich die **Reichsburg Cochem (4)** mit ihren Erkern und Zinnen. Die mittelalterliche Burg wurde im 19. Jh. restauriert und im neugotischen Stil wiederaufgebaut. Weiter auf der B 49 kommen wir nach Nehren, wo wir den Fluss überqueren und nach Senheim gelangen. Hier steht ein staufischer Wohnturm aus dem Jahr 1220. Heute ist der **Wohnturm Senheim (5)** in der Brunnenstraße 17 im Besitz des Bildhauers Anders, der hier wohnt, arbeitet und ausstellt.

Zurück am rechten Moselufer, kommen wir nach Alf. Hier erhebt sich auf schroffem Fels die **Burg Arras (6)** aus dem frühen Mittelalter. Die nächsten Baudenkmäler liegen in der Umgebung von Bitburg; von hier auf der Straße nach Echternach biegen wir bei Echternacherbrück rechts ab und folgen der Straße längs der Grenze zu Luxemburg und dem Fluss Sauer. Im Wald von Weilerbach ist das **Schloss Weilerbach (7)** zu finden. Vom letzten Echternacher Abt wurde dieses Bauwerk 1780 als Sommerresidenz und Verwaltungssitz einer Eisenhütte errichtet.

Weiter in Richtung Nordwesten kommen wir in den Nachbarort Bollendorf, wo die große Anlage der **Burg Bollendorf (8)** über dem Flussufer thront. In Roth an der Our ist in **Schloss Roth (9)** ein Hotel untergebracht. Die Grafen aus dem nicht weit entfernten Vianden ließen das Schloss um 1220 erbauen und schenkten es dann dem Templerorden. Weiter die Our entlang nach Norden kommen wir zur **Burgruine Dasburg (10)** – die im 11. Jh. errichtete Ritterburg gehörte einst auch den Grafen

Tourist-Information
Europäische Vereinigung
Route Gottfried von Bouillon e. V. –
Deutsche Sektion
Reichsburg Cochem
Schlossberg 1
56812 Cochem
Tel. 0 26 71 / 25 45
Fax 0 26 71 / 56 91

Feste und Veranstaltungen
Winzer- und Weinfeste gibt es an der Mosel in fast jedem Ort. Das Burgfest in Manderscheid wird am 4. Wochenende im August veranstaltet. Die Eifelfeste sind bei der nächsten Route 37, der Wildstraße, erwähnt.

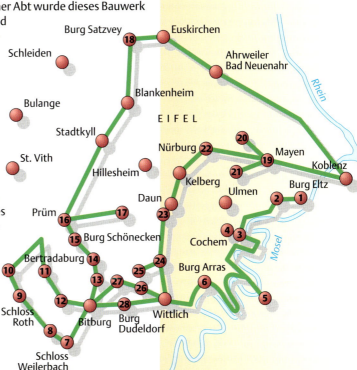

36

Kulinarische Köstlichkeiten
Neben der einfachen Winzerküche, die bei Weinproben serviert wird, sind die Moselfische eine besondere Delikatesse. Aus den Wäldern der Eifel kommt das Wild für allerlei feine Gerichte. Dazu lassen wir uns die Moselweine schmecken oder das Bier, das in Bitburg gebraut wird.

Die Bertradaburg oberhalb Mürlenbachs ist eine der ältesten Eifelburgen.

von Vianden. Bei Dasburg nehmen wir die B 410 Richtung Prüm, biegen bei Arzfeld rechts ab und kommen zur **Burg Neuerburg (11)**, der größten erhaltenen Burganlage im Kreis Bitburg-Prüm. Die 12. Jh. gegründete Burg dient heute als Jugendherberge. Nach Süden fahrend, kommen wir auf die B 50, biegen in Richtung Bitburg nach links, vor Bitburg wieder nach links und gelangen zur **Burg Rittersdorf (12)**, einer mehrtürmigen Wasserburg, die zwischen dem 11. und 17. Jh. errichtet wurde.

Auf der Straße von Bitburg nach Gerolstein liegt beim Ort Fließem die **Römische Villa Otrang (13)** aus dem 1. Jh. Einige Kilometer weiter erhebt sich über dem Dorf Mürlenbach und dem Kylltal die **Bertradaburg (14)**. Hier, in einer der ältesten Eifelburgen, wurde wahrscheinlich Karl der Große im Jahr 742 oder 747 geboren.

Von Mürlenbach in Richtung Prüm kommen wir zu Dorf und **Burg Schönecken (15)**. Von dieser stattlichen Burg stehen nur noch die Ringmauern mit mehreren großen Türmen. Die nächste Station unserer Route ist die **Abtei Prüm (16)**, die 721 von den Karolingern gestiftet wurde. Die barocken Bauten nach Plänen von Balthasar Neumann wurden erst 1912 vollendet. Auf der B 410 kommen wir von Prüm nach Pelm bei Gerolstein, wo die **Kasselburg (17)** aufragt. Bei der Burg aus dem 12. Jh. gibt es einen Adler- und Wolfspark, der in der nächsten Routenbeschreibung (37) über die *Wildstraße* vorgestellt wird. Nördlich davon, an der A 1 zwischen Mechernich und Euskirchen, liegt **Burg Satzvey (18)** aus dem 14. Jh. In der Wasserburg werden Ritterspiele veranstaltet. Über die A 61 und die A 48 gelangen wir nach Mayen und zur **Genovevaburg Mayen (19)**. 1280 errichtet und immer wieder zerstört, erhielt sie 1918 ihre heutige Gestalt. Ein Abstecher führt uns von hier zum **Schloss Bürresheim (20)** im Nettetal. Ein anderer Abstecher bringt uns zur **Burgruine Monreal (21)**, die sich über dem Fachwerkdorf erhebt.

Auf der B 258 kommen wir von Mayen zum Nürburgring und zur **Nürburg (22)**, die im 12. Jh. errichtet wurde und heute eine Ruine ist. Über die B 257 erreichen wir Daun, wo auf dem Burgberg 1712 ein **Kurfürstliches Amtshaus Daun (23)** erbaut wurde; heute ist es ein Schlosshotel.

Die Fahrt geht weiter zur **Burgruine Niederburg (24)** und zur **Burgruine Oberburg (25)**. Sie liegen sich bei dem Eifelkurort Manderscheid gegenüber. Über Wittlich kommen wir zur abseits gelegenen **Abtei Himmerod (26)**, einer Zisterzienser-Gründung aus dem 12. Jh. mit einer barocken Hallenkirche. Die Straße führt uns weiter zur **Burgruine Kyllburg**

(27) und der gotischen Kirche auf dem Stiftsberg. Über Bitburg erreichen wir auf der B 50 in Richtung Westen **Burg Dudeldorf (28)**, die die Luxemburger Grafen in diesem mittelalterlichen Städtchen, das sein historisches Aussehen bis heute bewahrt hat, errichteten.

Unbedingt empfehlenswert ist der Besuch der Baudenkmäler in den anderen Ländern der Route Gottfried von Bouillon. In Luxemburg sind es 11, in Belgien 20 und in Frankreich ebenfalls 20 Sehenswürdigkeiten.

Deutsche Wildstraße

Wir beginnen unsere 180 km lange Tour in Gerolstein im Herzen der Vulkaneifel, einer Landschaft, die aus Feuer und Sprudelwasser geboren wurde. Der Ortsteil Pelm an der B 410 wird überragt von der Kasselburg, die wir von der vorherigen Route 36, *Gottfried von Bouillon*, kennen. Hier besuchen wir den **Adler- und Wolfspark Kasselburg (1)**. Im Gemäuer der Burgruine leben Adler, Geier, Milane, Habichte, Falken, Uhus, Eulen und andere Vögel. In der Felsschlucht unterhalb der Burg leben die Timberwölfe. Das größte Wolfsrudel Westeuropas bewegt sich in fast freier Wildbahn. Auch Wildschweine lassen sich auf dem ausgedehnten Gelände mit seinen Wiesen und Wäldern beobachten. Im Streichelzoo warten Ziegen, Hasen und andere Kuscheltiere auf die kleinen Besucher, für die es auch einen großen Spielbereich gibt.

Highlights
Vier große Wild- und Erlebnisparks, viele Burgen und Schlösser am Weg.

Anfahrt
Über die Autobahnen A 1 oder A 48 in die Eifel.

Tourist-Information
Daun und Kasselburg: Vulkaneifel Touristik & Werbung GmbH
Mainzer Straße 25a
54550 Daun
Tel. 0 65 92 / 93 32 99
Fax 0 65 92 / 93 32 50

Gondorf: Touristik-Service Eifel
Trierer Straße 1
54634 Bitburg
Tel. 0 65 61 / 1 54 93
Fax 0 65 61 / 1 54 16

Klotten: Tourist Information
Ferienland Cochem
Endertplatz 1
56812 Cochem
Tel. 0 26 71 / 1 94 33
Tel. 0 26 71 / 60 04 44

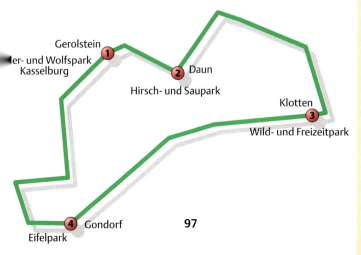

37

Feste und Veranstaltungen
In Daun wird Mitte August Laurentiuskirmes und Laurentiusmarkt gefeiert. Am 4. Wochenende im August gibt es in Gerolstein das Sprudelfest und in Manderscheid das Burgenfest. In Bitburg wird der Beda-Markt am 3. Wochenende im März und das Grenzlandtreffen am 2. Wochenende im Juli veranstaltet. Der Prümmer Sommer ist eine Veranstaltungsreihe in Prüm an jedem Donnerstag von Juli bis August.

Kulinarische Köstlichkeiten
Eifeler Spezialitäten drehen sich um die tolle Knolle der Kartoffel, erwähnt seien Kartoffelsuppe, Pellkartoffeln, Kartoffelpuffer und Deppekuchen, ein Topfkuchen. Eine besondere Leckerei ist der Worbelspannekooche, ein Waldbeerenpfannkuchen. Aus den Wäldern kommt auch das Wild für die vielen Wildgerichte.

Rotwild im Hirsch- und Saupark Daun.

Über die B 410 fahren wir Richtung Mayen, biegen bei Dockweiler rechts ab auf die B 421 nach Daun, wo wir den **Hirsch- und Saupark Daun (2)** besuchen. Auf den acht Kilometern Waldweg begegnen uns nicht nur Rot- und Schwarzwild, auch Mufflons und Yaks sind zu beobachten. Der Park ist mit dem Auto befahrbar, Aussichtstribünen laden zum Aussteigen ein. Neu ist die Affenschlucht, in der sich die Berberaffen tummeln. Im Arboretum, dem Baumschulwald, im Natureum, im Ameisenhaus und auf dem Waldlehrpfad wird Biologie zum Erlebnis. Ergänzt wird das große Freizeitangebot durch Sommerrodelbahn, Spielburg, Piratenschiff und andere Angebote.

Über die B 257 nach Ulmen, von hier über die B 259 kommen wir nach Cochem und in den westlich davon gelegenen **Wild- und Freizeitpark Klotten (3)**. Klotti, das Maskottchen, verspricht: „Hier ist der Bär los!" In den weitläufigen Gehegen sehen wir Bären, Rothirsche, Damwild, Wapiti, Dybowskihirsche, Luchse, Steinböcke, Wildschweine, Wölfe, Füchse, Mufflons, Zwergziegen, Rohrkatzen, Strauße, Eulen, Bussarde, Pfauen, Fasane, Papageien, Sittiche und vieles andere Getier.

Ein Stück die Mosel aufwärts, dann auf der B 50 über Wittlich gelangen wir nach Gondorf kurz vor Bitburg, wo der **Eifelpark (4)** sich auf 750 000 Quadratmetern ausbreitet. Der Bergwildpark wartet auf mit der Bärenschlucht, mit Steinböcken, Mufflons, Murmeltieren und Luchsen, den Tälern der roten, weißen und schwarzen Hirsche und dem Tal der wilden Sauen. Die Greifvögel zeigen ihre Künste bei den Freiflug-Vorführungen. Zur Erkundung der Natur dienen das Haus der Natur und das Bienenhaus, die Landesforstschau, der Platz der Urzeit und der Platz der Eifelscholle.

Eichenlaubstraße und Skulpturenstraße

Eichenlaubstraße

Wie unschwer zu erraten ist, verdankt diese 110 km lange Ferienstraße ihren Namen der Eiche, denn dieser Baum war in der Region früher landschaftsbestimmend. Durch die intensive Holznutzung und die ständige Verjüngung konnte sich der Wald nicht zur vollen Höhe entwickeln, er blieb Niederwald. Mittlerweile haben sich einige der Wälder zu Hochwäldern ausgebildet

Unsere Fahrt beginnt in **Perl (1)** mit einem Abstecher nach **Nennig (2)**; beide Orte lernen wir noch bei der Tour 40 auf der *Moselweinstraße* genauer kennen. Bei Oberleuken fahren wir nach **Orscholz (3)**, von wo wir einen wunderbaren Blick auf die große Saarschleife haben. Bei der Weiterfahrt gelangen wir nach **Mettlach (4)** mit dem Alten Turm und der Benediktiner-Abtei. Über Britten und Bergen erreichen wir **Scheiden (5)**. Von hier machen wir einen Abstecher nach Süden zum Stausee Losheim. Die Eisenbahnfreunde sollten hier den Besuch des Eisenbahnmuseums Losheim nicht versäumen. Scheiden ist der höchste Ort im Saarland, und von hier haben wir einen hinreißenden Panoramablick. Um den Ort führt ein Felsenerlebnispfad. Über Waldhölzbach und Zwalbach kommen wir nach **Weiskirchen-Rappweiler (6)**. In Rappweiler besuchen wir den „ErlebnisWald" und das Naturpark-Informationszentrum. Durch hübsche Hunsrückorte gelangen wir nach **Nonnweiler (7)** an der Prims-Talsperre. Über Sötern und vorbei am Bostalsee kommen wir nach **Nohfelden (8)** mit seiner Burg aus dem 13. Jh. Wir überqueren den Oberlauf der Nahe. Nach Wolfersweiler und Eitzweiler gelangen wir nach **Freisen-Oberkirchen (9)**. Beide Ortsteile haben Mineralogische Museen. In Freisen kann der Windpark mit dem Windenergie-Lehrpfad besucht werden. Von hier ist es nicht weit nach St. Wendel.

Highlights
Römische Villa bei Perl, römische Ausgrabungen bei Borg, Schloss Berg bei Nennig, Benediktiner-Abtei und Erlebnisbrauerei in Mettlach, Mineralogische Museen in Freisen und Oberkirchen, Lehrpfade unterschiedlicher Arten; Skulpturen internationaler Künstler.

Anfahrt
Über die Autobahn A 8 ist Perl, Ausfahrt Perl, und über die A 62, Ausfahrt Reichweiler, ist Oberkirchen zu erreichen.
Radwege begleiten streckenweise diese Ferienstraße, ebenso einige der vielen Wanderwege im Naturpark.

Tourist-Information
Eichenlaubstraße: Naturpark Saar-Hunsrück, Informationszentrum Zum Wildpark
66709 Weiskirchen-Rappweiler
Tel. 0 68 72 / 92 08 61
Fax 0 68 72 / 92 08 63
www.naturpark.org

Skulpturenstraße:
Tourismus-Zentrale Saarland
Franz-Josef-Röder-Straße 9
66119 Saarbrücken
Tel. 06 81 / 92 72 00
Fax 06 81 / 92 72 040

Feste und Veranstaltungen
Jeder Ort hat seine Kirmes und sein eigenes Heimatfest.

38

Kulinarische Köstlichkeiten
Neben den Spezialitäten, die wir schon an der Wildstraße kennen gelernt haben, und denen, die auf uns an den anderen Ferienstraßen der Region warten, wollen wir hier Räucherforellen mit Sellerie-Apfel-Salat empfehlen, auch mit Äpfeln gefüllte Kaninchenkeule an Hagebuttensoße mit Kartoffel-Spatzen mundet vorzüglich, ebenso ein Wildschweingulasch. In den Restaurants, in denen die qualitätsvollen Produkte der Region zubereitet werden, sagt man: „Landschaft schmeckt!"

Saarschleife an der Eichenlaubstraße bei Mettlach-Orscholz.

Skulpturenstraße

In **St. Wendel (10)**, das auch seiner historischen Altstadt wegen sehenswert ist, lösten sich bei Baggerarbeiten riesige Sandsteinblöcke aus einem Felshang. Durch einen Verein, der Symposien zur Bildhauerei veranstaltet, konnten die Blöcke für eine Straße der Skulpturen reserviert werden. Die Vision des jüdischen Malers und Bildhauers Otto Freundlich, ermordet im KZ Maidanek, wurde damit Wirklichkeit. Seit 1979 bearbeiten Künstler aus Deutschland, Frankreich, Italien, Israel, Japan und anderen Ländern die Felsblöcke in der Natur, setzen die entstehenden Arbeiten in Bezug zu Landschaft und Geschichte. Bis zum Erscheinen dieses Buches sind 14 Skulpturen an den Fahrwegen und Straßen Richtung Nordwest aufgestellt worden. Das Ziel ist der etwa 30 km entfernte **Peterberg (11)** bei Braunshausen unweit von Nonnweiler.

39

Highlights
Die Schlösser in Föhren und Bekond, die Klüsserather Burg, die römischen Villen in Longuich und Mehring.

Anfahrt
Die Autobahn A 1 bringt uns zum Dreieck Moseltal, Abfahrt nach Kenn. Die Römische Weinstraße ist begleitet von Rad- und Wanderwegen.

Römische Weinstraße

Schon die Kelten siedelten im Moseltal, und auch die Römer ließen sich hier nieder. Sie prägten die Kultur, pflegten den Weinbau und benutzten Fluss und Straße im Tal als Transportwege. Nur 18 km lang ist der Abschnitt, der als Ferienstraße den Namen *Römische Weinstraße* trägt, 18 Orte reihen sich hier aneinander – wie Perlen auf einer Schnur. **Kenn (1)** mit dem historischen Maximiner Hof ist das Tor zur Römischen Weinstraße. Flussabwärts geht unsere Fahrt, wir überqueren die Mosel und kommen nach **Schweich (2)** und zum Niederprümer Hof mit seinem Museum für den Dichter Stefan Andres. Das Tal des Föhrenbachs bringt uns aufwärts nach **Föhren (3)** mit dem Schloss der Grafen von Kesselstatt. Noch weiter in den Wald hinauf kommen wir zum Dorf **Naurath (4)**. Auf dem Weg zurück zur Mosel machen wir noch einen Abstecher nach **Bekond (5)**, das auch von einem Schloss überragt ist. Auf der A 1 / A 48 überqueren wir den Fluss und kommen nach **Longuich (6)**, wo wir eine römische Villa besichtigen und in der Barockkirche die Traubenmadonna besuchen. Die Weinberge hinauf fahren wir über den Ortsteil Fastrau nach **Fell (7)**; hier stehen die Reste einer alten Burg. Der Weg zur Mosel bringt uns nach **Riol (8)** mit der sehenswerten Martinskirche. Bei Longuich fahren wir auf die linke Moselseite und flussabwärts. Über **Longen (9)** mit seiner alten Kapelle kommen wir nach **Mehring (10)**, das auf dem anderen Ufer auch eine römische Villa hat. Weiter auf der B 53 dem Lauf der Mosel folgend, gelangen wir nach **Pölich (11)**. Hier gibt es Reste einer römischen Wasserleitung und einer Villa. Der nächste Ort ist **Schleich (12)** mit seiner Kapelle aus dem 9. Jh. Über **Ensch (13)**, einem weiteren idyllischen Weinort, erreichen wir **Klüsserath (14)** mit seiner Burg aus dem 12. Jh. Hier überqueren wir die Mosel und kommen nach **Thörnich (15)**, von wo uns ein Abstecher flussaufwärts nach **Detzem (16)** mit seinem historischen Ortskern führt. Über Thörnich kommen wir nach **Köwerich (17)**, wo Beethovens Urgroßmutter geboren wurde. Moselabwärts gelangen wir schließlich nach **Leiwen (18)** mit seinen historischen Gebäuden. Den Namen hat der Ort wohl nach der Kaiserin Livia, deren Göttergatte Augustus ihr hier eine Villa errichten ließ.

Die Weinkönigin beim Weinfest in Leiwen am dritten Wochenende im August.

Tourist-Information
Verbandsgemeinde Schweich an der Römischen Weinstraße
Brückenstraße 26
54338 Schweich
Tel. 0 65 02 / 40 70
Fax 0 65 02 / 40 71 80
www.schweich.de
E-Mail: vg-schweich@t-online.de

Feste und Veranstaltungen
Jeder Ort an der Mosel hat seine Wein- und Winzerfeste, die von Mai bis Oktober gefeiert werden. Hier seien erwähnt „Happy Mosel", die autofreie Moselweinstraße von Schweich bis Cochem am ersten Sonntag nach Pfingsten, das Winzerfest mit Winzerspiel in Mehring am 2. Wochenende im September, das Weinfest der Römischen Weinstraße um den ersten Sonntag im Oktober in Schweich.

Kulinarische Köstlichkeiten
Neben den schon bei den vorigen Beschreibungen erwähnten Gerichten sei hier Gräwes oder Tiertich (auch Cräwes und Tertich geheißen) gerühmt, ein Gericht aus Weinsauerkraut, Wein, Eisbein und Kartoffelbrei.

40

Moselweinstraße und Saar-Riesling-Route

Moselweinstraße

Wir beginnen unsere Tour auf der 242 km langen Moselweinstraße in **Perl (1)** mit seinem Palais, seiner Kapelle und dem Barockgarten am Oberlauf der Mosel an den Grenzen zu Luxemburg und Frankreich. Auf der B 419 folgen wir dem Fluss und gelangen nach **Nennig (2)** mit seinem schönen und größten römischen Mosaik nördlich der Alpen, mit seiner Ruine Bübingen und dem Schloss Berg. Das Nachbarschloss ist das **Schloss Thorn (3)** mit seinem historischen Kelterhaus. Durch Weinorte geht unsere Moselfahrt weiter, bei **Konz (4)** überqueren wir die Saar, die hier in die Mosel mündet. Bald sind wir in **Trier (5)**, der ältesten Stadt Deutschlands. Von den Bauten aus der Römerzeit seien das Stadttor Porta Nigra, die Thermen, das Amphitheater, die Basilika und die Römerbrücke genannt. Um den Marktplatz herum gruppieren sich Kirchen und weltliche Gebäude aus dem Mittelalter. Das Karl-Marx-Haus wurde als Museum für den weltverändernden Denker, der hier geboren wurde, eingerichtet.

Highlights
Trier mit seinen römischen Baudenkmälern, die Römische Weinstraße, der älteste deutsche Weinort Neumagen-Dhron und viele andere Winzerorte, die Jugendstilstadt Traben-Trarbach, die Burg über Cochem und andere Burgen, Koblenz mit seinen Sehenswürdigkeiten; die Mosel Festwochen und die vielen Weinfeste. An der Saar Stadt und Burg Saarburg, die Städte Serrig und Merzig.

Anfahrt
Die Autobahn A 8 Richtung Luxemburg bis Perl oder über die A 1 bis Trier, weiter auf der Bundesstraße B 419 bis Perl.
Durch das ganze Moseltal führt der Moselradweg, und auf den Höhen beiderseits des Flusses sind Wanderwege angelegt.
Auch längs der Saar sind Radfahren und Wandern ein Erlebnis.

Den folgenden Abschnitt der Straße bis Leiwen kennen wir schon als *Römische Weinstraße* (Route 39). Bei **Neumagen-Dhron (6)**, dem ältesten Weinort Deutschlands mit der Nachbildung des steinernen Weinschiffs der Römer, wechseln wir auf die andere Moselseite, um bei **Bernkastel-Kues (7)**, der Stadt mit dem mittelalterlichen Ortskern, wieder auf das andere Ufer zu fahren. Über **Kröv (8)** mit seiner Barockkirche und den anderen historischen Gebäuden – in aller Welt aber wegen des Weins mit dem Namen „Kröver Nacktarsch" bekannt – kommen wir nach **Traben-Trarbach (9)** mit den vielen schönen Jugendstilbauten. Von hier geht die Fahrt auf dem anderen Ufer weiter. Rechtsmoselig erreichen wir **Zell (10)** mit seinen Baudenkmälern, zum Teil aus dem 15. Jh. Hier wechseln wir wieder auf die andere Flussseite, und durch hübsche Winzerorte gelangen wir nach **Cochem (11)** mit der

102

Reichsburg, die wir schon von der Route *Gottfried von Bouillon* (Route 36) kennen. Wir bleiben jetzt auf der linken Moselseite, auf der B 416, die sich neben dem Fluss dahinschlängelt und durch sehenswerte Dörfer und Städtchen führt, um nach **Koblenz (12)** zu kommen, wo am Deutschen Eck Mutter Mosel mit Vater Rhein verschmilzt. In der Stadt gibt es Sehenswürdigkeiten aus der Römerzeit, gegenüber liegt die Festung Ehrenbreitstein auf felsiger Höh'.

Saar-Riesling-Route

Von **Konz (4)** machen wir eine kleine *Saar-Riesling-Tour*, zunächst an der Straße längs der Saar, bis wir in **Saarburg (13)** auf die B 51 treffen. Die Ruine der Saarburg (10. Jh.) überragt die historische Stadt mit ihrer Wallfahrtskirche St. Marien und dem Leukbach-Wasserfall inmitten der Altstadt. Auf der Bundesstraße am Ostufer der Saar kommen wir nach **Serrig (14)**, wo wir Reste aus keltischer und römischer Zeit entdecken. Über Mettlach mit seinem Alten Turm (10. Jh.) und der Ruine Montclair geht es weiter nach **Merzig (15)** mit seiner romanischen Kirche St. Peter, dem barocken Kurfürstenschloss und anderen Baudenkmälern, die zu sehen die schöne Fahrt durch die Rebhänge des Saartales schon gelohnt hat.

Tourist-Information
Mosellandtouristik GmbH
Gestade 12 – 14
54470 Bernkastel-Kues
Tel. 0 65 31 / 20 91-92
Fax 0 65 31 / 20 93

Verkehrsverein Saarburger Land
Graf-Siegfried-Straße 32
54439 Saarburg
Tel. 0 65 81 / 8 12 15
Fax 0 65 81 / 8 12 90

Feste und Veranstaltungen
Wein- und Winzerfeste gibt es längs der Mosel und der Saar vom Frühjahr bis in den Herbst; in diesem Zeitraum wird auch das Musikfestival der Mosel Festwochen veranstaltet mit Musik aller Art an verschiedenen Veranstaltungsorten. Am ersten Sonntag nach Pfingsten ist Happy Mosel: ein Teil der Moselstraße autofrei.

Kulinarische Köstlichkeiten
Nachdem schon bei den vorigen Beschreibungen auf einfache Gerichte und Delikatessen hingewiesen wurde, sei hier noch einmal der Wein nebst seinen Verwandten Sekt und Trester gerühmt.

Die Moselschleife mit Blick auf Mehring.

41

Naheweinstraße

Die kulinarischen Köstlichkeiten in Verbindung mit dem Wein und seinen Verwandten machen jeden Aufenthalt an der 130 km langen Naheweinstraße zum Erlebnis. Wir beginnen in **Bad Kreuznach (1)** unsere Fahrt, besichtigen hier die historische Altstadt mit Eier- und Kornmarkt, die Brückenhäuser aus dem 15. Jh., das Kurhaus und andere Baudenkmäler aus verschiedenen Epochen.

Den nächsten Halt machen wir in **Bad Münster-Ebernburg (2)**. Rechts erhebt sich die Ebernburg aus dem 11. Jh. Unter dem humanistischen Ritter Franz von Sickingen wurde sie zu Anfang des 16. Jh. zur „Herberge der Gerechtigkeit". Links ragt über dem Kurort Bad Münster am Stein die Ruine der Burg Rheingrafenstein aus dem 12. Jh. auf.

Wir folgen dem Lauf der Nahe flussaufwärts, kommen an Rebhängen vorbei, durch Norheim nach **Niederhausen (3)** mit seiner romanischen Kirche; außerhalb des Ortes liegt das Besucherbergwerk Schmittstollen. Nun kommen wir nach **Oberhausen (4)** mit dem Schloss Wartenstein aus dem 14. Jh. und dem Museum für historische Traktoren. Über Durchroth gelangen wir nach **Odernheim (5)**, wo auf dem Disibodenberg im Jahr 640 ein Kloster gegründet wurde. Seit 1106 lebte und wirkte hier 40 Jahre lang Hildegard von Bingen. Heute ist das Kloster eine Ruine.

Unser nächster Halt gilt **Bad Sobernheim (6)**, wo wir das große Freilichtmuseum für Rheinland-Pfalz besuchen. Über

Highlights
Die Brückenhäuser in Bad Kreuznach, die Ebernburg und die Ruine Rheingrafenstein über Bad Münster, die Klosterruine Disibodenberg, das Freilichtmuseum in Bad Sobernheim, der Mäuseturm bei Bingen, die Weinfeste in den Naheweinorten.

Anfahrt
Über die Autobahnen A 61 oder A 60 bis zur Ausfahrt Bad Kreuznach. Große Teilstrecken der Naheweinstraße sind von Rad- und Wanderwegen begleitet.

Tourist-Information
Naheland-Touristik GmbH
Bahnhofstraße 31
55606 Kirn
Tel. 0 67 52 / 20 55
Fax 0 67 52 / 31 70

Weinland Nahe e. V.
Dessauer Straße 6
55545 Bad Kreuznach
Tel. 06 71 / 83 40 50
Fax 06 71 / 8 34 05 25
E-Mail: info@weinland-nahe.de

Die Kulinarische Sommernacht in Bad Münster am Stein-Ebernburg.

Meddersheim und Merxheim kommen wir nach **Martinstein (7)**, dem westlichsten Punkt unserer Route. Am anderen Naheufer entlang erreichen wir **Monzingen (8)** mit seinem historischen Ortskern, der Stadtmauer, mit der im 11. Jh. gegründeten Martinskirche und dem Alt'schen Haus, das 1589 erbaut wurde und eines der schönsten Fachwerkhäuser des Landes ist.

Von hier geht die Fahrt in den vorderen Soonwald hinauf nach **Auen (9)** mit der Willigis-Kapelle aus dem 10. Jh. mit der Grabstätte des Jägers aus Kurpfalz. Über Daubach und **Bockenau (10)** mit dem Kleinbahnmuseum geht es weiter nach **Burgsponheim (11)**, wo von der Burg aus dem 12. Jh. nur noch der 22 m hohe Wohnbergfried steht. Durch Weinberge und die Winzerorte Sponheim, Mandel, St. Katharinen und Braunweiler kommen wir nach **Wallhausen (12)** mit seinem Schloss, das im 16. Jh. erbaut wurde.

Den Gräfenbach entlang, der zur Nahe fließt, fahren wir durch Gutenberg nach Hargesheim, von hier nach Guldental den Guldenbach entlang, hinauf nach Windesheim und Schweppenhausen und über Waldlaubersheim nach **Burg Layen (13)**, wo im 1000-jährigen Gemäuer ein Weingut seinen Sitz hat. Bei Münster-Sarmsheim machen wir einen Abstecher nach **Bingen (14)**; hier mündet die Nahe in den Rhein. Von den Sehenswürdigkeiten seien die Basilika St. Martin, im 8. Jh. gegründet, die Burg Klopp aus dem 13. Jh. und der seit Römerzeiten immer wieder zerstörte und neu aufgebaute Mäuseturm genannt. Über Laubenheim, Langenlonsheim und Bretzenheim naheaufwärts fahren wir nach Bad Kreuznach zurück.

Feste und Veranstaltungen
Neben den lokalen Winzer- und Weinfesten im Naheland seien von den vielen Veranstaltungen erwähnt die Kulinarische Sommernacht am letzten Juli-Wochenende in Bad Münster am Stein und das Fest rund um die Naheweinstraße am letzten August-Wochenende und den beiden ersten September-Wochenenden in allen Orten der Naheweinstraße.

Kulinarische Köstlichkeiten
Vortrefflich mundet die Wallhäuser Weinsuppe mit Grießklößchen, zur Zeit der Weinlese wird gern der Kreuznacher Zwiwwelkuche (Zwiebelkuchen) gebacken, nach altem Rezept zubereitet, im Nahe-Winzer-Topf ist Rotwein zugegeben, Weißwein ist im Münsterer Trester-Fleisch, das seinen Namen der früheren Zubereitung auf dem Brennofen verdankt. Zum Trinken gibt es Weine von der Nahe, Nahesekt und zum Abschluss ein Gläschen Trester.

42 Deutsche Edelsteinstraße

Highlights
Das Kupferbergwerk Fischbach, die Edelsteinminen des Steinkaulenbergs und das Deutsche Edelsteinmuseum in Idar-Oberstein, die Wildenburg mit dem Freigehege, das historische Herrstein und über 60 Edelstein-Betriebe.

Anfahrt
Über die Autobahn A 61, Ausfahrt Bad Kreuznach, oder über die A 62, Ausfahrt Birkenfeld, jeweils auf der Bundesstraße B 41 nach Fischbach oder Idar-Oberstein.
Rad- und Wanderwege befinden sich im Gebiet der Ferienstraße.

Tourist-Information
Deutsche Edelsteinstraße
Brühlstraße 16
55757 Herrstein
Tel. 0 67 85 / 7 91 03 / 04
Fax 0 67 85 / 7 91 20
www.landkreis-birkenfeld.de
E-Mail: vg-herrstein@t-online.de

Feste und Veranstaltungen
In Herrstein werden am 1. Juli-Wochenende der Prämienmarkt (Kirmes), am 2. September-Wochenende der Kunsthandwerker- und Bauern-

Der Bergkristallbrunnen in Kirschweiler.

An der oberen Nahe wurden schon zu Römerzeiten Achate gefunden und zu Gemmen verarbeitet. Im 19. Jh. gingen die einheimischen Rohstoffvorkommen zur Neige. Aber nach Brasilien ausgewanderte Hunsrücker versorgten seit 1834 die Heimat mit Achaten und anderen Edelsteinen; die Schleifereien und Schmuckbetriebe erfuhren wieder einen großen Aufschwung. Über 60 traditionelle oder moderne Betriebe sind auf unserer Tour auf der Deutschen Edelsteinstraße zu besichtigen; sie tragen das Zeichen dieser Ferienstraße.

Die große Rundfahrt mit 48 km Länge beginnen wir in **Fischbach (1)**, dem Tor zur Edelsteinstraße. Hier besichtigen wir das historische Kupferbergwerk. Über die B 41 und durch die Orte Weierbach und Nahbollenbach kommen wir nach **Idar-Oberstein (2)**, das von der Felsenkirche aus dem 15. Jh. und dem Alten und Neuen Schloss Oberstein überragt wird. Das Museum Idar-Oberstein und das Deutsche Edelsteinmuseum bieten prächtige Ausstellungsstücke. Im Stadtteil **Algenrodt (3)** besuchen wir die Edelsteinminen im Steinkaulenberg und suchen nach edlen Steinen.

Bei dem Edelsteindorf Rötsweiler-Nockenthal biegen wir rechts in eine Nebenstraße ein und fahren in den Hunsrück hinauf, kommen dabei durch die Edelsteindörfer Mackenrodt und Hettenrodt nach **Kirschweiler (4)**, einem der größten Edelsteinschleifer-Dörfer; hier sprudelt das Wasser aus dem schönen Bergkristallbrunnen. Über Katzenloch gelangen wir nach **Allenbach (5)** mit seinem Schloss aus dem 16. Jh. und der wassergetriebenen Mahlmühle. Über die schönen Dörfer Wirschweiler und Sensweiler kommen wir nach **Bruchweiler (6)** mit der sogenannten Keltenmauer, einer alten Fliehburg. Nach **Schauren (7)** und seinen schiefergedeckten Häusern machen wir Halt in **Asbacherhütte (8)**, wo neben der Harfenmühle die Alte Wasser-Schleiferei von Ernst Biehl jr. zu besichtigen ist. „Rothenburg ob der Nahe" wird **Herrstein (9)** wegen seinen vielen historischen Sehenswürdigkeiten genannt. Nach dem alten Schleiferdorf Niederwörresbach fahren wir an Steinbrüchen vorbei – oder halten und suchen wie viele andere nach wertvollen Steinen. In Fischbach ist die große Rundtour beendet.

Eine kleine Rundfahrt, 23 km lang, führt von Idar-Oberstein über Tiefenstein und Katzenloch nach **Kempfeld (10)** mit dem Wildfreigehege an der Wildenburg. Nach Asbacher-

hütte biegen wir ab nach Mörschied und kommen über die Edelsteindörfer Herborn, Veitsrodt, wo der schiefe Kirchturm der „Schiefe Turm von Veitsrodt" genannt wird, und Vollmersbach zurück nach Idar-Oberstein.

Wer länger im Gebiet der Deutschen Edelsteinstraße weilt, kann Kurse in Goldschmieden und Edelsteinschleifereien belegen.

Hunsrück-Schiefer- und Burgenstraße und Hunsrückhöhenstraße

Hunsrück-Schiefer- und Burgenstraße

Etwa 400 Millionen Jahre alt sind die Formationen des Hunsrückschiefers, der seit dem frühen Mittelalter im Über- und Untertagebau gewonnen wird und die Baukultur der Region geprägt hat. Auf sieben Touren, insgesamt 95 km lang, erleben wir dieses Feriengebiet.

Von Kirn an der B 41 in Richtung Rhaunen kommen wir nach **Bundenbach (1)**, Zentrum von Tour 1: „Erdgeschichte und erloschene Kulturen". Die Grube Bocksberg-Eschenbach im Südwesten des Orts ist die einzige noch in Betrieb befindliche Grube im Bereich der Ferienstraße. Im Nordosten von Bun-

42

markt, am 1. November-Wochenende der Martinimarkt veranstaltet; in Veitsrodt wird am 2. Juli-Wochenende einer der größten Hunsrück-Märkte mit Pferderennen und Viehprämierung gefeiert; in Idar-Oberstein gibt es am 1. Juni-Wochenende Jazztage, am letzten das Spießbratenfest, am 1. August-Wochenende das Kleinkunstfestival der Schlosstage und am letzten September-Wochenende die Edelsteinfachmesse Intergem.

Kulinarische Köstlichkeiten
Der Spießbraten, von dem die Sage geht, dass nach Brasilien ausgewanderte Hunsrücker dort diese Art der Zubereitung kennen gelernt und sie der Verwandtschaft daheim mitgeteilt hätten, ist ebenso typisch wie die Grumbierewurscht, eine Kartoffelwurst, in der auch Fleisch enthalten ist und die zu Sauerkraut gegessen wird, und die Gefüllten Klöße, in denen ein Lauch-Leberwurst- oder Lauch-Hackfleisch-Gemisch steckt.

43

Highlights
Schiefergruben und Bergwerke, Schlösser, Burgen und Ruinen, Fossilien- und andere Museen, die Flugausstellung und das Dampflokmuseum Hermeskeil.

107

43

Anfahrt
Über die Autobahnen A 48 oder A 61 erreichen wir Koblenz. Die Hunsrückhöhenstraße, die Bundesstraße B 327 und von Hermeskeil bis Saarburg die B 407 bringen uns in das Gebiet der Schiefer- und Burgenstraße. Auch von der B 41, die zwischen Bad Kreuznach und dem Saarland verläuft, erreichen wir die Orte der Schiefer- und Burgenstraße.
Ein Netz von Rad- und Wanderwegen gibt es an den beiden Ferienstraßen.

Tourist-Information
Förderverein Hunsrück
Schiefer- und Burgenstraße e. V.
Zum Idar 23
55624 Rhaunen
Tel. 0 65 44 / 18 10
Fax 0 65 44 / 1 81 21

Hunsrück Touristik GmbH
Saarstraße 9
54424 Thalfang
Tel. 0 65 04 / 91 40 42
Fax 0 65 04 / 87 73
E-Mail: Hunsrueck-Touristik@t-online.de

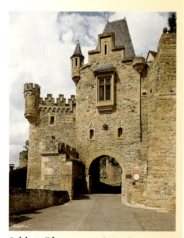

Schloss Dhaun war einst eine mittelalterliche Burg.

denbach liegt die Besuchergrube Herrenberg mit Fossilienmuseum. Unweit davon ist die Ruine Schmidtburg zu sehen. Die Keltensiedlung Altburg, bewohnt bis 50 v. Chr., wurde in der Nähe ausgegraben und rekonstruiert.

Über Rhaunen kommen wir nach **Gemünden (2)**, wo die Tour 2: „Schiefer – Schutz und Ornament" beginnt. Das Barockschloss in Gemünden geht auf eine Burg aus dem 12. Jh. zurück. Ein 4 km langer geologischer Lehrpfad führt uns zum Schaubergwerk Kaisergrube nebst Fossilienmuseum. Ein 5 km langer Waldlehrpfad bringt uns die Waldgesellschaften näher. Auf dem Weg nach Süden, vor dem Dorf Henau, erhebt sich die Ruine Koppenstein, als Burg im 12. Jh. errichtet.

Kirn (3) mit seinem historischen Stadtkern, an der B 41 gelegen, ist Zentrum der Tour 3: „Kirn – eine Stadt zeigt ihr modernes und historisches Gesicht". Die St.-Pankratius-Stiftskirche hat ihren Ursprung im 11. Jh., das barocke Rathaus war früher ein Klostergebäude. Die Ruine Kyrburg thront über der Stadt, die Anlage wurde im 10. Jh. Sitz der Grafen des Nahegaus. Auf dem Weg nach Rhaunen liegt Kallenfels mit seinen Burgfelsen. Naheaufwärts kommen wir nach Bärenbach mit der Ruine der Naumburg, im 12. Jh. erbaut.

Kirns Nachbarort naheabwärts ist **Hochstetten-Dhaun (4)** an der B 41, Ausgangsort der Tour 4: „Viel Geschichte auf engstem Raum". Die Stiftskirche St. Johannisberg wurde im 13. Jh. erbaut und birgt mit ihren vielen Grabdenkmälern Zeugnisse der Bildhauerkunst aus vier Jahrhunderten. Ein geologischer Lehrpfad, 3,5 km lang, führt in die Erdgeschichte. Schloss Dhaun wurde im 12. Jh. als Burg erbaut; nach mehrmaliger Zerstörung und Aufbau als barockes Schloss dient das stattliche Bauwerk heute als Heimvolkshochschule der Bildung.

Von Hochstetten-Dhaun fahren wir nach **Oberhausen (5)**, wo unsere Tour 5: „Verschwiegene Auen und luftige Höhen" beginnt. Die Oberhauser Felsen, „Kirner Dolomiten" genannt, sind Kletterberge aus Quarzit. Nicht weit entfernt liegt Schloss Wartenstein aus dem 14. Jh. Über Hennweiler kommen wir zum Naturdenkmal Teufelsfels, einem 568 m hohen Quarzitberg. Vom Aussichtsturm blicken wir weit ins Land.

Von **Simmertal (6)** an der B 41 fahren wir zur Tour 6: „Durchs wildromantische Kellenbachtal" hinauf. In Simmertal besichtigen wir das Naturkundliche Museum im historischen Rathaus von 1499. Die B 421 führt an der Ruine Brunkenstein vorbei nach Heinzenberg, wo eine weitere Ruine steht, und über Kellenbach und Königsau mit seiner Töpferei nach Gemünden.

Von Gemünden fahren wir westwärts nach **Rhaunen (7)** mit seinem historischen Rathaus, Zentrum der Tour 7: „Handwerk, Kunst und edle Steine". Die Kirche hier wie in den Orten der Umgebung – Stipshausen, Schauren, Hottenbach, Sulzbach – nennen Stumm-Orgeln ihr Eigen, erbaut von der berühmten Familie Stumm; außerdem sind die meisten Kirchen mit Barockmalereien geschmückt

Hunsrückhöhenstraße

Die Hunsrückhöhenstraße, die Straße der weiten Aussicht, führt nördlich der *Schiefer- und Burgenstraße* von Koblenz am Rhein nach Saarburg an der Saar im Westen und ist 140 km lang. **Koblenz (1)** kennen wir schon von früheren Touren. Der erste Halt ist in **Boppard (2)** mit den Resten eines römischen Kastells, der Severuskirche (12./13. Jh.) und der kurfürstlichen Burg. In **Emmelshausen (3)** besichtigen wir in einem Hunsrücker Bauernhaus von 1660 das Agrarhistorische Museum. Die Fahrt über die Höhen des Hunsrücks mit den weiten Aussichten in die Natur bringt uns nach Kastellaun, überragt von der Ruine der Burg, die um 1200 errichtet wurde. In der Stadt gibt es eine dreischiffige Basilika aus dem 13. Jh., heute die evangelische Kirche, und ein Spielzeug- und Stadtmuseum. Bei Kappel biegen wir links ab nach **Kirchberg (5)** mit seiner Michaeliskirche aus dem 13. Jh., einem der schönsten Gotteshäuser des Hunsrücks. An der Straße nach Dill wurde eine römische Straßenstation rekonstruiert. Wieder auf der B 50, kommen wir nach **Morbach (6)**: Links erhebt sich die Burgruine Baldenau und über dem Ortsteil Bischofsdhron die Fatima-Kapelle, rechts der Straße erblicken wir die Burgruine Hunolstein. Bei **Thalfang (7)** biegen wir links ab zum 816 m hohen Erbeskopf, dem höchsten Berg im Hunsrück.

Am Ende der B 327 erreichen wir **Hermeskeil (8)** mit der großen Flugausstellung und ihren mehr als 100 Flugzeugen. Auch ein Dampflokmuseum und die Ausstellung „Mensch und Landschaft" im Naturpark-Haus sind sehenswert.

Die A 1 kreuzt jetzt die Hunsrückhöhenstraße, die nun als B 407 über **Kell am See (9)** – der Stausee liegt rechts der Straße, links erhebt sich die Grimburg (12. Jh.) – und Zerf nach **Saarburg (10)** führt, dem Endpunkt der Straße. Von der Saarburg aus dem 10. Jh. blicken wir weithin in das schöne Land.

Feste und Veranstaltungen
In vielen Hunsrückorten werden Kirmes und St. Martin gefeiert. Das ganze Jahr über wird das Kulinarische Wochenende an der Hunsrück-Schiefer- und Burgenstraße veranstaltet.

Kulinarische Köstlichkeiten
Einige der Spezialitäten des Gebiets haben wir schon bei früheren Touren kennen gelernt. Hier seien der Soonwälder Frischlingsrücken, der Soonwälder Fasanen-Gockel und der Holzfäller-Toast aus dem Lützelsoon empfohlen. Dazu gibt´s Wein von der nahen Nahe, danach einen Nahe-Trester.

Die 7 Touren der Schiefer- und Burgenstraße

44 Rheingoldstraße

Unsere 90 km lange romantische Rheinfahrt beginnt südlich der Moselmündung in der alten Weinstadt **Rhens (1)**. Der Aufstieg zum „Königsstuhl" bringt uns zur Stätte, an der im 14. Jh. zur Wahl des Königs die Kurfürsten zusammentrafen.

Die Fahrt führt zunächst auf der B 9 durch die Weinorte Brey und Spay entlang des Bopparder Hamm, einer berühmten Weinlage, nach **Boppard (2)**, das wir schon von der Fahrt zuvor auf der *Hunsrückhöhenstraße* (Route 43) kennen. Wer mit dem Sessellift aufs Gedeonseck hinauffährt, genießt einen wunderschönen Blick auf die große Rheinschleife und das andere burgengekrönte Ufer. In Boppard verlassen wir die Rheinuferstraße und biegen ins Tal nach Buchenau ab, fahren über die Höhe in Richtung Weiler, können einen Abstecher nach Bad Salzig unternehmen, auch die Fleckertshöhe hinauffahren, um von 531 m Höhe hinab zum Hunsrück und ins

Highlights
Die Burgen und Ruinen Rheinfels, Schönburg, Stahleck, Heimburg, Sooneck, Reichenstein, Rheinstein; die Städte Rhens, Boppard, St. Goar, Oberwesel, Bacharach; außerdem Weinfeste und: der Rhein in Flammen.

Anfahrt
Die Autobahn A 61 von Mainz über Koblenz nach Köln verläuft westlich des Rheintals, die Bundesstraße B 9 begleitet den Fluss direkt auf dem linken Ufer.
Im Gebiet der Rheingoldstraße gibt es Rad- und Wanderwege.

Tourist-Information
Rhein-Touristik Tal der Loreley
Heerstraße 86
56329 St. Goar
Tel. 0 67 41 / 13 00
Fax 0 67 41 / 9 31 93
www.talderloreley.de
E-Mail: talderloreley@t-online.de

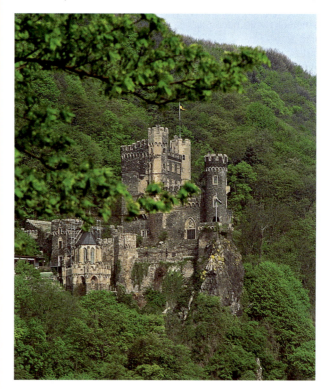

Die Burg Rheinstein erhielt im 19. Jh. ihr romantisches Aussehen.

110

Rheintal zu schauen. Über Rheinbay, Holzfeld und Werlau gelangen wir nun nach **St. Goar (3)**. Die Ruine der einst mächtigen Festung Burg Rheinfels, 1250 erbaut, liegt 115 m über
der Stadt, die vom heiligen Goar, Patron der Gastwirte und
Töpfer, 570 gegründet wurde. Von hier blicken wir hinüber
zur Loreley (siehe Route 45: *Loreley-Burgenstraße*).

Wir fahren wieder auf die Höhe, kommen durch die Gemeinden Biebernheim und Urbar, blicken von hier auf die andere Rheinseite – und fahren an der tausendjährigen Schönburg vorbei hinunter nach **Oberwesel (4)**, der
mittelalterlichen Stadt der Türme und des Weins.

Nun führt uns der Weg wieder auf
die Höhe in Richtung Langscheid; auf halbem Weg machen wir am Aussichts-
punkt „Pfalzblick" Halt und
blicken auf Kaub am ande-
ren Ufer und auf die Burg
Pfalzgrafenstein, kurz
„Pfalz" genannt, die wie ein
steinernes Schiff im Rhein
liegt.

Über Langscheid, Perscheid
und Breitscheid, an der Stauferburg Stahleck vorbei, kommen
wir nach **Bacharach (5)**, der über
1000 Jahre alten Stadt mit ihren 16
Türmen der Stadtmauer und der Ruine der gotischen Wernerkapelle. Dann
geht es wieder hinauf, in Richtung
Rheinböllen; wir biegen links ab nach
Manubach, bei Oberdiebach machen
wir eine Abstecher zur Ruine Fürstenberg, bevor wir bei der Heimburg hinunter ins Rheintal nach **Rheindiebach
(6)** fahren. Von hier führt die B 9 nach
Trechtingshausen (7), überragt
von der Burg Sooneck und der
Burg Reichenstein. Auf schma-
ler Straße erreichen wir den
Schlusspunkt unserer Tour,
die Burg Rheinstein, der
Prinz Friedrich von Preußen
ab 1825 zu ihrem ritterro-
mantischen Aussehen verhalf.

111

Feste und Veranstaltungen
In den Orten der Rheinhöhen wird
Kirmes, in den Talgemeinden werden
Weinfeste gefeiert. Auf den Burgen
und Schlössern werden Theater, Konzerte und Mittelalterfeste veranstaltet. Am letzten Juni-Sonntag ist die B
9 von Koblenz bis Bingen für Autofah-
rer gesperrt, Radfahrer erleben Tal to-
Tal. Mitte August steht der Rhein in
Flammen.

Kulinarische Köstlichkeiten
Die Trauben ergeben das Rheingold in
der flüssigen Form von Wein, Sekt,
Bränden und – zumindest für Autofah-
rer – als Traubensaft. Beim Essen
können wir mit einer Rieslingsahne-
suppe oder einer legierten Sauer-
krautsuppe beginnen, dann gibt es
Forellenauflauf oder Weinfleisch auf
Sauerkraut oder Rheinischer Sauerbraten dampft auf dem Teller, danach
genießen wir Weincreme nach alter
rheinischer Art oder in Wein gedün-
stete Weinbergpfirsiche mit Lorbeer
und Pfeffer.

45 Loreley-Burgenstraße

Highlights
Die Loreley, die Pfalz bei Kaub, die Burgen und Ruinen Gutenfels, Sauerburg, Reichenberg, Maus und Katz, Liebenstein, Sterrenberg; Wein- und Burgfeste.

Anfahrt
Über die Autobahn A 48 bis Bendorf/Neuwied, dann über die Bundesstraße B 42, die rechts des Rheins den Fluss begleitet, oder auf der A 60/61 bis Bingen, dann mit der Autofähre auf die rechte Rheinseite auf die B 42. Radwandern empfiehlt sich direkt am Rhein, Wandern auf den Höhen. Der Rhein-Wein-Wanderpfad ist mit allen Teilstrecken 52 km lang.

Tourist-Information
Verkehrsverein
Loreley-Burgenstraße e. V.
Dolkstraße 3
56346 St. Goarshausen
Tel. 0 67 71 / 91 90
Fax 0 67 71 / 91 91 35

Feste und Veranstaltungen
Alle Orte haben ihre Heimatfeste, die Weinorte ihre Weinfeste; die Mittelrhein Momente im Sommer bieten verschiedene Veranstaltungen, auf mancher Burg wird Burgenzauber veranstaltet, im September steht bei St. Goarshausen der Rhein in Flammen, auf der Freilichtbühne der Loreley gibt's Theater und Musik aller Arten; und am letzten Juni-Sonntag gehört bei Tal toTal die B 42 den Radfahrern.

„Die schönste Jungfrau sitzet / dort oben wunderbar ..."

Ley ist ein altes Wort für Fels, und weil an der engsten Stelle des Rheins an einer Flussbiegung einige Schiffe kenterten, behauptete mancher Schiffer, der wohl zuvor zu tief ins Rheinweinglas geschaut hatte, eine Frau oben auf dem Fels habe seine Sinne durch ihre Schönheit und ihren Gesang verwirrt. Durch das Märchen von Clemens von Brentano und das von Friedrich Silcher vertonte Gedicht von Heinrich Heine ist die Loreley weltberühmt geworden. Doch die Loreley ist nicht nur aus Fels oder Fantasie, sondern auch aus Fleisch und Blut. Bei Festen und Veranstaltungen an der Loreley-Burgenstraße können wir sie leibhaftig sehen.

Unsere Fahrt, mit allen Nebenstrecken und Abstechern, hat eine Streckenlänge von 56 km und beginnt in **Kaub (1)** an der B 42. Die Stadt mit ihren historischen Bauten birgt auch das ehemalige Hotel „Stadt Mannheim", Hauptquartier des Feldmarschalls Blücher, der von hier zu seiner Rheinüberquerung in der Neujahrsnacht 1813/1814 aufbrach. Im Fluss liegt die Festung Pfalzgrafenstein, eine Zollburg aus dem 14. Jh. Über der Stadt ragt Burg Gutenfels (13. Jh.) auf. Ein Seitental führt uns hinauf nach **Sauerthal (2)** mit der Ruine Sauerburg. Die Straße bringt uns weiter nach **Weisel (3)**, wo Schiefersteinbrüche, ein römischer Grabtumulus und ein Feuerwehrmuseum zu sehen sind. Ein Abstecher durch die Rebhänge zum Weinort Dörscheid beschert uns einen weiten Blick über das Rheintal. Über Weisel, Bornich und Reitzenhain gelangen wir nach **Reichenberg (4)**, das von der Ruine der einstmals mächtigen Festung Burg Reichenberg beherrscht wird. Auf dem Weg nach St. Goarshausen fahren wir zur **Loreley (5)** und blicken vom Fels über den Strom.

Zurück vom berühmten Felsen, kommen wir wieder an Burg Katz, 1393 erbaut, vorbei und fahren nach **Patersberg (6)**, dem Rotweindorf, wo wir den Drei-Burgen-Blick auf Katz, Maus und – jenseits des Tals – Rheinfels erleben. In **St. Goarshausen (7)** treffen wir wieder am

Rhein ein. Im Ortsteil **Wellmich (8)**, rheinabwärts gelegen, sind in der Pfarrkirche Fresken aus dem 13. Jh. zu bewundern. Von hier führt der Weg hinauf zur Burg Maus, die, 1356 als Deuernburg errichtet, von den benachbarten Grafen von Katzenelnbogen auf Burg Katz als „Maus" verspottet wurde. Die Burg hat einen Adler- und Falkenhof, von dem die großen Greifvögel bei den Vorführungen aufsteigen.

In den Ausläufern des Taunus und hoch über dem Rhein liegen die Höhen- und Weindörfer Auel, Lierschied, Nochern, Weyer, Dahlheim, Prath und Lykershausen, von wo wir nach Kestert gelangen und rheinabwärts nach **Kamp-Bornhofen (9)**. Die Marienkirche im Kloster Bornhofen enthält ein Mariengnadenbild von 1289 und ist Ziel der Schiffswallfahrer. Über dem Ort ragen die Burgruinen Sterrenberg (11. Jh.) und Liebenstein (13. Jh.) auf, genannt „die feindlichen Brüder". Die Sage weiß, dass sich die Burgherren, verfeindete Brüder, gegenseitig in der Kirche zu Bornhofen erschlagen haben. Sie hätten lieber wie wir bei rheinischem Gold im Glas der Fröhlichkeit frönen sollen.

Kulinarische Köstlichkeiten
Das Essen und Trinken am Mittelrhein ist schon bei der Rheingoldstraße (Tour 44) erwähnt und gerühmt worden.

Rheingauer Riesling-Route

Wir beginnen unsere 70 km lange Riesling-Route in **Lorchhausen (1)**, dem „Tor zum Rheingau". Bei der Einmündung der Wisper in den Rhein liegt **Lorch (2)** mit seinen Adelshöfen, dem Hilchenhaus von 1548 und der gotischen Martinskirche. Die Fahrt führt rheinaufwärts immer am Fluss entlang nach **Assmannshausen (3)**, der berühmten Rotweinstadt an der Riesling-Route. Wir biegen links nach Aulhausen ab, von wo wir zum Jagdschloss und zum 1883 errichteten Niederwald-Denkmal gelangen. Ein kleiner Abstecher bringt uns zur Abtei St. Hildegard, einer Gründung der Hildegard von Bingen (1165). Jetzt fahren wir hinunter nach **Rüdesheim (4)**, wo wir in der Drosselgasse Besucher aus aller Welt treffen. Unseren Wissensdurst stillen wir in der Brömserburg (12. Jh.) im Weinmuseum. In der Nachbarstadt **Geisenheim (5)** mit der Fachhochschule für Wein- und Gartenbau geht es die Berge hinauf in Richtung **Johannisberg**

Highlights
Rüdesheim mit Drosselgass, Brömserburg und Abtei, Schloss Johannisberg, Schloss Vollrads bei Winkel, der alte Weinort Oestrich, Kloster Eberbach, die Wein-, Sekt- und Rosenstadt Eltville, die Kurstadt Wiesbaden; Rheingau Musik Festival.

Im Kloster Eberbach, Schauplatz des Films „Der Name der Rose".

Anfahrt
Über die Autobahnen A 60 oder A 61 bis Bingen, mit der Fähre auf die Bundesstraße B 42, die nach Lorchhausen führt. Über die A 671 bis Hochheim-Nord, auf der B 40 nach Wicker. Die Auto-Route wird begleitet vom Rheingauer Radwanderweg und dem Wanderweg Rheingauer Riesling-Pfad.

Tourist-Information
Rheingau-Taunus Kultur
und Tourismus GmbH
An der Basilika 11a
65375 Oestrich-Winkel
Tel. 0180 / 2 25 12 02
Fax 0 67 23 / 99 55 55
www.rheingau-taunus.de
E-Mail: rheingau-taunus-torurismus@t-online.de

Feste und Veranstaltungen
Jeder Weinort hat sein Weinfest, Frühlings- und Heimatfeste werden ebenso gefeiert wie die Fassenacht im Rheingau und in Mainz. Das Rheingau Musik Festival wird von Juni bis August mit Veranstaltungen aller Art im ganzen Rheingau begangen, wie auch das Rheingau Gourmet Festival im März/April und die Rheingauer Schlemmerwochen im April/Mai. Das Sektfest Anfang Juli in Eltville und zur gleichen Zeit der Rhein im Feuerzauber von Rüdesheim bis Assmannshausen seien ebenfalls erwähnt.

(6). Das Schloss Johannisberg, 1716 an Stelle eines Klosters erbaut, ist die Geburtsstätte der Spätlese.

Wir fahren wieder abwärts zum Rhein und kommen nach **Oestrich-Winkel (7)**, zuerst in den Stadtteil Winkel. Im Brentanohaus weilte Goethe, im Grauen Haus, einem der ältesten Steinhäuser Deutschlands, sind ein Restaurant und eine Weinstube eingerichtet. Über Winkel thront Schloss Vollrads (11. Jh.). Auf dem Weg nach Oestrich kommen wir durch Mittelheim mit der Basilika St. Ägidius von 1118. Von Oestrich mit seinem Wahrzeichen, dem Alten Kran, mit dem seit 1745 Weinfässer auf Schiffe gehievt wurden, fahren wir die Weinberge hinauf nach **Hallgarten (8)**, einem alten Weindorf mit romanischer Kirche. Von hier geht es zurück zum Rhein nach **Hattenheim (9)** mit seinen Fachwerkhäusern, den Adelshöfen und der Burg aus dem 15. Jh. Hinter dem Ort führt die Straße hinauf zum Kloster **Eberbach (10)**. Die ehemalige Zisterzienser-Abtei aus dem 12. Jh. ist heute ein hessisches Staatsweingut – und war Schauplatz des Films „Der Name der Rose" nach dem Roman von Umberto Eco.

Nach der Besichtigung des Klosters (und eventuell einer Weinprobe) ziehen wir über Kiedrich oder Erbach nach **Eltville (11)** weiter. Diese „Wein-, Sekt- und Rosenstadt" ist die älteste Stadt des Rheingaus.

Über das alte Weindorf Martinsthal in den Taunusausläufern und Walluf am Rhein sowie nach einem Abstecher nach

Frauenstein erreichen wir Schierstein, das schon ein Stadtteil von **Wiesbaden (12)** ist. Von Wiesbaden-Biebrich mit dem schönen Schloss fahren wir in die hessische Hauptstadt und besichtigen Kurhaus, Stadtschloss und die Griechische Kapelle. Mit der historischen Bergbahn fahren wir auf den Neroberg und genießen den weiten Blick über den Rhein und auf das gegenüberliegende Mainz. Ans Flussufer zurückgekehrt, fahren wir über Amöneburg, Mainz-Kastel und Gustavsburg, wo der Main in den Rhein mündet, nun auf der B 40 über Kostheim nach **Hochheim am Main (13)** mit seinen Fachwerkhäusern, seiner Barockkirche St. Peter und Paul und dem Weinmuseum. Die B 40 führt auch hinauf zum Nachbarort **Wicker (14)**, einem Teil von Flörsheim. Wicker mit seinen schmucken Fachwerkhäusern ist das andere „Tor zum Rheingau".

Kulinarische Köstlichkeiten
In den Straußwirtschaften schmecken zum Wein die einfachen und deftigen Speisen wie Spundekäs, Handkäs mit Musik (die Musik machen die eingelegten Zwiebeln) oder ein Worschtebrot. In den Restaurants hat die Küche internationalen Standard und pflegt auch heimische Gerichte wie Wisperforelle in Rieslingrahm oder Lammbraten in Kräuterkruste.

Bäderstraße

Die Bäderstraße verläuft seit den Zeiten der Kelten und Germanen auf den Anhöhen der Berge. Später benutzten sie die Römer und bauten sie aus. Heil- und heilige Quellen entsprangen in diesem Gebiet zwischen Rhein und Lahn, um die sich die Orte bildeten.

Wiesbaden (1), hessische Hauptstadt und Kurort mit 26 Thermalquellen, Kurmittelhäusern, Sanatorien und Thermalbad, haben wir schon auf der *Rheingauer Riesling-Route* (Route 46) besucht. Nun begeben wir uns auf die B 260, die 55 km lange Bäderstraße. An Martinsthal vorbei, das wir auch bei der vorigen Route besucht haben, fahren wir nach **Schlangenbad (2)**, dem traditionsreichen hessischen Staatsbad mit modernen Einrichtungen wie Moor- und Thermalbad. Angst vor Schlangen im Bad brauchen wir nicht zu haben. Früher lebten hier viele wärmeliebende und ungiftige Äskulapnattern. In der Nähe lädt der Freizeitpark Taunus-Wunderland zu Spiel und Spaß ein.

Bad Schwalbach (3) heißt unsere nächste Station an der Bäderstraße, auch ein hessisches Staatsbad, das mit seinem Moor- und Mineralheilbad einen sehr guten Ruf genießt. Die

Highlights
Die Badestädte Wiesbaden, Schlangenbad, Bad Schwalbach, Bad Ems und Lahnstein. Römische Reste, mittelalterliche Burgen und das Taunus-Wunderland.

Anfahrt
Wiesbaden ist über die Autobahnen A 66, A 643 und A 671 zu erreichen, am Ende der A 66 beginnt die Bundesstraße B 260, die Bäderstraße; Lahnstein über die A 48 und A 61 bis Koblenz, dann auf die B 260.
Auf Teilstrecken kann geradelt werden, Wanderwege gibt es längs der Bäderstraße.

47

Tourist-Information
Rheingau-Taunus Kultur
und Tourismus GmbH
An der Basilika 11a
65375 Oestrich-Winkel
Tel. 0180 / 2 25 12 02
Fax 0 67 23 / 99 55 55
www.rheingau-taunus.de
E-Mail: rheingau-taunus-torurismus@t-online.de

Feste und Veranstaltungen
Die Badestädte bieten ein reiches Programm an Veranstaltungen aller Art. Die Abschlusskonzerte des Rheingau Musik Festival werden Ende August in Wiesbaden zelebriert. Der südliche Teil der Bäderstraße führt durch den Rheingau, also werden Weinfeste auch in Wiesbaden, Schlangenbad und Bad Schwalbach gefeiert. Im letzten Drittel des Mai gibt es das Schwalbenfest in Bad Schwalbach, und vielfältig ist das Angebot beim Herbst im Nassauer Land von Mitte September bis Mitte Oktober.

Kulinarische Köstlichkeiten
Die Taunuswälder liefern das Wild für vielerlei Wildgerichte, die Bäche und Seen die Fische. Im Nassauer Land sind einfache Gerichte typisch: Steckenröther Klöße, Zwiebelbrühe oder die Wildsülze mit Zwiebeln und Bauernbrot.

Fahrt geht weiter durch den Naturpark Rhein-Taunus, durch die hübschen Orte der Gemeinde Heidenrod, vorbei an der Burg Hohenstein nach **Holzhausen an der Haide (4)**, einem Ort der Gemeinde Nastätten. Das „Blaue Ländchen" um Nastätten hält ein vielfältiges Freizeitangebot bereit. Ein Abstecher nach Osten auf der B 274 bringt uns nach Katzenelnbogen mit der Burg Katz auf einer Taunushöhe. In den Gemeinden ringsum gibt es heilkräftige Sauerbrunnen.

Bei **Nassau (5)**, schon in Rheinland-Pfalz gelegen, treffen wir auf die Lahn, die wir nun bis zur Mündung in den Rhein begleiten. Durch Dausenau kommen wir nach **Bad Ems (6)** im Naturpark Nassau. Das Heilbad nutzt seine Thermalquellen auch in einem Hallen- und einem Freibad. Thermalquellen in Hallen- und Freibädern gibt es auch in **Lahnstein (7)**, dem Endpunkt unserer Bäderstraßenfahrt. Hoch über der historischen Altstadt an der Mündung in den Rhein ragen die Kurthermen und die Burg Lahneck auf.

Schlangenbad im Taunus.

116

Deutsche Limes-Straße

Der äußere obergermanisch-rätische Limes, die Grenzschutzanlage mit Gräben, Wällen, Pallisaden, Mauern, Türmen und Kastellen, ist eines der größten archäologischen Denkmäler Mitteleuropas und gehört zum Weltkulturerbe. Bis um die Jahre 260/270 n. Chr., als die römische Herrschaft in Germanien endete, wurden die Grenzanlagen ausgebaut und Kastelle errichtet. Die Deutsche Limes-Straße, etwa 700 km lang, begleitet den Limes mit seinen freigelegten Anlagen, den Resten und Spuren im Boden, den Rekonstruktionen und Museen von Rheinbrohl bis Regensburg. 72 Städte, Gemeinden und Landkreise haben sich zum Verein Deutsche Limes-Straße zusammengeschlossen, um das Erbe zu pflegen und uns zum Erlebnis zu machen.

In **Rheinbrohl / Bad Hönningen (1)** beginnt unsere Limes-Tour. Aus römischen Bruchsteinen wurde ein Wachtposten rekonstruiert. Von hier zieht sich der Limes ein Stück durch den Westerwald. In **Neuwied (2)** gab es zwei Kastelle, die Funde sind im Kreismuseum zu sehen. Zwischen Neuwied und Bendorf wurde ein Turm rekonstruiert. In **Bendorf (3)** gibt es Spuren mehrerer Holzkastelle, auf dem Pulverberg steht eine Turmrekonstruktion. In **Hillscheid (4)** ist ein Steinturm wieder aufgebaut worden, in dem sich ein Museum befindet. Die Fahrt geht zum Nachbarort **Arzbach-Augst (5)**, wo am südlichen Ortseingang ein Kastell war. Auf der Höhe des Großen Kopf steht der Stefansturm, ein wieder aufgebauter Limes-Turm. Die nächste Station ist **Bad Ems (6)** an der B 260. Südlich der Lahn wurde auf dem Wintersberg der Turm rekonstruiert. Die römischen Funde sind im Kur- und Stadtmuseum zu sehen.

Ein Limes-Wanderweg im Naturpark Nassau führt von Hillscheid zum Kastell **Holzhausen (7)** an der B 260. Das Kastell mit seinen Grundmauern und Überresten ist eines der besterhaltenen Anlagen und steht auf der Erhebung des Grauen Kopf. Wir folgen dem Lauf des Limes bis nach Bad Schwalbach, fahren über Taunusstein bis Idstein, biegen hier auf eine Nebenstraße in Richtung Glashütten. Zwischen diesem Ort und Kröftel liegt das Kleinkastell Maisel. In der Nähe von Oberems, zwischen den Höhen Großer und **Kleiner Feldberg (8)** liegt die Ruine des Feldbergkastells auf 700 m Höhe, das höchstgelegene Limes-Kastell in Deutschland. Über Bad Homburg erreichen wir die nördlich davon gelegene **Saalburg (9)**. Die Ausgrabungen dieses großen Kastells wurden

Highlights
Weit mehr als 50 Sehenswürdigkeiten aus römischer Zeit – Kastelle, Bäder, Türme, Museen; Römische Feste entlang dem Limes.

Anfahrt
Rheinbrohl liegt an der Bundesstraße B 42 und ist über die Autobahn A 48, Ausfahrt Neuwied, zu erreichen. Regensburg liegt an der A 3 und A 93. Rad- und Wanderwege begleiten teilweise die Deutsche Limes-Straße.

Tourist-Information
Verein Deutsche Limes-Straße
Marktplatz 2
73430 Aalen
Tel. 0 73 61 / 52 23 58
Fax 0 73 61 / 52 19 07
www.limesstrasse.de
E-Mail: touristik-service@aalen.de

48

Feste und Veranstaltungen

In Rainau können Gruppen ab 15 Personen von April bis Oktober einen römischen Tag mit Führungen, Exkursionen, römischem Essen und Überraschungen buchen; wer will, dehnt den Aufenthalt zu einem Römer-Wochenende aus. Manchmal wird in Pfünz ein Kastellfest gefeiert, im August gibt es ein römisches Fest bei der Villa Rustica in Möckenlohe. Mitte August wird in Kipfenberg ein Limesfest veranstaltet. Auf der Saalburg gibt es römische Aktionstage mit Kinderprogramm. Das größte Ereignis an der Limes-Straße sind die Römertage in Aalen, die alle zwei Jahre Ende September stattfinden, also 2000, 2002 und so fort.

fortgesetzt durch den Wiederaufbau, den Kaiser Wilhelm II. 1897 veranlasste. Heute ist die Saalburg genannte römische Festung Bestandteil eines archäologischen Parks und Freilichtmuseums. Die Saalburg ist das einzige rekonstruierte Kastell des Römischen Reiches mit allen Gebäuden und Einrichtungen der damaligen Zeit.

Von der Saalburg bis zur **Kapersburg (10)** bei Wehrheim blieb der Limes in großen Teilen gut erhalten. Über Ober-Mörlen erreichen wir **Butzbach (11)**. Südwestlich auf dem Schrenzer sehen wir die Rekonstruktion eines hölzernen Wachturms. In der Butzbacher Gegend gab es zwei Kastelle, von denen nur noch im Museum der Stadt Butzbach Funde zu sehen sind. Über Langgöns kommen wir nach **Pohlheim (12)**, wo an der Landstraße nach Holzheim das Kastell Holzheimer Unterwald zu sehen ist. Von Pohlheim geht es nach Westen und wir kommen nach **Arnsburg (13)**, einem Ortsteil von Lich. Hier war das Kastell Alteburg, dessen Steine zur Errichtung des Klosters dienten.

Über Hungen an der B 457 und 489 fahren wir nach **Echzell (14)**, wo eines der größten Kastelle stand. Reste vom Bad sind im Keller der evangelischen Kirche zu sehen. Die Wandmalereien befinden sich heute in der Saalburg. Über Florstadt, Stammheim, Altenstadt und Marköbel führte der Limes nach **Erlensee-Rückingen (15)**. Das Kastell wurde hier überbaut, die Reste des Bades sind noch zu sehen. In der nahen Stadt **Hanau (16)** gab es zwei Kastellplätze. Die römischen Funde aus Hanau sind im Museum Schloss Steinheim untergebracht. Von Hanau-Steinheim gelangen wir in den Nachbarort **Großkrotzenburg (17)**, wo sich Teile der Wehrmauer des Kastells finden. In der Nähe der Kirche kann man die Südwestecke der Garnison und den im Mittelalter veränderten Eckturm erkennen. Nicht weit entfernt liegt **Seligenstadt (18)**. Die Steine des Kastells wurden zum Bau der Einhard-Basilika benutzt, einige Inschriftensteine sind noch auszumachen.

Der Eingang zum Römerkastell Saalburg.

Von Seligenstadt führt die Straße direkt nach **Stockstadt (19)**, das auch an der römischen Mainlinie liegt. Die Militäranlagen sind überbaut, die Ruine des Kastellbades befindet sich in **Aschaffenburg (20)** auf der rechten Mainseite. In Aschaffenburg sehen wir auch den Nachbau einer pompejanischen Villa; im Stiftsmuseum sind Fundstücke vom „nassen Limes", dem Main von Stockstadt bis Wörth, ausgestellt. Wir überqueren wieder den Fluss und fahren auf der B 469 nach **Obernburg (21)**. Das Kastell befindet sich unter dem Ortskern, die Funde sind im Museum Römerhaus zu sehen; südlich des Ortes neben der B 469 steht noch der einzige sichtbare Wachturm-Rest des Main-Limes. Über Wörth, wo der Odenwaldlimes beginnt und das Kastell unter den Feldern liegt, erreichen wir **Miltenberg (22)**. Hier sind noch die Mauerreste des Altstadtkastells zu sehen. Ein 19 km langer Römerweg verbindet die Spuren der römischen Vergangenheit.

Über die Landstraße nach Walldürn passieren wir **Reinhardsachsen (23)** mit dem Kleinkastell Haselburg. In **Walldürn (24)** befinden sich die Reste des Kastells im Archäologischen Reservat. Im Stadt- und Wallfahrtsmuseum sind die römischen Funde zu besichtigen. Auf der B 27 kommen wir nach **Buchen (25)**. Im östlichen Ortsteil Hettingen sind vom Kastell Hönehaus die Turmstelle und die steinerne Umwehrung zu sehen, südlich davon zwei weitere restaurierte Turmstellen. Von hier bis Welzheim verläuft der Limes schnurgerade Richtung Südsüdost. Von Hettingen über Bofsheim gelangen wir auf der Landstraße nach **Osterburken (26)** an der B 292. Vom Doppelkastell sehen wir noch Mauern und Wehrgräben; in einem Pavillon gibt es Erläuterungen. Im Römermuseum sehen wir viele Fundstücke.

Kulinarische Köstlichkeiten
Die römischen Legionäre und die Armen mussten sich mit einfacher Küche begnügen. Von Petronius, Martial und anderen Schriftstellern wissen wir, dass die Römer gern Fleisch, Geflügel, Wildbret mit Soßen, Oliven und Früchten, Omelett, Kuchen und Torten gegessen und Wein dazu getrunken haben. Römisches Essen nach Originalrezepten von Apicius bieten verschiedene Restaurants entlang der Limes-Straße an, so in Aalen, Rainau, Weißenburg und Pfünz.

Über Oberkessach fahren wir nach **Jagsthausen (27)**, hier wurde ein Freilichtmuseum im Areal des Kastellbades eingerichtet. Über Sindringen und Friedrichsruhe, wo im Wald ein gut erhaltener Abschnitt des Limes zu sehen ist, kommen wir nach **Öhringen (28)**. Die römischen Funde besichtigen wir im Weygangmuseum. Über Gleichen, auf dessen Anhöhe ein sechseckiges Kastell stand, und Maienfels kommen wir nach **Mainhardt (29)** an der B 14. Vom Kastell ist hier ein Eckbereich zu sehen. Südlich der Bundesstraße sind Wall und Graben des Limes erhalten, von einem Turm ist ein Schutthügel übrig geblieben. Die Straße führt uns nach **Großerlach-Grab (30)**, wo auf dem Heidenbuckel ein Steinturm nebst Palisaden, Wall und Graben rekonstruiert wurden. Die Straße bringt uns nach **Murrhardt (31)**, in dessen Museum wir viele Funde sehen. Südlich von Murrhardt können wir Fundament und Ruine zweier Türme besichtigen. Vom Kleinkastell Ebnisee sind die Umfassungsmauern als Schuttwall zu erkennen.

Mittlerweile sind wir in **Welzheim (32)** angelangt. Nördlich davon haben wir das kleine Kastell Rötelsee gesehen. Welzheim hatte zwei Kastelle; das eine ist überbaut, vom anderen ist in einem Archäologischen Reservat ein Teil der Umfassung konserviert, das Westtor ist rekonstruiert. Auf dem Weg nach **Lorch (33)** befinden sich einige Türme in unterschiedlichem Zustand. In Lorch ist nur noch ein Turmfundament zu sehen. Römische Funde sind im Klostermuseum zu besichtigen. Bei der Weiterfahrt können wir bei **Kleindeinbach-Rotenbachtal (34)** die Spuren eines Kleinkastells sehen und den Beginn des rätischen Limes. In **Schwäbisch Gmünd (35)** an der B 29 sind Mauern des Bades, im Museum auch Funde aus dem Kastell zu sehen.

Weiter auf der B 29 Richtung Osten erreichen wir über **Böbingen (36)** mit seinen sichtbaren Resten des Kastells und Mögglingen, wo nördlich des Ortes die Steinmauer des Limes als Schuttwall zu erkennen ist, **Aalen (37)**. Vom größten Kastell am rätischen Limes ist das linke Seitentor und ein vollständiges Stabsgebäude erhalten. Das Limesmuseum ist das größte Museum am rätischen Limes. Nördlich von Aalen liegt **Rainau (38)** mit einem Rundwanderweg zu Stätten des Limes.

Über Röhrlingen und Pfahlheim mit seiner Kastellstraße und der Limes-

Römerfest im Limesmuseum Aalen.

mauer gelangen wir zum Kastell **Halsheim (39)**. Von Riepach und Tannhausen am Limes kommen wir nach **Mönchsroth (40)**, wo Reste und Rekonstruktionen von Türmen erhalten sind. Weiter über Willburgstetten und **Weiltingen (41)**; in der Umgebung sind viele Reste und Spuren zu entdecken. Über Wassertrüdingen erreichen wir **Gunzenhausen (42)** an der Kreuzung der B 13 und B 466. Östlich des zum Teil aus Steinen der Limesmauer erbauten Bismarckturms erhebt sich ein restaurierter römischer Turm mit Palisade. Das kleine Kastell auf dem hinteren Schlossbuck ist in Resten zu sehen. Auf der B 13 erreichen wir **Theilenhofen (43)** mit seinem Kastell auf der Höhe und dem Bad in einer Talmulde. Bei der Weiterfahrt kommen wir nach **Ellingen (44)**. An der Straße nach Höttingen wurde ein Kastell ausgegraben und teilweise wieder aufgebaut.

Die nächste Station ist **Weißenburg (45)** an B 2 und B 13. Auf einer Anhöhe im Westen liegt das Kastell, dessen Nordtor rekonstruiert wurde. Die Thermen, die größten Süddeutschlands, sind im Thermenmuseum zugänglich. Das bedeutende Römermuseum birgt viele Kostbarkeiten. Der Limes zieht sich nun schnurgerade Richtung Südost, an **Burgsalach (46)** mit Limes-Rundwanderweg, Kleinkastell und Turm vorbei. Östlich von **Erkertshofen (47)** sind einige Türme als Reste oder Rekonstruktionen zu sehen. Nach Süden fahrend kommen wir nach **Eichstätt (48)**, in dessen Museum auf der Willibaldsburg auch Funde aus den Kastellen Pfünz und Böhming zu bewundern sind. Ein Abstecher ins 9 km südlich gelegene Möckenlohe bringt uns zur Villa Rustica mit ihrem Museum und dem römischen Haustierpark.

Von Eichstätt der Altmühl nach Osten folgend gelangen wir nach **Pfünz (49)**, wo das Kastell teilweise wieder aufgebaut wurde. Die Straße führt nach **Böhming (50)**, wo die Kastellumwehrung noch als Wall erkennbar ist. Der Nachbarort **Kipfenberg (51)** hat ein Bajuwaren- und Römermuseum; Türme sind als Reste oder rekonstruiert zu sehen. Über Denkendorf, Pondorf, Altmannstein und Hienheim, weiter über Neustadt kommen wir nach **Eining (52)**, das eines der vollständigsten konservierten Kastelle auf bayerischem Boden hat.

Über Kelheim gelangen wir nach **Regensburg (53)**, zum Ende der Deutschen Limes-Straße. Das einzige Legionslager Rätiens lag im Gebiet der Altstadt. Die Umfassungsmauern sind zum Teil noch sichtbar, von den Türmen ist ein Stück des Nordtors zur Donau hin zu erkennen. Zum Abschluss betrachten wir die Schätze im Römermuseum in Regensburg-Prüfening.

Das Nordtor des Kastells Weißenburg.

49 Hochtaunusstraße

Highlights
Die stattlichen Fachwerkbauten in Bad Camberg, die Spielbank in Bad Homburg, die Saalburg, Schloss Kronberg, Ruine Falkenstein und Königstein, Feldberg, Opel-Zoo.

Anfahrt
Bad Camberg liegt an der Autobahn A 3, Bad Homburg an der A 5. Im Gebiet der Hochtaunusstraße gibt es viele Wanderwege. Radfahrer müssen Steigungen bewältigen können.

Tourist-Information
Gesellschaft Hochtaunusstraße
Kisseleffstraße 7 (Hofhaus)
61289 Bad Homburg vor der Höhe
Tel. 0 61 72 / 17 83 52
Fax 0 61 72 / 17 83 19
www.taunus-info.de
E-Mail: ti@taunus-info.de

Feste und Veranstaltungen
In vielen Orten werden Brunnenfeste, Burgfeste und Kurkonzerte veranstaltet. Ein Internationales Weinfest gibt es in Bad Homburg Mitte Mai, ein Weinfest in Bad Soden Ende Mai, der

Wenn wir von Bad Homburg über Schmitten nach Bad Camberg fahren und einige Abstecher machen, legen wir eine Strecke von 55 km zurück; wenn wir auch die reizvollen Nebenstrecken genießen, kommen weitere 60 km hinzu.

Wir beginnen unsere große Tour durch den Naturpark Hochtaunus mit seinen schönen Wäldern in **Bad Homburg vor der Höhe (1)**. In der Kur- und Badestadt nennt sich die Spielbank die „Mutter von Monte Carlo"; auf jeden Fall besichtigen wir das Landgrafenschloss mit dem Weißen Turm und die Kuranlagen mit Russischer Kapelle und Siamesischem Tempel. Das Römerkastell Saalburg kennen wir schon von der vorigen Tour 48 auf der *Deutschen Limes-Straße*. Unsere Fahrt geht über die B 455. In **Oberursel (2)**, dem „Tor zum Taunus", sehen wir den mittelalterliche Stadtkern und die gotische Kirche St. Ursula. Die Nachbarstadt heißt **Kronberg (3)**, ist überragt von der Burg, und hat ein schönes Museum für die Künstler der Kronberger Malerschule. In der Nähe ist der Opel-Zoo mit seinen vielen Tieren zu sehen. In **Königstein (4)** mit seinen Burgruinen Königstein und Falkenstein biegen wir nach rechts auf die B 8, von der wir nach rechts zum **Großen Feldberg (5)** hinauffahren. Er ist mit seinen 880 m der höchste Berg im Taunus.

Die Fahrt hinunter auf der Nordseite bringt uns nach **Schmitten (6)** mit seinen Burgruinen. Über Dorfweil und Brombach kommen wir zum **Freilichtmuseum Hessenpark (7)** bei Neu-Anspach. Aus allen Teilen Hessens wurden Bauernhäuser und andere historische Gebäude hier wieder aufgebaut.

Von hier fahren wir über die schönen Taunusdörfer nach **Weilrod (8)**, wo das älteste Pfarrhaus Deutschlands (12. Jh.), der Eichelbacher Hof (14. Jh.), die Burgruine Weilnau (12. Jh.), das Schloss Neuweilnau (14. Jh.) und ein keltisch-germanischer Ringwall zu besichtigen sind. Über Riedelbach und Reichenbach kommen wir auf der B 275 nun nach **Bad Camberg (9)**.

122

Die Kurstadt, das „Westtor zum Taunus", liegt im geschützten „Goldenen Grund". Zu den schönsten und größten Fachwerkbauten überhaupt gehört der Amthof von 1669.

Besucher aus der Stadt freuen sich im Hessenpark auch über einen richtigen Misthaufen.

Bad Homburger Sommer mit Veranstaltungen aller Art findet an zwei Wochen im Juli statt, das Lampionfest in Bad Camberg wird Anfang/Mitte Juli, das Laternenfest in Bad Homburg Ende August gefeiert; die zahlreichen wechselnden Hessenpark-Veranstaltungen für Kinder und Erwachsene sind vielfältig.

Kulinarische Köstlichkeiten
Die Kronberger Käste sind Kastanien mit Wirsing und Ochsenbrust; im September und Oktober gibt es in vielen Restaurants die Aktion „Gaumenfreuden an der Hochtaunusstraße".

Ringstraße Hoher Vogelsberg

Wenn wir bei **Langenselbold (1)**, an den Ausläufern des Vogelsberg gelegen, unsere Tour beginnen, sollten wir nicht versäumen, die **Ronneburg (2)** zu besuchen. Die große Burg auf einem Basaltkegel, im 13. Jh. gegründet, sicherte einst den Vogelsberg und die sich westlich neigende Wetterau. **Büdingen (3)** mit seinem Schloss (12. Jh.) ist von einer Stadtmauer mit Festungstürmen umgeben. Vom 1200-jährigen **Schotten (4)** erreichen wir **Breungeshain (5)** mit dem

Highlights
Die unberührte Natur des Hohen Vogelsberg, auf dem Wege dahin die Ronneburg, das mittelalterliche Büdingen und die historische Altstadt von Lauterbach mit Burg und Schloss.

Ein Blick auf den schönen Vogelsberg.

50

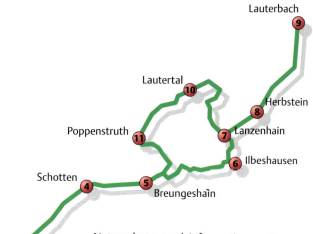

Anfahrt
Von Süden über die A 66, Ausfahrt Langenselbold, über die Ronneburg und auf der B 457 über Büdingen und Schotten, von hier nach Breungeshain an der Ringstraße Hoher Vogelsberg; aus den anderen Richtungen über die A 5, Ausfahrt Alsfeld-Ost, über die B 254 nach Lauterbach, dann Richtung Herbstein, davor nach rechts bis Lautertal.
Die Ringstraße kann auch mit dem Fahrrad befahren werden; Wanderwege begleiten die Straße.

Tourist-Information
Lauterbacher Verkehrsverein e. V.
Marktplatz 14
36341 Lauterbach
Tel. 0 66 41 / 18 41 12
Fax 0 66 41 / 18 41 67

Feste und Veranstaltungen
Es gibt lokale Volks- und Trachtenfeste, in Lauterbach werden die Pfingstmusiktage veranstaltet und nach Pfingsten wird der Prämienmarkt als großes Fest gefeiert, bei dem auch die besten Zuchttiere aus dem Vogelsberg prämiert werden.

Kulinarische Köstlichkeiten
Von der ehemaligen Armut der Vogelsbergbauern künden noch solche Gerichte wie Kartoffelbloatz aus Brotteig, Kartoffeln vom Vortag, zwei Eiern auf fünf Pfund Teig und etwas Milch. Die Quetschesupp besteht aus Zwetschen, Graupen und Milch. Heute zählen Fleisch- und Wildgerichte zur Vogelsberger Küche. Den Kochkäse wollen wir nicht vergessen; und seit über 100 Jahren läuft der „Lauterbacher Strolch" mit nur einem Strumpf – „In Lauterbach hab' i' mein' Strumpf verlorn ... „ – für Camembert und Brie durch die Lande. Nicht nur in Lich wird ein vorzügliches Bier gebraut.

Naturschutz- und Informationszentrum zum Naturpark Hoher Vogelsberg, überragt vom 764 m hohen Hoherodskopf und vom 773 m hohen Taufstein, dem höchsten Berg des Vogelsberg-Vulkans, der seit etwa sieben Millionen Jahren erloschen ist. Das Blau des Basalts und das Grün der Wiesen und Wälder geben dieser Landschaft die Farben. Zwischen den beiden Bergen führt die Straße Richtung Osten nach **Ilbeshausen (6)** am 500 m hohen Steinkopf. Bei **Lanzenhain (7)** mit seinen Mühlen sehen wir links den 577 m hohen Diebstein. Wenn wir die Ringstraße verlassen, können wir einen Abstecher nach **Herbstein (8)** machen. Dieser Kurort mit seinen Heilquellen hat eine Altstadt mit einer Befestigung aus dem 13. Jh. Von hier ist es auch nicht mehr weit nach **Lauterbach (9)**, das an drei Ferienstraßen liegt: *Deutsche Alleenstraße*, *Deutsche Fachwerkstraße* und *Deutsche Märchenstraße* (unsere Routen 7, 11 und 56).
Zurück auf der Ringstraße, durchfahren wir die schmucken Dörfer Eichelhain, Eichenrod, Hörgenau und Engelrod, Ortsteile von **Lautertal (10)**. Wir fahren nun nach Südwesten, um uns bei **Poppenstruth (11)** nach Südosten zu wenden, und am Hochmoor vorbei gelangen wir nach etwa 40 km Ringstraße wieder nach **Breungeshain (5)**.

124

Hochrhönring und Hochrhönstraße

51

Die Rhön:

Hochröhnring

Zuerst begeben wir uns auf diese 30 km lange Rundtour und starten in **Gersfeld (1)**, dem Kneippheilbad, mit seinem Schloss und der Pfarrkirche aus dem Barock. In der Nähe lädt ein großer Wildpark zum Besuch ein. Unsere Fahrt durch die Rhön, das Land der offenen Fernen, führt uns nach **Poppenhausen (2)** im Nordwesten. Die nächste Station heißt **Steinwand (3)**. Der Ort hat seinen Namen von der schroffen Felswand, in der alpinistisches Können notwendig ist; Kurse führen in die Kunst des Kletterns ein. 5 km weiter liegt **Kleinsassen (4)** am Hochrhönring. In diesem Künstlerdorf können wir den Malern, Bildhauern und Kunsthandwerkern bei der Arbeit zuschauen. Bei **Dörmbach (5)** machen wir einen Ausflug zur Milseburg, wo der Riese Mils begraben ist. Auf dem 835 m hohen Berg, dessen Gipfel nur zu Fuß zu erreichen ist, sind Reste vorgeschichtlicher Besiedlung zu sehen. Unser Weg führt weiter nach Süden. Bei **Abtsroda (6)** wandeln wir auf dem geologischen Lehrpfad und machen einen Abstecher zur Wasserkuppe, Hessens höchstem Berg (950 m). Hier ist das Paradies der Segelflieger, und wer Lust hat, bucht einen Flug über die Rhön, die anderen besuchen das Deutsche Segelflugmuseum. Zurück auf dem Boden und zurück vom Berg, fahren wir nach Gersfeld zurück.

Hochrhönstraße

Auch diese Tour, 25 km lang, führt durch das Biosphärenreservat Rhön, über Matten und Moore mit einer Vielzahl von Tieren und Pflanzen. Wir beginnen die Fahrt auf der 25 km langen Straße in **Bischofsheim an der Rhön (7)** an der B 279. Die alte fränkische Stadt ist von einer Stadtmauer umgeben. Die Stadt wird vom 928 m hohen Kreuzberg überragt, dem „heiligen Berg" (Wallfahrtskirche) der Franken.

Die Hochrhönstraße durch die bayerische Rhön führt Richtung Norden nach Fladungen nahe der Grenze zu Thüringen. Bei **Bauersberg (8)** liegt der Rothsee rechts der Straße, daneben der Braunkohlenstollen „Einigkeit" von 1844. Links der Straße erhebt sich das Schloss Holzberghof mit seinem Restaurant. Beim Heidelstein links der Straße, 926 m hoch, führt eine Straße nach Westen zur Wasserkuppe, ostwärts nach **Oberelsbach (9)**, wohin ein Abstecher nicht nur für Raucher – wegen des Deutschen Tabakpfeifenmuseums – lohnend ist.

Highlights
Kreuzberg und Wasserkuppe, Milseburg, Freilandmuseum Fladungen, Deutsches Segelflugmuseum, Matten und Moore.

Anfahrt
Über die A 7, Ausfahrt Fulda-Süd/Eichenzell, nach Gersfeld. Von Gersfeld auf der B 279 nach Bischofsheim. Wanderwege begleiten die beiden Ferienstraßen.

Tourist-Information
Fremdenverkehrsverband Rhön e. V.
Wörthstraße 15
36037 Fulda
Tel. 06 61 / 60 06 305
Fax 06 61 / 60 06 309

Tourist-Information Rhön
Spörleinstraße 11
97616 Bad Neustadt
Tel. 0 97 71 / 94 10 8/9
Fax 0 97 71 / 9 43 00

Feste und Veranstaltungen
In Bischofsheim wird das Stadtfest Ende Juli/Anfang August gefeiert, das Rhöner Ballonfestival mit vielen Heißluftballons wird Ende September/Anfang Oktober veranstaltet; in Fladungen wird der Bieranstich im historischen Brauhaus des Freilandmuseums Ende Juni, das Museumsfest Ende August und das Große Marktfest in der historischen Altstadt Ende September gefeiert.

51

Kulinarische Köstlichkeiten
Aus den Wäldern Wild, von den Wiesen Lamm, aus den Bächen Forellen gehören zu den Rhöner Gaumenfreuden. Der Hollerploatz ist ein Kuchen aus Kartoffeln und Holunderbeeren, die Krummbirnsuppe ist eine Kartoffelsuppe, aus Schweinebauch mit rohen und gekochten Kartoffeln wird der Dutsch zubereitet. In der Rhön werden ausgezeichnete Biere, zum Teil in kleinen Hausbrauereien hergestellt, auch der Apfelwein und die hier gebrannten Schnäpse sind zu rühmen.

Zurück auf der Hochrhönstraße liegt bald links das Schwarze Moor, ein Lehrpfad führt durch Hoch- und Niedermoor. In **Fladungen (10)** erwartet uns die historische Altstadt, das Rhönmuseum, das Fränkische Freilandmuseum mit dem Gasthof „Schwarzer Adler" und vielen altehrwürdigen Bauten aus dem Frankenland – und das „Rhön-Zügle", eine Museumseisenbahn, mit der wir nach Ostheim fahren.

Blick von der Wasserkuppe mit dem Fliegerdenkmal.

126

Spessart-Höhenstraße

52

"Und vor mir zwischen zwei Bergen das Wunderland meiner Kinderträume, da sah ich Steinau ...", sagte Ludwig Emil, der Malerbruder der Märchenbrüder Grimm, 1820. Also beginnen wir unsere 60 km lange Spessarttour in **Steinau an der Straße (1)** mit einem Besuch im Brüder-Grimm-Haus von 1562, in dem die Brüder ihre Kindheit erlebten. Wir bummeln durch die mittelalterliche Stadt zum Schloss aus dem 16. Jh. mit Grimm-Museum und Marionettenausstellung. Eine Aufführung der „Holzköppe", des traditionsreichen Marionettentheaters im Marstall dürfen wir nicht versäumen.

Im Osten der Stadt führt die Spessart-Höhenstraße nach Süden. Über die Orte Seidenroth und Alsberg gelangen wir zum 516 m hohen **Markberg (2)**. Weiter durch den schönen dichten Wald kommen wir zur **Wegscheide (3)**, dem Frankfurter reformpädagogischen Kinderdorf. Nach rechts führt ein Abstecher ins 5 km entfernte **Bad Orb (4)** mit seinen Fachwerkbauten, Heilquellen und Salinen. Nach links in Richtung Osten bringt uns die Straße ins ebenso nah gelegene **Burgjoß (5)** mit seiner Wasserburg. Wenn früher aus großer Not mancher Spessartbewohner zum Räuber wurde, so können heute auch Auswärtige hier im Jossgrund das Spessarträuberexamen ablegen, erhalten ein Zertifikat und nehmen am zünftigen Spessarträuberprogramm teil.

Highlights
Schloss, Grimm-Museum, Marionettentheater in Steinau; Berge und Wiesbüttsee.

Anfahrt
Auf der A 66 bis Steinau-West oder Steinau-Ost; A 3 Ausfahrt Hösbach bei Aschaffenburg.

Die Spessart-Höhenstraße ist auch mit dem Fahrrad zu erfahren, Wanderwege begleiten die Straße.

Tourist-Information
Fremdenverkehrsverband Spessart, Kinzigtal, Vogelsberg e. V.
Barbarossastraße 28
63571 Gelnhausen
Tel. 0 60 51 / 48 07 21
Fax 0 60 51 / 48 07 20
www.main-kinzig-kreis.de

Tourist-Information Spessart-Main-Odenwald
Bayernstraße 18
63739 Aschaffenburg
Tel. 0 60 21 / 39 42 71

Feste und Veranstaltungen
Das Brunnenfest in Bad Orb wird im Juni, die internationalen Steinauer Puppenspieltage werden im Oktober veranstaltet. An einem Sonntag Mitte September gehört das Kinzigtal total den Radfahrern.

Kulinarische Köstlichkeiten
Im einst sprichwörtlich armen Spessart waren Kartoffeln und so manches einfache Linsengericht (wie auch eine Spessartgemeinde heißt) Hauptnahrungsmittel. Das Wild aus den Wäldern kam bei den armen Leuten nur auf den Tisch, wenn es gewildert war, und die Forellen, wenn sie heimlich gefangen wurden. Es wird Apfelwein gekeltert und Bier gebraut.

52

Zurück auf der Spessart-Höhenstraße bei der Wegscheide, folgen wir unserem Weg nach Süden. Beim **Hohen Berg (6)**, 521 m hoch, haben wir den höchsten Punkt der Strecke erreicht. Durch Villbach hindurch, an der Ruine Beilstein, an Flörsbach links und dem Hengstberg rechts vorbei kommen wir nach **Wiesen (7)**, das schon im Bayerischen liegt. Der Wiesbüttsee wurde im 18. Jh. angelegt, um für die inzwischen stillgelegte Erzgrube die Wasserkraft zu nutzen. Eine kleine Wanderung bringt uns zum Wiesbüttmoor, dem einzigen Hochmoor im Spessart. Die Weiterfahrt führt uns über Jakobsthal und Sailauf mit seinen Mühlen auf die B 26 nach **Hösbach (8)**. Hier besichtigen wir die Klosterkirche und Wallfahrtskapelle St. Agatha von 1758. Von hier sind es nur 5 km bis **Aschaffenburg (9)** mit seinem Renaissance-Schloss, den vielen Kirchen und Museen.

Heute fürchtet niemand mehr die sagenhaften Spessarträuber.

53

Hessische Apfelweinstraße

Highlights
Alt-Sachsenhausen, der Frankfurter Römerberg, die historischen Ortskerne der Gemeinden und Städte, vor allem die Keltereien und Gaststätten längs der Route und das Apfelweinfest.

Anfahrt
Verschiedene Autobahnen zum Frankfurter Kreuz, dann A 3, Ausfahrt Frankfurt-Süd nach Sachsenhausen oder Ausfahrt Hanau nach Steinheim. Die Hessische Apfelweinstraße lässt sich am besten mit dem Rad erfahren oder zu Fuß erwandern.
Apfelwein- und Obstwiesenroute: Wander- und Radweg ab Offenbach.

Die Erfindung des Apfelweins schreibt die Sage Kaiser Karl dem Großen zu, der sich einmal auf einen Berg Äpfel gesetzt und dabei die Früchte ausgepresst haben soll. „Äbbelwoi" heißt in Frankfurt das Getränk, das im Bembel (einem graublauen Steinkrug) auf den Tisch kommt und in Gerippte (Rautengläser, die den Wein golden funkeln lassen und die nicht so leicht aus der Hand rutschen) eingeschenkt wird. Der frisch Gekelterte ist der „Süße", der bald anfängt, durch die Gärung Alkohol zu entwickeln und deshalb dann „Rauscher" genannt wird. Nach zwei bis drei Monaten wird der Apfelwein von der Hefe abgezogen und ist naturtrüb; meist wird er gefiltert, um goldgelb im Glas zu stehen. Apfelweinliebhaber nennen ihr Getränk liebevoll „Stöffche" und das Trinken heißt „Schobbepetze".

Die Apfelweinstraße beginnt in **Sachsenhausen (1)**, das von der Frankfurter Innenstadt durch den Main getrennt ist, also „dribbdebach" liegt. In Sachsenhausens Straßen und verwinkelten Gassen gibt es unzählige Gaststätten und urige

Kneipen – einzelne zu erwähnen wäre unfair gegen die anderen. Mancher Wirt, hier und in den andern Orten an der Apfelweinstraße, keltert selbst. Über den Eisernen Steg, eine Fußgängerbrücke, kommen wir ans rechte Mainufer, und nur wenige Schritte bringen uns auf den Römerberg, eine sehr sanfte Anhöhe gegen den Main. Wir sind in **Frankfurt (2)**. Der Platz um den Gerechtigkeitsbrunnen ist die „gut Stubb", die gute Stube der Stadt, begrenzt vom historischen Rathaus „Römer", der Ostzeile mit rekonstruierten Fachwerkhäusern, der Nikolaikirche und dem Historischen Museum, in dem sich auch das Frankfurter Apfelweinmuseum befindet. Hinter der Ostzeile ragt der Kaiserdom auf, auf dem benachbarten Platz steht die Paulskirche.

Durch die Innenstadt und über die Berger Straße erreichen wir den Stadtteil **Bornheim (3)**, wo in den Straßen und Gassen manches beliebte Apfelweinlokal lockt. **Seckbach (4)** heißt der sich nördlich anschließende Frankfurter Stadtteil, der zum Teil noch dörflichen Charakter hat. Die Wilhelmshöher Straße bringt uns nach **Bergen-Enkheim (5)**. Wir besuchen den „Schützenhof", der mit seinem Apfelwein die Fernsehsendung „Zum Blauen Bock" von Heinz Schenk belieferte. Am Berger Hang machen wir Rast im Hotel, Restaurant und Ausflugslokal „Zur schönen Aussicht", genießen diese und den Apfelwein. Nun verlassen wir Frankfurt und fahren über Enkheim ins benachbarte Maintal. Als erstes kommen wir zum Stadtteil **Bischofsheim (6)**. Im Osten schließt sich **Hochstadt (7)** an, das auch das „Rothenburg des Hanauer Landes" genannt wird, und in dem seit 1779 die Kelterei Wilhelm Höhl zu Hause ist, die Apfelweine für jeden Geschmack herstellt.

Einen guten Kilometer weiter kommen wir nach **Wachenbuchen (8)** mit seinen

53

Tourist-Information
Arbeitsgemeinschaft
Hessische Apfelweinstraße
Im Sperber 24
60388 Frankfurt am Main
Tel. 0 61 09 / 28 13
Fax 0 61 09 / 2 17 85

Feste und Veranstaltungen
Bei den vielen unterschiedlichen Dorf- und Stadtfesten – auch beim Frankfurter Museumsuferfest im August oder beim Frankfurter Wäldchestag im Stadtwald am Dienstag nach Pfingsten – gibt es immer auch Apfelwein. Die großen Apfelweinfeste sind das Sachsenhäuser Brunnenfest am vorletzten Sonntag im August mit der Wahl der Brunnenkönigin, eine Woche später das Bundes-Apfelweinfest in Steinheim mit der Krönung der Apfelweinkönigin und des Apfelweinkönigs. Und beim Berger Markt Anfang September wird die Bergen-Enkheimer Apfelwein-Königin gekürt. Die Majestäten und ihr Volk treffen sich Mitte Juni beim Apfelweinfest auf dem Römerberg in Frankfurt.

Die Frau Rauscher aus der Klappergass in Sachsenhausen hat ihr eigenes Lied und ein Denkmal.

53

Kulinarische Köstlichkeiten
Zum Apfelwein passende typische Gerichte sind Handkäs mit Musik (wobei die Musik durch Zwiebeln, Essig und Öl entsteht), der nur mit dem Messer ohne Gabel gegessen werden darf. Zur Grie Soß, der Grünen Kräutersoße, paßt Rindfleisch mit Schmelzkartoffeln, zum Rippche gibt´s Sauerkraut. Rindswurst und Frankfurter Würstchen sind in aller Welt Mund und sollten nicht mit Senf, sondern mit Meerrettich genossen werden.

Fachwerkhäusern. Von hier geht es weiter nach Hanau, zunächst zum Ortsteil **Wilhelmsbad (9)** mit den alten Kuranlagen, dem Puppenmuseum, dem Park mit Karussell und Ruine. Und Apfelwein gibt es hier auch. Der Weg führt uns jetzt nach **Kesselstadt (10)** mit Schloss Philippsruhe aus dem 18. Jahrhundert. Ein Abstecher in die Innenstadt von **Hanau (11)** bringt uns zum Goldschmiedehaus und zum Denkmal der Brüder Grimm. Dann überqueren wir den Main und langen in **Steinheim (12)** an. Schon von weitem grüßt der Bergfried des Schlosses aus dem 13. Jh. In den Fachwerkgassen der Altstadt mit seinen Gaststätten endete die 40 km lange Route der Gastlichkeit. Inzwischen hat sich **Offenbach (13)**, Goethes Ausflugsziel, wenn er seine Lili besuchte, der Apfelwein- und Obstwiesenroute, einem Rad- und Wanderweg, angeschlossen. Von Steinheim aus auf der Offenbacher Landstraße lassen sich die Apfelwein-Orte Rumpenheim, Bürgel und Bieber leicht erreichen.

54

Highlights
Die Hauptorte Frankfurt, Aschaffenburg, Würzburg, Bamberg, Nürnberg, Deggendorf und Passau stecken voller Sehenswürdigkeiten.

Anfahrt
Frankfurt am Main ist mit Autobahnen aus allen Richtungen zu erreichen.
Wie zu alten Zeiten kann der Weg von Frankfurt nach Passau, weiter bis Wien und Budapest, auch mit dem Schiff zurückgelegt werden. Zudem begleiten ein Fahrrad-Fernwanderweg und viele Wanderwege die Straße der Kaiser und Könige.

Straße der Kaiser und Könige

Rund 1000 km lang zieht sich diese Ferienstraße durch Deutschland, Österreich und Ungarn, etwa 500 km beträgt die Strecke zwischen Frankfurt und Passau. Die A 3 führt von Frankfurt über Aschaffenburg, Würzburg, Nürnberg, Regensburg und Deggendorf nach Passau. Wir wollen einige Umwege machen und dem alten Reiseweg folgen, den schon Karl der Große im Jahr 803 von Aachen über Frankfurt an die Donau zurückgelegt hat und den später die in Frankfurt gewählten und gekrönten Herrscher benutzten.

In **Frankfurt am Main (1)** beginnen wir unsere Tour auf dem Römerberg. Der Römer, das historische Rathaus aus mehreren seit dem 15. Jh. errichteten Gebäuden, zeigt im Kaisersaal die gemalten Porträts der Kaiser des Heiligen Römischen Reiches deutscher Nation. Das Historische Museum ist zum Teil im Saalhof, einer Königspfalz aus dem 12. Jh., untergebracht. Hinter den Fachwerkhäusern der Ostzeile ragt der gotische Kaiserdom St. Bartholomä auf, Wahl- und Krönungsstätte der Könige und Kaiser, die von Frankfurt nach Nürnberg fuhren, um dort den ersten Reichstag abzuhalten.

Über die A 3 gelangen wir zur nächsten Station, **Seligenstadt (2)** mit der Einhards-Basilika, benannt nach dem Sekretär und Schwiegersohn Karls des Großen, und den Resten einer Kaiserpfalz. Nicht weit ist es nach **Aschaffenburg (3)** mit Schloss Johannisburg aus dem frühen 17. Jh., Residenz der Mainzer Kurfürsten. Wir wechseln nun auf die linke Mainseite und fahren auf der B 489 über Klingenberg nach Miltenberg, weiter auf der Straße nach **Wertheim (4)**, wo die Tauber in den Main mündet. Bald sind wir in **Würzburg (5)** mit der fürstbischöflichen Residenz, die Johann Balthasar Neumann von 1720 bis 1744 errichtete, dem romanischen Dom St. Kilian, dem Neumünster aus dem 11. Jh. und der Festung Marienberg, die seit dem 13. Jh. über der Stadt thront.

Von Würzburg und Schweinfurt kommen wir auf der A 7 und A 70 nach **Bamberg (6)** mit seinem Alten Rathaus über der Regnitz. Auf dem Domplatz über der Stadt erhebt sich der Bamberger Dom mit seinen vier Türmen aus dem 13. Jh. Der Dom birgt reiche Kunstschätze, Kaiser- und Königsgräber und das einzige Papstgrab in Deutschland – und die berühmte Statue des Bamberger Reiters. Von Bamberg gelangen wir über Erlangen und Fürth nach **Nürnberg (7)**. Die Stadtmauer mit ihren zahlreichen Toren und Türmen (14./15. Jh.) umschließt die Altstadt. Von den vielen Sehenswüdigkeiten seien das Germanische Nationalmuseum erwähnt, das Dürer-Haus und vor allem die Burg über der Altstadt. Die Gebäude der Burggrafenburg stehen in der Mitte, die reichsstädtischen Bauten liegen im Osten, die im 12. Jh. begonnene Kaiserburg liegt im Westen der weitläufigen Anlage. Hier fanden die Reichs- und Hoftage der deutschen Könige und Kaiser bis 1571 statt. Über die A 3 oder die parallel verlaufende B 8 erreichen wir über Neumarkt in der Oberpfalz **Regensburg (8)** an der Donau. 788 machte Karl der Große sie zu einer Residenz der Karolinger. Als Freie Reichsstadt profitierte sie vom Fernhandel. Von

Tourist-Information
Arbeitsgemeinschaft
„Straße der Kaiser und Könige"
c/o Tourismusverband Ostbayern
Luitpoldstraße 20
93047 Regensburg
Tel. 09 41 / 58 53 90
Fax 09 41 / 58 53 93 9
E-Mail: tourismus@ostbayern.btl.de

Feste und Veranstaltungen
Die vielen Städte entlang dieser Straße haben alle ihre Stadtfeste, von denen hier nur einige erwähnt sein können; das Museumsuferfest wird Ende August in Frankfurt gefeiert, die Carillon-Tage im August in Aschaffenburg, das Kiliani-Volksfest findet im Juni in Würzburg statt, die Kirchweih in Bamberg ist ein großes Volksfest um den 20. August, das Altstadtfest in Nürnberg steht im September auf dem Programm, in Regensburg gibt es eine Frühjahrsdult im Mai und eine Herbstdult im September, die Passauer Festspiele werden im Juni/Juli veranstaltet.

Kaiser Karl der Große, hier vor dem Historischen Museum in Frankfurt, ist der Ahnherr aller Reisenden auf dieser Route.

Kulinarische Köstlichkeiten
Die Frankfurter, die fränkische und die ostbayerische Küche haben wir schon auf anderen Ferienstraßen kennen und schätzen gelernt.

1663 bis 1806 tagte hier der Immerwährende Reichstag. Flussabwärts erhebt sich über der Donau bei Donaustauf die Walhalla als „Ruhmestempel der Deutschen", vom bayerischen König Ludwig I. nach 1830 errichtet. Ein kleiner Abstecher flussaufwärts bringt uns nach Kelheim mit der Befreiungshalle zum Andenken an die Befreiungskriege 1813 – 1815 und zum Donaudurchbruch bei Weltenburg mit der berühmten barocken Klosterkirche. An Straubing vorbei erreichen wir **Deggendorf (9)**, das Tor zum Bayerischen Wald. Längs der Donau, auf Autobahn oder Bundesstraße, gelangen wir nach **Passau (10)**, der Drei-Flüsse-Stadt am Zusammenfluss von Inn, Ilz und Donau, an der Grenze zu Österreich gelegen. Während der Türkenkriege im 17. Jh. flüchtete sich der kaiserliche Hof von Wien hierher.

Nach der Grenze, nur mehr ein Strich auf der Landkarte, führt die Straße zur k. u. k. Donaumetropole Wien und zur Königsstadt Budapest.

Goethestraße

Nachdem wir von Frankfurt aus schon auf der *Straße der Kaiser und Könige* (Route 54) unterwegs waren, wollen wir von hier aus den Spuren eines Dichterfürsten folgen. Anlässlich des 250. Geburtstags von Goethe im Jahr 1999 stellte Professor Erich Taubert aus Weimar in einem entzückenden Büchlein seinen Vorschlag einer *Goethestraße* vor, den wir gern aufgreifen. Und weil diese literarische Route noch kein offizielles Symbol hat, zeigen wir hier den lustigen Reise-Goethe frei nach Tischbein, der als Signet auf die Veranstaltungen im Goethejahr hinwies.

Wir beginnen die 400 km lange Tour, die im wesentlichen der alten Straße von Frankfurt nach Leipzig als Teil der Handelsstraße Paris – Kiew folgt, in der Stadt, in der Johann Wolfgang am 28. August 1749 zur Welt kam, in **Frankfurt am Main (1)**. Neben seinem Geburtshaus am Großen Hirschgraben besichtigen wir das große erneuerte Goethemuseum. Durch den Kleinen Hirschgraben hindurch und dann links, und wir stehen vor der barocken Kirche St. Katharinen, in der Goethe getauft wurde. Von hier sind es nur wenige Minuten bis zum Römerberg. Hier erlebte 1765 der junge Goethe die Krönungsfeierlichkeiten für Joseph II. Wir wechseln die Mainseite und besuchen am anderen, am Museumsufer das Städel mit seinen Bildersammlungen, die Goethe schon gelobt hat. Hier sehen wir auch das Gemälde, das J. H. W. Tischbein 1787/88 vom Dichter als dem Italienreisenden gemalt hat. Nun fahren wir am Ufer entlang nach Osten, biegen am Frankensteiner Platz nach rechts, um in der Nähe des Wendelsplatzes das Willemer-Häuschen zu besuchen, wo Goethe mit Suleika Marianne von Willemer weilte. Ihrem Ehemann, einem älteren Bankier, gehörte auch die Gerbermühle am Mainufer, wo Goethe oft zu Gast war. Auf der Uferstraße nach Offenbach machen wir an dieser Goethestätte, die heute ein beliebtes Ausflugslokal ist, Station.

Die modernen Turmbauten von **Offenbach (2)** grüßen herüber. In diese Stadt begab sich Goethe 1775 sehr oft, verliebte sich in und verlobte sich mit Anna Elisabeth „Lili" Schönemann. Wir spazieren durch den Lilipark am Büsingpalais und sehen die Ruine des Lilitempels, eines ehemaligen Badehauses. Weiter am Main entlang kommen wir nach **Hanau (3)**, das wir von einigen Ferienstraßen kennen und wo auch Goethe sich manchmal aufhielt. Von hier aus geht es auf der A 66 oder der parallel verlaufenden alten B 40 über die mit

Highlights
Goethehaus und Goethemuseum in Frankfurt, Wartburg und Schloss Friedenstein, Goethehaus und Goethes Gartenhaus und andere Stätten in Weimar, Goethes Kaffeehaus und Auerbachs Keller in Leipzig.

Anfahrt
Frankfurt am Main ist mit Autobahnen aus allen Richtungen zu erreichen.
Die Goethestraße lässt sich auch mit dem Rad erfahren, Wanderwege begleiten sie.

Tourist-Information
Tourismus- und Congress GmbH
Kaiserstraße 56
60329 Frankfurt am Main
Tel. 0 69 / 21 23 88 00
Fax 0 69 / 21 23 78 80

Thüringer Tourismus GmbH
Weimarische Straße 45
99099 Erfurt
Tel. 03 61 / 3 74 20
Fax 03 61 / 3 74 22 99

Feste und Veranstaltungen
Von den vielen Ereignissen längs der Straße wollen wir nur die erwähnen, die einen Bezug zu Goethe haben. Zum Beispiel die Internationale Buchmesse in Frankfurt in der ersten Oktoberhälfte (und die Leipziger Buchmesse im März), das Museumsfest in Gotha im Juni, der Thüringer Herbst mit vielen Veranstaltungen an der Klassikerstraße Thüringen (Route 26), und selbstverständlich wird Goethes Geburtstag am 28. August sowohl in Frankfurt als auch in Weimar besonders gefeiert.

55

Kulinarische Köstlichkeiten

Hier wollen wir nicht regionale Gerichte auftischen, sondern einige von Goethes Lieblingsgerichten aufzählen, zu denen die berühmte Frankfurter Grüne Soße nicht gehört. Hecht und Karpfen aß er gern, gegarte Austern ebenso wie Hühnchen in mancherlei Zubereitungsart, Fasan und anderes Federvieh, auch Wild, Rind und Schwein verachtete er nicht. Spargel, Artischocken und Teltower Rübchen zählten zu seinen bevorzugten Gemüsen. Er schätzte Würste und liebte Süßspeisen.

Das Goethehaus und das Goethemuseum in Frankfurt.

vielen Sehenswürdigkeiten gesegneten Städte Gelnhausen, Bad Soden-Salmünster, Steinau an der Straße (dem Ort an der *Spessart-Höhenstraße* und der *Deutschen Märchenstraße*, Routen 52 und 56), über Schlüchtern, wo Goethe die Untergasse zeichnete, und Neuhof nach **Fulda (4)**, wo sich Goethe den Dom, das Schloss und die anderen historischen Bauten angeschaut hat.

Auf der B 27 geht es über Hünfeld, wo Goethe den Jahrmarkt in einem Gedicht beschrieb, und Vacha, wo er auf seinen Reisen logierte, weiter auf der B 84 nach **Eisenach (5)** mit der Wartburg, die Goethe beschrieben, bedichtet und gezeichnet hat. Das barocke Stadtschloss diente dem Minister Goethe oft als Domizil. Die Stationen **Gotha (6)** und **Erfurt (7)** bis **Weimar (8)** mit seinen vielen Goethestätten – von denen hier nur das Goethehaus am Frauenplan, des Dichters Gartenhaus und die Fürstengruft mit den Särgen von Goethe und Schiller erwähnt seien –, haben wir schon anlässlich unserer Fahrt auf der *Klassikerstraße Thüringen* (Route 26) besucht. Ein Abstecher von Weimar ins südlich gelegene **Bad Berka (9)** bringt uns in das „Goethebad im Grünen" an der Ilm. Wir setzen die Fahrt von Weimar gen Norden fort, gelangen auf der B 85 nach Buttelstedt, biegen danach rechts ab und kommen nach Buttstädt, einer einst bedeutenden kleinen Stadt mit bemerkenswerten Baudenkmälern, und **Eckartsberga (10)** mit seiner Eckartsburg, die Goethe zum Gedicht „Der getreue Eckart" inspirierte. Über die B 87 geht es nach Bad Kösen, **Naumburg (11)**, wo wir uns vor allem den Dom mit der wunderschönen Uta und den anderen Stifterfiguren anschauen, nach **Weißenfels (12)**. Die Theaterbegeisterten machen von hier auf der B 91 über Merseburg einen Abstecher nach **Bad Lauchstädt (13)**.

Zurück auf der B 87 haben wir die letzte Etappe unserer Tour vor uns. Wir kommen durch Rippach, das im „Faust" Erwähnung findet, durch Lützen, wo König Gustav Adolf aus Schweden in der Schlacht fiel und wo Goethe logierte. Nach etwa 25 km erreichen wir **Leipzig (14)**, wo der Dichterfürst von 1765 bis 1768 studierte. Die meisten Stätten, an denen er hier wohnte und weilte, sind dem Krieg zum Opfer gefallen. Aber Goethe selbst hat schon festgestellt: „Leipzig ruft dem Beschauer keine altertümliche Zeit zurück." Am Marktplatz steht noch das Renaissance-Rathaus und von hier ist es nicht weit zum Kaffeehaus „Zum Coffe-Baum" in der Kleinen Fleischergasse, wo seit 1694 das köstliche Gebräu ausgeschenkt wird – auch Goethe kam hierher, um Kaffee zu trinken. Vom Naschmarkt mit seinem Goethedenkmal sind es nur wenige Schritte zur Mädler-Passage mit „Auerbachs Keller", in dem ebenfalls Goethe schon speiste und zechte. Ihm zu Ehren tun wir das Gleiche und betrachten dabei die Wandbilder mit den Szenen aus dem Leben des Doktor Faust.

Deutsche Märchenstraße

In **Hanau am Main (1)**, wo die Brüder Grimm geboren wurden – Jacob am 4. Januar 1785 und Wilhelm am 24. Februar 1786 –, beginnt unsere 600 km lange Reise. Vor dem Neustädter Rathaus steht ihr Denkmal, und wenn ein Hanauer gefragt wird, ob Jacob der sitzende und Wilhelm der stehende Bruder sei, antwortet er wohl, das ließe sich nicht sagen, weil die Brüder nachts die Plätze tauschen. Vom Schloss Philippsruh, wo sommers im Park die Märchenspiele aufgeführt werden, ist es nicht weit nach Hanau-Wilhelmsbad mit dem Park, dem alten Karussell und dem Puppenmuseum.

Über die A 66 oder die parallel verlaufende Straße kommen wir zur Barbarossastadt Gelnhausen und nach **Steinau (2)**, wo die Brüder Grimm mit ihren Geschwistern seit 1791 heranwuchsen. Das Brüder-Grimm-Haus ist das Amtshaus von 1572 und das „Märchenhaus des deutschen Volkes". Im Schloss, vor dem der Märchenbrunnen sprudelt, ist ein Brüder-Grimm-Museum zu besichtigen. In der Nachbarstadt **Schlüchtern (3)** ist im Bergwinkelmuseum eine Brüder-Grimm-Stube eingerichtet.

In Schlüchtern verlassen wir die großen Straßen, biegen nach Norden ab und gelangen über Freiensteinau, Grebenhain und Herbstein im Vogelsberg nach Lauterbach, wo der Strolch seinen Strumpf verloren hat. Auf der B 254 zum mittelalterlichen Alsfeld, weiter auf der B 62 an der Amöneburg vorbei nach **Marburg (4)**. In dieser Stadt mit dem Landgrafenschloss und der Kirche der heiligen Elisabeth begannen die Brüder 1802 ihre Erforschung der Volksliteratur. Ein Abstecher in die nordwestlich gelegene Gemeinde Lahntal mit dem Ubbelohde-Haus, welches dem Jugendstilkünstler und Grimm-Illustrator Otto Ubbelohde gewidmet ist. Von Mar-

Highlights
Märchenfestspiele in Hanau, Brüder-Grimm-Haus in Steinau, Brüder-Grimm-Museum in Kassel, Dornröschenschloss Sababurg, Rattenfänger-Freilichtspiele in Hameln, Märchenmuseum in Bad Oeynhausen, Märchenwald in Verden, Märchenspiel mit den Stadtmusikanten in Bremen.

Anfahrt
Hanau liegt an den Autobahnen A 3, A 45, A 66; Bremen liegt an der A 1 und A 27.
Fahrrad- und Wanderwege begleiten den Verlauf der Deutschen Märchenstraße.

Tourist-Information
Arbeitsgemeinschaft
Deutsche Märchenstraße
Königsplatz 53
34117 Kassel
Tel. 05 61 / 70 77 07
Fax 05 61 / 70 77 200
www.deutsche-maerchenstrasse.de
E-Mail: ksg@kassel.de

56

Feste und Veranstaltungen
Im Park von Schloss Philippsruh in
Hanau werden von Mai bis August die
Brüder-Grimm-Märchenfestspiele
veranstaltet; in Steinau spielen das
ganze Jahr *Die Holzköppe*, das Marionettentheater, im Juli/August gibt es
Internationale Brüder-Grimm-Musik-
tage und im September/Oktober die
Steinauer Puppenspieltage; in Kassel
freuen sich nicht nur die Kinder auf

burg geht es nun westlich nach Stadtallendorf mit seinem
Schloss, über Willingshausen, dem Malerdorf in der Schwalm,
nach Schrecksbach und **Schwalmstadt (5)**, der Hauptstadt
des Rotkäppchen-Landes. Hier können wir noch manches
junge Mädchen sehen, das sonntags zur Tracht den roten
„Betzel" auf dem Kopf trägt. Auf der B 454 kommen wir nach
Neukirchen und Oberaula, wo wir nach Norden abbiegen und
über Knüllwald und Homberg/Efze nach Fritzlar gelangen. Die
Fahrt führt nun durch Gudensberg und Niedenstein nach
Schauenburg (6) mit der Märchenwache, der Ausstellung um
Marie Hassenpflug und Friedrich Krause, die den Brüdern
Grimm viele Märchen erzählt haben. Über Baunatal, wo die
Märchenfrau Dorothea Viehmann geboren wurde, die den
Brüdern auch viel erzählen konnte, gelangen wir nach Kassel.

In **Kassel (7)** hatten die Brüder seit 1798 das Gymnasium
besucht, waren einige Jahre später wieder hierher ge-
kommen und begannen mit der Sammlung der Kinder-
und Hausmärchen. In der Stadt besuchen wir das Brüder-
Grimm-Museum. In Kassel teilt sich die Deutsche Märchenstraße. Wir begeben uns zunächst auf die

Frau-Holle-Route

Über Kaufungen kommen wir auf der B 7
über Helsa, Großalmerode und Hessisch
Lichtenau nach Eschwege. Hier sind wir
im Reich der Frau Holle, die auf dem Hohen Meißner wohnt, dem höchsten
Berg Nordhessens. Über Bad Soo-
den-Allendorf und Witzenhausen fahren wir nach Friedland,
Gleichen und **Heiligenstadt
(8)**; in diesem Heilbad trafen sich 1838 die Brüder,
um die Herausgabe des
ersten „Deutschen Wörter-
buchs" – ihrer bedeutendsten philologischen Unter-
nehmung – zu besprechen.
Hier verlassen wir die B 80 und
fahren nach Ebergötzen mit der Wil-
helm-Busch-Mühle und Bovenden mit der Burg
Plesse weiter nach **Göttingen (9)**. In der Stadt
mit dem Gänseliesebrunnen waren die Brüder
Grimm seit 1829/30 Professoren an der Uni-

136

versität. Mit fünf Kollegen protestierten sie 1837 gegen den Verfassungsbruch des hannöverschen Königs; die „Göttinger Sieben" wurden ihres Amts enthoben und des Landes verwiesen. Die Brüder kehrten nach Kassel zurück, um schließlich nach Berlin berufen zu werden. Von Göttingen führt unsere Route nach Westen an die Weser. Über Oberweser – die Heimat von Schneewittchen (andere sagen, das schöne Mädchen stamme aus Lohr am Main) und den Tieren, die später in Bremen eine neue Heimat fanden – und Fürstenberg kommen wir an die Weserbrücke, um nach **Höxter (10)** aufs linke Ufer zu wechseln.

Dornröschen-Route

heißt die Strecke der Märchenstraße, die links der Fulda und der Weser verläuft. Von **Kassel (7)** geht es zunächst nach Fuldatal, von wo Hans im Glück stammt, dann nach Reinhardshagen und zur **Sababurg (11)**, in der Dornröschen 100 Jahre schlafen musste, bis endlich der richtige Prinz das süße Mädel wachküsste. Über Grebenstein und Hofgeismar kommen wir zur Stadt Trendelburg. Hier wohnte einst die Riesin Trendula, und in einem Turm saß Rapunzel, die ihr Haar so lange wachsen ließ, bis ihr Liebster daran zu ihr hochklettern konnte. Wir fahren nun durch die schöne Weserlandschaft und gelangen über Bad Karlshafen, Beverungen und Brakel nach **Höxter (10)** mit der altehrwürdigen Abtei. Jetzt sind wir wieder auf der vereinten Märchenstraße.

Nach Polle mit seiner Burgruine ist die nächste Station **Bodenwerder (12)**. Hier wurde der berühmte Baron von Münchhausen geboren, dessen Erzählungen so fantastisch waren, dass mancher sie nicht glauben mochte. Wir besuchen sein Geburtshaus, in dem er 1720 geboren wurde – das ist nicht gelogen. Von Bodenwerder

den Märchen-Weihnachtsmarkt; auf der Waldbühne von Gleichen-Bremken werden von Mai bis September Märchen aufgeführt; in Bad Heiligenstadt/Bornhagen werden am 1. August-Wochenende das Hansteinfest, ein mittelalterliches Burgfest, und im September das Fest der Heiligenstädter Mohrenkönige gefeiert; in Göttingen wird im September das Gänselieselfest veranstaltet; in Hann. Münden werden von Mai bis August die Doktor-Eisenbart-Spiele aufgeführt; im Dornröschenschloss Sababurg bei Hofgeismar wird von Juni bis August der Sommer in der Sababurg mit vielen Programmpunkten veranstaltet; in Trendelburg ist das 1. September-Wochenende dem Trendelburger Märchentag gewidmet; in Höxter wird von Juni bis September das Spiel von Hänsel und Gretel im Freien aufgeführt; auf der Freilichtbühne der Burgruine Polle wird von Mai bis September das Spiel um Aschenputtel gezeigt; in Bodenwerder gibt es von Mai bis Oktober die Münchhausenspiele; in Hameln werden von Mai bis September die Rattenfänger-Freilichtspiele aufgeführt; in Bremen wird von Mai bis Oktober das Märchen Bremer Stadtmusikanten open air gespielt; neben all diesem Märchenhaften gibt es in den Orten an der Märchenstraße eine Fülle weiterer Feste und Veranstaltungen.

Bei den Vorbereitungen zu den Märchenfestspielen in Hanau.

56

Kulinarische Köstlichkeiten
Die Reise führt von der hessischen über die Küche des Weserlandes und Niedersachsens bis zur hanseatischen, deren Spezialitäten wir auf anderen Ferienstraßen schon kennen und lieben gelernt haben.

machen wir einen westlichen Abstecher ins schöne Bad Pyrmont und fahren von hier nach **Hameln (13)**, in die Stadt des Rattenfängers. Die B 83 führt uns von Hameln weg, über Hessisch Oldendorf kommen wir nach Bückeburg und ins über 1200-jährige Minden. Wir können auch vor Bückeburg nach Rinteln auf die linke Weserseite wechseln und über **Bad Oeynhausen (14)** – wo das Deutsche Märchenmuseum besichtigt werden kann – nach Minden fahren. Wer will, macht einen Abstecher nach Porta Westfalica.

Durchs Weserland gelangen wir nach **Verden (15)**, wo die Aller in die Weser mündet. In der Stadt mit dem tausendjährigen Dom gibt es im Freizeitpark einen Märchenwald. Über die A 27 erreichen wir dann **Bremen (16)**, die Stadt, in der Esel, Hund, Katz und Gockel sich nach langer Wanderung heimisch fühlten. Ihr Denkmal steht an der linken Ecke des Rathauses, eines der Gebäude aus acht Jahrhunderten um den Marktplatz, auf dem Roland, der aufragende Riese, in Stein gehauen mit seinem Schwert für die Freiheit bürgt.

57

Highlights
Schuhmuseum in Pirmasens, „Die Schuhfabrik" in Hauenstein, Schuhverkauf ab Lager oder Werk, die größte Burgenanlage der Pfalz bei Dahn und andere Burgen, Felsen zum Klettern und Schauen, Schuhmacherfeste und Dahner Sommerspiele.

Das Felsentor im Wasgau.

Deutsche Schuhstraße

In den Jahren vor dem Ersten Weltkrieg gab es in der Südwestpfalz über 500 Betriebe der Schuhherstellung; einen neuen wirtschaftlichen Aufschwung brachten die 50er Jahre des 20. Jahrhunderts: 600 Betriebe wurden gezählt – vom

Familien- bis zum Industriebetrieb. Trotz des Rückgangs seit den 70er Jahren gibt es noch viele Betriebe, die wir bei unserer Tour besuchen können und wo wir durch den preisgünstigen Kauf ab Lager oder Werk manch Schnäppchen machen. Die 100 km lange Deutsche Schuhstraße verbindet die Orte der Schuhherstellung und führt, wie August Becker schon 1857 jubelte, „durch ein felsiges Wunderland" – und wir stimmen mit ihm überein: „Wir sind hier so recht in eine Elfenwelt eingedrungen."

Wenn wir von Landau über Annweiler hergekommen sind, beginnt die Schuhstraße im Osten in **Lug (1)**, von wo es nicht weit ist nach **Hauenstein (2)**, Mittelpunkt der Urlaubsregion und ein Zentrum der Schuhfabrikation. „Die Schuhfabrik" ist Name und Adresse des großen Museums für Schuhproduktion und Industriegeschichte. Durch den Pfälzer Wald geht es nun auf der B 10 nach **Hinterweidenthal (3)**. Hier erhebt sich der bizarrste Felsen des Pfälzer Waldes, der Teufelstisch. Zu seinen Füßen breitet sich ein Abenteuerspielplatz aus. Von Hinterweidenthal folgen wir der B 427 nach **Dahn (4)** ein Stück auf der *Deutsch-Französischen Touristikroute* (Route 58). Wir sind jetzt im Dahner Felsenland. In Altdahn besichtigen wir die größte Burgenanlage der Pfalz mit den vier Burgen Altdahn, Neudahn, Grafendahn und Tanstein. Zu den Dahner Burgen zählen auch Drachenfels bei Busenberg, wohin wir einen Abstecher vom Ortsteil Reichenbach machen, nachdem wir dort das Museum für Naturkunde, Handwerk und Waffentechnik besucht haben. Ein Stück weiter erhebt sich bei Erlenbach das Schloss Berwartstein.

Auf der Schuhstraße über Bruchweiler-Bärenbach kommen wir nach **Bundenthal (5)** mit dem geologischen Lehrpfad „Rund um die Fladensteine". Im Nachbarort **Rumbach (6)** sollten wir nicht versäumen, die Christuskirche, eine Wehrkirche aus dem 10. Jh., zu besichtigen. Von hier können wir auch einen Abstecher ins Schaubergwerk Erzgrube bei Nothweiler machen.

Anfahrt
Über die A 8 bis Pirmasens oder über die A 65 bis Landau, dann jeweils auf der B 10 in die Region der Deutschen Schuhstraße.
Diese Ferienstraße kann mit dem Rad erfahren werden, viele Wanderwege begleiten die Straße.

Tourist-Information
Tourist-Information Südwest-Pfalz
Unterer Sommerwaldweg 40-42
66953 Pirmasens
Tel. 0 63 31 / 80 91 26
Fax 0 63 31 / 80 92 02

Feste und Veranstaltungen
Von April bis Oktober gibt es die Dahner Sommerspiele mit vielen Theater- und Konzertaufführungen; in der Urlaubsregion Hauenstein werden von Mai bis Juli Kräuterwochen, im Oktober die Keschde-Woche um die Esskastanien veranstaltet; Anfang Juni wird in Pirmasens des Schlappeflickerfest der Schuster gefeiert, im

57

Juni wird hier auch die Innova – Messe für Innovationen und im September die IMS – Internationale Messe für Schuhfabrikation veranstaltet; der Hauensteiner Schuhmachermarkt mit historischem Festumzug wird gegen Ende August gefeiert; der Deutsch-Französische Kunsthandwerker- und Weihnachtsmarkt findet in Hauenstein statt; viele Orte haben ihre Weihnachtsmärkte und Dorffeste, und manche feiern Fischerfeste.

Kulinarische Köstlichkeiten
Neben den bei den anderen Fahrten durch die Pfalz erwähnten Spezialitäten wollen wir hier aufzählen, welche Köstlichkeiten aus den Keschde, den Esskastanien, zubereitet werden: Keschdebrot, Keschdesaumagen, Keschdeworscht, Keschdekuche und sogar Keschdelikör.

Die Fahrt führt nun nach Westen, wir kommen durch Fischbach und Ludwigswinkel, rechts ragt der Eselskopf mit seinen 439 Metern auf. Der Ausblick von hier lohnt den Weg nach oben. Bei der Weiterfahrt kommen wir in den Luftkurort **Eppenbrunn (7)**. Sehenswert sind hier die Altschloßfelsen, eine Felsformation, die über 1500 m Länge 35 m hoch in vielfältigen Formationen aufragt. Bei der Weiterfahrt über Trulben und Vinningen biegen wir hier rechts ab in den Pfälzer Wald und gelangen über Glashütte nach **Lemberg (8)**. Über dem Ort ragt die Burg empor. Von hier ist es nicht weit nach **Pirmasens (9)** , der Stadt auf den sieben Hügeln, benannt nach dem heiligen Pirminius, dem Begründer des Klosters Hornbach im 9. Jh. Entsprechend ihrem Ruf als deutsche Hauptstadt der Schuhindustrie ist im Alten Rathaus (18. Jh.) ein Schuhmuseum eingerichtet.

Über den Nachbarort Rodalben an der forellenreichen Rodalb, Donsieders und Clausen geht es wieder in den Wald hinein. In **Merzalben (10)** im Gräfensteiner Land steht die Stauferburg Gräfenstein, auch Merzalber Schloss genannt. Nach Leimen erreichen wir **Waldfischbach-Burgalben (11)** im Holzland Sickinger Höhe. Das Holzland ist zugleich Schuhland, wie das Heimatmuseum informiert. Auf der B 270 erreichen wir nun **Steinalben (12)**, Endstation der Deutschen Schuhstraße.

58

Highlights
Der Dom in Speyer und das Münster in Strasbourg, die Schlösser von Rastatt, Karlsruhe und Bruchsal, die Barbarossaburg in Haguenau, die Badeorte Bad Bergzabern, Niederbronn-les-Bains, Baden-Baden, der Pamina-Rheinpark bei Rastatt; die touristischen Höhepunkte der Deutschen Weinstraße sind im Kapitel 59 erwähnt.

Deutsch-Französische Touristikroute

*P*amina erinnert an Mozarts „Zauberflöte". Es ist hier aber gebildet aus Palatinat für die Pfalz, aus Mittlerer Oberrhein und Alsace Nord – zauberhafte Gebiete, die vis-à-vis liegen und die wir nun auf der 570 km langen Route erfahren können. Am Deutschen Weintor in **Schweigen-Rechtenbach (1)**, wo die *Deutsche Weinstraße* (Route 59) endet, beginnen wir die Fahrt, die uns zunächst nach **Bad Bergzabern (2)** am Fuß des Pfälzer Walds bringt. Von hier fahren wir auf der B 48 durch sehenswerte Dörfer, um nach **Annweiler (3)** zu gelangen, überragt von der Stauferburg Trifels, einst Hort der Reichskleinodien, deren Nachbildungen wir hier sehen. Weiter am Pfälzer Wald entlang bis Maikammer, biegen wir hier links in das waldreiche Bergland ein, kommen über Leimen und Münchweiler nach Hinterweidenthal, können einen Abstecher nach Hauenstein machen und fahren über **Dahn (4)** nun auf der *Deutschen Schuhstraße*, die wir zuvor bereits kennen gelernt haben. Bei Trulpe verlassen wir sie wieder, um über Breidenbach nach **Bitche (5)** in den nördlichen Vogesen mit seiner Festung aus dem 17. Jh. zu gelangen. Über Lemberg und La Petite Pierre mit Altstadt, Burg und Bastionen erreichen wir **Saverne (6)** mit dem Franziskaner-Kloster aus dem 14. Jh., überragt von der Burg Haut-Barr. Die nächste Station ist die Bäderstadt **Niederbronn-les-Bains (7)**, und über **Wissembourg (8)** – Schweigen-Rechtenbach gegenüberliegend – geht es weiter zur Barbarossastadt **Haguenau (9)** mit der Burg des Stauferkaisers. Die Straße bringt uns nach Soufflenheim, dem berühmten Töpferort, und Gambsheim. Hier sind wir **Strasbourg (10)** so nahe, dass wir einen kleinen Abstecher machen, um das gotische Münster und die Altstadt zu besichtigen.

Bei Gambsheim überqueren wir den Rhein, verlassen das Elsass und kommen ins verwandte Baden. In **Achern (11)** fahren wir hinauf zur *Schwarzwald-Hochstraße* (Route 87), kommen nach **Bühl (12)** an der *Badischen Weinstraße* (Route 84), die uns nach **Baden-Baden (13)** führt. Ein Spaziergang durch den Kurpark und die Stadt bringt uns zum Kurhaus und dem Kasino, zum Zisterzienserinnen-Kloster Lichtental (13. Jh.) und zum neuen Schloss (14. Jh.). Ein Abstecher ins nahe **Rastatt (14)**

Töpferei in Soufflenheim.

Anfahrt
Die Rundreise kann von jedem beliebigen Ort begonnen werden. Wir fangen in Schweigen-Rechtenbach an, das wir über die A 65, Ausfahrt Kandel-Mitte, erreichen.
Fahrrad- und Wanderwege begleiten diese Touristikroute.

Tourist-Information
Vis-à-vis, Touristik-Gemeinschaft Baden, Elsass, Pfalz e. V.
Haus der Region
Baumeisterstraße 2
76137 Karlsruhe
Tel. 07 21 / 35 50 20
Fax 07 21 / 35 50 222

Feste und Veranstaltungen
Die Schlossfestspiele in Ettlingen werden von Juni bis August, die Edesheimer Schlossfestspiele von Juni bis September veranstaltet, Kultur im Klosterhof gibt es in Edenkoben von Juni bis September, die Bühlertäler Weinmesse findet Anfang März statt, örtliche Weinfeste gibt es in der ganzen Region, Tourissimo heißt die deutsch-französische Messe für Tourismus in Strasbourg im März, das Spargelfest in Bruchsal wird Ende April / Anfang Mai gefeiert, das Deutsch-Französische Kinderfest am

58

Gimbelhof in Lembach Anfang August, der Intenationale Töpfermarkt in Soufflenheim wird Anfang September veranstaltet, Dorf- und Stadtfeste gibt es das ganze Jahr; die Feste der Weinstraße finden wir im Kapitel 59 über die Deutsche Weinstraße.

Kulinarische Köstlichkeiten
Die pfälzischen und badischen Spezialitäten werden bei den anderen Ferienstraßen dieser Gebiete gerühmt, von den elsässischen seien hier das reich garnierte Sürkrüt genannt, der Baeckeofe aus Lamm, Schwein, Rind, Kartoffeln, zubereitet in einer Terrine aus Soufflenheim, der Bibbeleskas, der Flammekuche und der Guglhupf. Viele Gerichte werden mit Wein zubereitet.

mit seinen Schlössern, der Erinnerungsstätte für die Freiheitsbewegungen in der deutschen Geschichte, dem Riedmuseum und dem Pamina-Rheinpark bietet sich an.

Von Baden-Baden über Gaggenau, Gernsbach und Bad Herrenalb kommen wir nach **Ettlingen (15)** mit dem Schloss der Markgräfin von 1730 und dem Narrenbrunnen. Wir kommen nach **Karlsruhe (16)** mit dem dreiflügeligen Schloss und dem Schlossgarten. Auf der B 3 erreichen wir das prächtige **Bruchsal (17)**, dessen Barockschloss berühmt ist. Nun fahren wir durch den Kraichgau, dessen Orte sich zur Stadt **Kraichtal (18)** zusammengeschlossen haben. Wir besuchen das ehemalige Kloster Maulbronn (15. Jh.), kommen nach **Bad Schönborn (19)** mit dem Schloss Kislau von 1725. Über Waghausel und Hockenheim, wo wir den Rhein überqueren, fahren wir nach **Speyer (20)** mit dem salischen Kaiserdom (11. Jh.) und dem großen Technikmuseum. Worms ist der Ausgangsort der *Nibelungen-Siegfried-Straße* (Route 60).

Wir sind wieder in der Pfalz. Über Haßloch (Holiday-Vergnügungspark) gelangen wir nach **Neustadt an der Weinstraße (21)**. Diese Stadt wie auch **Landau (22)** besuchen wir auch auf unserer Fahrt auf der anschließenden *Deutschen Weinstraße*.

59

Deutsche Weinstraße

Highlights
Mandelblüte im Frühling, Dürkheimer Wurstmarkt, Deutsches Weinlesefest in Neustadt, Federweißer-Fest in Landau.

Anfahrt
Die Orte entlang der Weinstraße sind über die Autobahnen A 65 und A 6 zu erreichen.

Die Deutsche Weinstraße, 1935 als erste deutsche Tourismusstraße eingerichtet, folgt der alten Römerstraße, auf der schon vor mehr als 2050 Jahren Wein transportiert wurde. An den Hängen des Pfälzerwaldes bauten sich Römer ihre Ferienvillen. Seit damals ist diese Gegend links und rechts der Straße auch ein Urlaubsparadies. Wir starten am Anfang der Deutschen Weinstraße, in **Bockenheim (1),** nachdem wir der Traubenmadonna (um 1480) bei einem Rundgang unsere Aufwartung gemacht haben. Unsere Fahrt bringt uns in die ehemalige Residenz **Grünstadt (2)** mit ihren Baudenkmälern aus vielen Jahrhunderten. Durch Kirchheim gelangen wir nach Herxheim, wo wir nach Osten einen Abstecher ins alte Freinsheim mit seiner Stadtmauer und den sechs Türmen machen. Nach wenigen Autominuten erreichen wir **Bad Dürk-**

142

heim (3). An der Stelle des alten Schlosses wurde 1822/1826 das schöne Kurhaus errichtet. Das berühmte Dürkheimer Fass würde 1 700 000 Liter Wein fassen, wenn es nicht 450 Gästen als Schenke diente. Die alte und kleine Weinstadt Wachenheim, schon 766 erwähnt und von der Wachtenburg überragt, ist dank des Weins und des Sekts in aller Munde. Von Wachenheim aus können wir einen Ausflug in den Kurpfalzpark, einen Wild- und Erlebnispark, unternehmen. Zurück auf der Weinstraße, gelangen wir nach **Deidesheim (4)** mit seinem schiefen Turm der Pfarrkirche und dem Rathaus von 1532, das voller Kunstschätze steckt und dem Museum für Weinkultur Platz gibt. Über den Stadtteil Mußbach kommen wir nach **Neustadt (5)**, dessen malerische Gassen und Fachwerkhäuser uns beeindrucken; Eisenbahnfreunde versäumen nicht den Besuch des Eisenbahnmuseums. Westlich über der Stadt thront das tausendjährige Hambacher Schloss, das 1832 Schauplatz der großen demokratischen Kundgebung („Hambacher Fest") war, bei der sich mehr als 30 000 Menschen, Bürger und Bauern, Arbeiter und Winzer, Studenten und Gelehrte, versammelt hatten.

Südlich von Neustadt, bei Maikammer, beginnt die Südliche Weinstraße. Wir kommen nach **Edenkoben (6)** mit seinen alten Winzerhäusern. Villa wird schlicht das Schloss Ludwigshöhe genannt, das sich der bayerische König Ludwig I. Mitte des vorigen Jahrhunderts, als die Pfalz noch bayerisch war, 2 km westlich der Stadt an den Hang des Haardtgebirges bauen ließ. Eine Sammlung von Gemälden des Impressionisten Max Slevogt ist hier zu bewundern. Nachdem wir einige Weinorte passiert haben, in denen sich ein Aufenthalt auch lohnt, kommen wir nach **Landau (7)**. Die Stadt wurde im 13. Jh. auf einer Flussinsel, einer Land-Aue gegründet. Über Birkweiler, Ranschbach und andere Weinorte kommen wir nach **Bad Bergzabern (8)** mit seinem Schloss und dem Renaissance-Gasthaus zum Engel. Über

Tourist-Information
Für die nördliche Weinstraße:
Deutsche Weinstraße
Chemnitzer Straße 3
67433 Neustadt an der Weinstraße
Tel. 0 63 21 / 91 23 33
Fax 0 63 21 / 91 23 30
www.deutsche-weinstrasse.de

Für die südliche Weinstraße:
Südliche Weinstraße
An der Kreuzmühle 2
76829 Landau/Pfalz
Tel. 0 63 41 / 94 04 07
Fax 0 63 41 / 94 05 02
www.verein-suedliche-weinstrasse.de

Feste und Veranstaltungen
Jeder Ort an der Weinstraße feiert sein Weinfest, oft auch ein Blütenfest und die Kirchweih, die hier Kerwe heißt. Besonders erwähnt seien das pfingstliche Käskönigfest in Bad Dürkheim und der Dürkheimer Wurstmarkt am zweiten und dritten Wochenende im September – das größte Weinfest der Welt. Die Geißbock-Versteigerung am Pfingstdienstag lockt viele Besucher nach Deidesheim. In der ersten Oktoberhälfte wird in Neustadt das Deutsche Weinlesefest begangen, die Deutsche und Pfälzer Weinkönigin gekürt und der größte Winzerfestzug Deutschlands veranstaltet. Im Ortsteil Gimmeldingen wird Ende März / Anfang April das Mandelblütenfest gefeiert. Der Erlebnistag Deutsche Weinstraße am letzten Sonntag im August ist das längste Weinfest der Welt. Von den Festen in Landau sei das Federweißer-Fest im Oktober genannt.

59

Kulinarische Köstlichkeiten
Zu den Pfälzer Weinen aller Art – weiß, rosé oder rot – finden sich die passenden Gerichte. Berühmt ist nicht nur der Saumagen, auch die Flääschknepp (Fleischklöße), die Lewwerknepp (Leberklöße), Hausmacher Wurst, Hahn in Riesling oder Rotwein, Wild aus dem Pfälzerwald oder eine Pfälzer Vesper mit dem Weiße Käs sind ein Genuss für Leib und Seele. Vorher ein Winzersekt, danach ein Marc (Trester) oder ein Pfälzer Obstler, um das Mahl einzurahmen.

Oberotterbach erreichen wir nun **Schweigen (9)**, wo die Deutsche Weinstraße am trutzigen Deutschen Weintor endet. Dem steinernen Adler des Tores wurde 1945 das unselige Kreuz mit den Haken aus den Krallen geschlagen. Wir sind jetzt an der nicht mehr trennenden Grenze zum Elsass angelangt. Über Wissembourg können wir unsere weinselige Reise fortsetzen.

Die Deutsche Weinstraße, deutlich sichtbar gemacht durch das gelbe Hinweisschild; im Hintergrund ist der Pfälzerwald zu sehen.

60

Highlights
Kaiserdom in Worms, Königshalle in Lorsch, Auerbacher Schloss, Felsenmeer mit Siegfriedsbrunnen, Rathaus von Michelstadt, Elfenbeinmuseum in Erbach, Residenz und Festung Marienberg in Würzburg.

Anfahrt
Worms ist über die Autobahnen A 6, A 61 und A 67 zu erreichen.
Rad- und Wanderwege begleiten diese sagenhafte Straße.

Nibelungen-Siegfried-Straße

Das Nibelungenlied, 800 Jahre alt, enthält ältere geschichtliche Erzählungen und verknüpft diese mit noch älterem Sagengut. Das Burgunderreich um Worms ging unter hunnischem Ansturm im 5. Jh. unter.

Hier in **Worms (1)** beginnen wir unsere 310 km lange sagenhafte Rundfahrt. Der romanische viertürmige Dom stammt aus dem 11./12. Jahrhundert. Auf den Treppen einer längst versunkenen Kirche sind sich die feindlichen Königinnen Brunhild und Kriemhild begegnet. Am Rheinufer sehen wir Hagen, dessen Standbild seit 1906 das Gold der Nibelungen in den Rhein wirft. Auf der B 47, der nördlich verlaufenden *Nibelungenstraße*, insgesamt 150 km lang, überqueren wir den Fluss und kommen nach **Lorsch (2)** mit seiner Königshalle, einem Relikt der Reichsabtei aus dem 8. Jh. Der mit Fachwerkbauten geschmückte Nachbarort **Bensheim (3)**

144

liegt an der Bergstraße. Im Stadtteil Auerbach erhebt sich auf dem Berg das Auerbacher Schloss (13. Jh.), im Tal befindet sich der Staatspark Fürstenlager mit der Sommerresidenz (18. Jh.) der Landgrafen und Großherzöge.

Bei der Weiterfahrt auf der Straße, auf der in sagenhaften Zeiten die Burgunder und Nibelungen zogen, um an Hunnenkönig Etzels Hof in Ungarn Not und Tod zu erleiden, kommen wir nach **Lautertal (4)** zu Füßen des Felsenmeeres. Am Berg entspringt ein Quell, Siegfriedsbrunnen geheißen, eine der Stellen, an der Hagen den Helden Siegfried bei einem Jagdausflug in den Odenwald getötet haben soll.

Die nächsten Stationen heißen **Lindenfels (5)**, ein mittelalterliches Städtchen mit Burg, und **Reichelsheim (6)** im Rodensteiner Land mit der Ruine Rodenstein, von wo wir nach **Michelstadt (7)** mit seinem Fachwerkrathaus und vielen Sehenswürdigkeiten seit der Römerzeit gelangen. Das südlich angrenzende **Erbach (8)** mit dem gräflichen Schloss beherbergt das Elfenbeinmuseum. Bei der Weiterfahrt überqueren wir den Limes und kommen ins Bayerische. In **Amorbach (9)** schauen wir uns die barocke Basilika an, bevor wir die B 47 verlassen und auf der B 469 ins nördlich gelegene **Miltenberg (10)** am Main fahren. Von dieser mittelalterlichen Stadt geht es den Main entlang über **Bürgstadt (11)** mit der Martinskapelle (12. Jh.) und **Freudenberg (12)** mit der Freudenburg (11. Jh.) nach **Wertheim (13)**, wo die Tauber in den Main mündet. Über der historischen Altstadt ragt die Ruine der Burg aus dem 12. Jh. auf. Die Straße folgt nun der Mainschleife, geht in die B 8 über, auf der wir **Würzburg (14)** erreichen. Über der alten Stadt mit der Residenz (18. Jh.) und dem Dom St. Kilian (11. Jh.) erhebt sich auf der anderen Mainseite die Festung Marienberg, deren Bau 1201 begonnen wurde.

Tourist-Information
Arbeitsgemeinschaft
Nibelungen-Siegfried-Straße
c/o Kur- und Touristikservice
Burgstraße 37-39
64678 Lindenfels
Tel. 0 62 55 / 24 25
Fax 0 62 55 / 3 06 33

Feste und Veranstaltungen
Das Backfischfest in Worms wird Ende August bis Anfang September gefeiert, der Bergsträßer Weinfrühling wird mit einer Weinmesse und einer Weinlagenwanderung in der letzten April- und ersten Maiwoche begangen, das Burg- und Trachtenfest in Lindenfels findet in der ersten August-Woche statt, der Michelstädter Bienenmarkt um Pfingsten ist das größte Volksfest im Odenwald, die Burgfestspiele in Freudenberg werden alle zwei Jahre veranstaltet (2001 ist es wieder soweit), die Wallfahrt zum Hl. Blut von Walldürn findet nach Pfingsten statt, der Pferde-, Fohlen- und Zuchtviehmarkt am zweiten Juli-Wochenende in Beerfelden ist die größte Tierschau Hessens.

60

Kulinarische Köstlichkeiten
Seitdem es wieder Fische im Rhein gibt, lassen wir uns die Wormser Backfische gut schmecken, auf den Odenwaldwiesen hüpfen viele Lämmer umher und auf den Feldern werden vorzügliche Kartoffeln angebaut, die Lammgerichte und Kartoffelspeisen werden im Frühling während der Odenwälder Lammwochen und im Herbst während der Odenwälder Kartoffelwochen gefeiert. Zum Trinken empfehlen sich die Weine von der Bergstraße und aus Franken sowie Odenwälder und fränkisches Bier.

Auf der A 81 oder der parallel verlaufenden Straße fahren wir nach Südwesten ins liebliche Taubertal, um in **Tauberbischofsheim (15)** mit dem Kurmainzischen Schloss auf die B 27 zu kommen: die *Siegfriedstraße*, die uns durch das Madonnenländchen führt. Durch **Hardheim (16)** mit dem ehemaligen Wasserschloss (16. Jh.) kommen wir nach **Walldürn (17)** mit der großen Wallfahrtsbasilika. Ein Abstecher bringt uns ins südlich gelegene **Buchen (18)** mit seinen Fachwerkhäusern. Nahegelegen ist die Eberstadter Tropfsteinhöhle. Von Buchen über die B 47 kommen wir wieder nach Amorbach, von wo aus wir uns auf die Landstraße Richtung Eberbach begeben, die Ruine Wildenburg passieren und nach **Hesseneck (19)** gelangen, wo der Limes durch den Ortsteil Hesselbach verläuft. Im Wald erleben wir die Wildschweinfütterung, bevor wir uns durch die Berge schlängeln, um nach **Beerfelden (20)** zu kommen. Am Himmbächel-Eisenbahnviadukt vorbei, biegen wir nach rechts auf die B 45, um gleich darauf nach links der B 460 am Marbachsee vorbei nach **Mossautal (21)** zu folgen. In der Gemarkung dieser Gemeinde lag das Jagdrevier der Burgunder, hier am Lindelbrunnen ist die andere Stätte, von der gesagt wird, sie sei der Ort, an dem Siegfried erschlagen wurde. Im benachbarten Grasellenbach links der Straße quillt am Berghang ein Wasser hervor; dieser Siegfriedbrunnen, sagen wieder andere, sei der Ort, an dem Hagen den Siegfried gemeuchelt habe.

Bei Krumbach geht es links auf die B 48 zum Fachwerkort **Fürth (22)** mit dem Bergtierpark. Jetzt ist es nicht mehr weit ins über 1200 Jahre alte **Heppenheim (23)** an der Bergstraße, von wo die B 460 ins benachbarte Lorsch führt.

Hagen versenkt das Nibelungengold im Rhein.

146

Bergstraße und Liebfrauenstraße

Die Bergstraße

Der Streifen zwischen Rheingraben und Steilanstieg des Odenwaldes, der vor den Ostwinden schützt, heißt Bergstraße und ist ein Handelsweg seit alten Zeiten – die Römer nannten die Straße „strata montana". Die 67 km lange Ferienstraße, identisch mit der B 3, führt von Norden nach Süden. Also beginnen wir in **Darmstadt (1)** mit seinem Schloss, das seit dem 16. Jh. empor- und in die Breite wuchs, dem Jagdschloss Kranichstein von 1578, der Jugendstil-Künstlerkolonie und der russischen Kapelle auf der Mathildenhöhe. Vom Stadtteil Eberstadt fahren wir zur Burg Frankenstein aus dem 13. Jh. hinauf, von der sich 1814 die 17-jährige Mary Wollstonecraft Shelley so beeindrucken ließ, dass sie vier Jahre später ihren romantischen Thriller über den Baron von Frankenstein und sein Monster veröffentlichte.

Die Neue Bergstraße geht durch **Bickenbach (2)** mit dem Jagdschloss. Die Alte Bergstraße führt über **Seeheim-Jugenheim (3)** – überragt von Schloss Heiligenberg und Burgruine Tannenberg – und Alsbach mit dem Alsbacher Schloss nach **Zwingenberg (4)** am Fuße des Melibokus, mit 517 m der höchste Berg an der Bergstraße. In Zwingenberg trifft die Alte auf die Neue Bergstraße, die uns nach **Auerbach (5)** bringt, von wo wir zum Auerbacher Schloss aus dem 13. Jh., der bedeutendsten Schlossanlage der Bergstraße, hinauffahren.

Die alte Weinstadt **Bensheim (6)** mit ihren Adelshöfen ist unsere nächste Station, bevor wir nach **Heppenheim (7)** kommen. Der Marktplatz mit dem Rathaus und anderen Fachwerkbauten wird vom romanischen Dom St. Peter überragt. Hoch über der Stadt die Starkenburg von 1065. Bei der Weiterfahrt geht es durch die Weinbaugemeinden Laudenbach und Hemsbach nach **Weinheim (8)** mit dem Schloss, an dem seit 1400 gebaut wurde; an den Schlosspark schließt sich der Exotenwald mit mehr als 80 Baumarten aus aller Welt an. Über der Stadt sehen wir die Wachenburg, die nur altertümlich ausschaut und von 1907 bis 1927 errichtet

Highlights
Die Jugendstil-Mathildenhöhe in Darmstadt, Burg Frankenstein, das Auerbacher Schloss, der Dom in Heppenheim, Exotenwald in Weinheim, Heidelberger Schloss, Bergsträßer Weinfrühling und Bergsträßer Spargelwochen

Anfahrt
Darmstadt liegt an den Autobahnen A 5 und A 67.
Die Bergstraße lässt sich auch per Rad oder Fuß erleben.

61

Frankensteins Monster gibt es im Buch, im Kino und auf Burg Frankenstein an der Bergstraße.

Tourist-Information
Werbegemeinschaft Bergstraße
Rodensteinstraße 19
64625 Bensheim
Tel. 0 62 51 / 1 41 17
Fax 0 62 51 / 1 41 23

Liebfrauenstraße
(von Worms über Mainz nach Bingen)
Rheinhessen-Information
Wilhelm-von-Erlanger-Straße 100
55218 Ingelheim
Tel. 0 61 32/787-565
Fax 0 61 32/787-560

Feste und Veranstaltungen
Der Bergsträßer Weinfrühling in der letzten Aprilwoche bis zum 1. Mai wartet mit vielen Veranstaltungen auf, z. B. einem Weintreff in Bensheim, einer Weinlagenwanderung, einer kulinarischen Weingala in Heppenheim; auch die Bergsträßer Spargelwochen von Mitte Mai bis Mitte Juni sind ein Fest für Genießer. Der Heidelberger Frühling von Mitte April bis Mitte Mai bietet viele Veranstaltungen; an einem Sonntag Mitte Mai heißt es Natürlich Bergstraße und die B 3 ist zwischen Darmstadt-Eberstadt und Heppenheim autofrei für die Radler, zu Pfingsten gibt es ein Ritterturnier auf Schloss Auerbach, von Mitte Juni bis Ende August werden hier Internationale Sommerfestspiele veranstaltet, der Weinheimer Kultursommer bietet von Juli bis August viele Programmpunkte, die Festspiele Heppenheim finden von Ende Juli bis

wurde, und die Burg Windeck, die so alt ist (um 1100), dass sie schon eine Ruine ist. Nach Großsachsen, Hirschberg und Leutershausen kommen wir nach **Schriesheim (9)** unterhalb der Strahlenburg.

Nachdem wir durch Dossenheim gefahren sind, überqueren wir bald die Neckarbrücke und sind in **Heidelberg (10)**. Den Berg hinauf geht es zum Heidelberger Schloss, dessen mächtige und prächtige Renaissance-Anlage zum Teil ruiniert ist. Wer noch höher hinauf will, nimmt die Bergbahn zum 568 m hohen Königstuhl.

Die nächste Station ist die Boris-Becker-Stadt **Leimen (11)** mit dem Palais Seeligmann (18. Jh.) und mit dem Glockenspiel aus Meißner Porzellan an St. Ilgen. Über die Gemeinde Nußloch kommen wir zum Ende der Bergstraße in **Wiesloch (12)**, wo wir die Reste der mittelalterlichen Stadtbefestigung und die Barockkirche St. Laurentius besichtigen.

Liebfrauenstraße

Keine Ferienstraße im offiziellen und strengen Sinn – aber wegen ihres lieblichen Namens wollen wir eine Fahrt auf dieser 100 km langen Strecke unternehmen. Ihre Bezeichnung kommt vom Wein, der lieblichen Sorte Liebfrauenmilch, benannt nach den Reben um die Wormser Liebfrauenkirche. Vor geraumer Zeit war dieser Wein in Mode und wurde hier und da in der Pfalz angebaut, dann kam er in Verruf und erlebt heute seine Wiederanerkennung.

Von Wiesloch, der Endstation der *Bergstraße*, fahren wir auf der A 6 und A 61 nach **Speyer (1)** mit seinem salischen Kaiserdom (11. Jh.), auf der B 9 in die Industriestadt **Ludwigshafen (2)**, um von hier die Reise auf der B 9 fortzusetzen. Wir kommen nach **Worms (3)**, das wir schon kennen gelernt haben. Die hübschen Weinorte reihen sich aneinander wie die Perlen an der Schnur. Über Osthofen gelangen wir nach **Oppenheim (4)** mit dem Deutschen Weinbaumuseum. Nach Nierstein folgt **Nackenheim (5)**, der Geburtsort von Carl Zuckmayer, der seiner Heimat im Schauspiel „Der fröhliche Weinberg" ein Denkmal gesetzt hat. Bald kommen die Türme von **Mainz (6)** in Sicht; der sechstürmige Dom, 975 begonnen, bildet mit den Domen zu Speyer und Worms ein einzigartiges Ensemble romanischer Sakralbauten. Nicht zuletzt ist Mainz die Stadt der „Määnzer Fassenacht", in der wir erleben können, wie „Mainz singt und lacht" ... Weiter am linken Rheinufer entlang kommen wir auf der A 60 oder der parallel verlaufenden Straße in die Rotweinstadt **Ingelheim (7)** mit den Resten einer Pfalz Karls des Großen. Nicht weit entfernt, wo die Nahe in den Rhein mündet, liegt **Bingen (8)** unterhalb der Burg Klopp (13. Jh.). Im Rhein erhebt sich der Mäuseturm, einst eine Zollstätte, heute das Wahrzeichen der Stadt.

Anfang September statt, im August gibt es die Schlossfestspiele Heidelberg, das Monsterfestival auf Burg Frankenstein wird im Oktober und November veranstaltet; dazu gibt es längs der Bergstraße noch viele Weinfeste und verschiedene Stadtfeste.

Kulinarische Köstlichkeiten
Der Spargel von der Bergstraße, zubereitet auf vielerlei Art, ist schon erwähnt worden, fein schmecken die Bergsträßer Weinsuppe, die Riesling-Käsesuppe und die Spargelcremesuppe Bergsträßer Art mit geräuchertem Forellenfilet; als Hauptgericht sei empfohlen Rippchen mit Bergsträßer Rieslingkraut, gratinierter Bergsträßer Spargel oder Odenwälder Forelle mit Rieslingschaumsoße; zum Dessert nehmen wir eine Bergsträßer Weincreme. Wein und Sekt aus dem Weinbaugebiet Bergstraße munden entsprechend.

Mittelfränkische Bocksbeutelstraße und die Bocksbeutelstraße bei Würzburg

Die breite, bauchige Flasche eignet sich vorzüglich fürs Handgepäck und dient gleichzeitig unterwegs als Trinkgefäß. Die Form ist in Franken seit 3500 Jahren gebräuchlich, und ob nun der Name Bocksbeutel von Bug (Bauch) abgeleitet ist oder vom Hodensack des Geißbocks, mag uns gleich sein, solange der Inhalt mundet.

Mittelfränkische Bocksbeutelstraße

In **Bad Windsheim (1)**, dem Heilbad an den Rebenhängen von Frankenhöhe und Steigerwald, dem Ort des Fränkischen Freilandmuseums, beginnen wir unsere Rundfahrt. Über Er-

Highlights
Historische Städte und schmucke Dörfer, Weinberge und Weingüter, Winzer- und Weinfeste allüberall.

Anfahrt
Mittelfränkische Bocksbeutelstraße
Über die A 7, Ausfahrt Bad Windsheim, auf der B 470 nach Bad Windsheim.
Bocksbeutelstraße
Über die A 3, A 7 und A 81 ist Würzburg zu erreichen.
Beide Straßen sind von Rad- und Wanderwegen begleitet.

Tourist-Information
Mittelfränkische Bocksbeutelstraße
Kreisfremdenverkehrsamt
Hauptstraße 3
91443 Scheinfeld
Tel. 0 91 62 / 124 24
Fax 0 91 62 /124 33
www.bocksbeutelstrasse.de
E-Mail: tourismus@steigerwald.btl.de

Bocksbeutelstraße
Tourismusverband
Fränkisches Weinland
Am Congress Centrum
97070 Würzburg
Tel. 09 31 / 37 23 35
Fax 09 31 / 37 36 52
E-Mail: tourismus@fraenkisches-weinland.btl.de

Einladend grüßt das Zeichen der Mittelfränkischen Weinstraße.

gersheim geht es nach Ulsenheim, von wo wir nach links zu einem Abstecher nach **Uffenheim (2)** fahren: Wir sehen die Tortürme und die Stadtmauer. Die Fahrt geht weiter nach Westen, im lieblichen Taubertal wenden wir uns flussaufwärts, um hinter Creglingen in die Weinbaugemeinden **Tauberzell** und **Tauberscheckenbach (3)** an der *Romantischen Straße* (Route 75) zu gelangen.

Bei der Fahrt zurück biegen wir hinter Uffenheim links ab, über die Weinorte Weigenheim und Reusch geht es den Berg rechts hinauf zu Weingut und **Schloss Frankenberg (4)**. Von hier führen die Straßen hinab nach **Ippesheim (5)**, der größten Weinbaugemeinde Mittelfrankens, oder in den Ortsteil Bullenheim mit seinem Rathaus von 1583 und der Kirchenburg. Die Fahrt geht wieder zurück, über Ulsenheim kommen wir nach **Markt Nordheim (6)** mit seiner Pfarrkirche aus dem 14. Jh. Die nächste Station heißt **Sugenheim (7)** im Schwarzenberger Land. Das Alte Schloss von 1529 birgt ein Spielzeugmuseum, das Neue Schloss von 1747 hat einen englischen Park.

Über Deutenheim kommen wir nach Rüdisbronn, von wo die Straße durch Weindörfer nach Bad Windsheim führt. Wir nehmen die Strecke über Altheim nach **Neustadt an der Aisch (8)**. Die Altstadt mit barockem Rathaus ist von einer Stadtmauer mit Türmen umgeben. Für die Weiter- und Rückfahrt nach Bad Windsheim nehmen wir nicht die B 470, sondern fahren von Dietersheim hinauf zur Burg Hoheneck, um zu Fuß den Wein-Wanderweg zu erkunden, der die Weinorte verbindet. Über Ipsheim unterhalb der Burg kommen wir wieder nach Bad Windsheim.

Bocksbeutelstraße

Die insgesamt 435 km lange Bocksbeutelstraße ist ein vielfältiges Geflecht von Bundes-, Land-, Kreis- und Gemeindestraßen. Unterteilt in fünf Routen, gehen alle Wege von **Würzburg (1)** aus, das wir schon bei vielen Ferienstraßen kennen gelernt haben.

Die Mainschleifenroute ist insgesamt 110 km lang und führt zunächst nach **Dettelbach (2)** mit seiner mauerumkränzten Altstadt und der Wallfahrtskirche Maria im Sand vor den Toren der Stadt. Auf der B 22 geht es weiter nach Osten bis Prichsenstadt, von wo wir nach Norden abbiegen und nach **Gerolzhofen (3)** kommen. In der über 1200-jährigen Stadt mit ihrem doppelten Stadtmauerring, bestückt mit 13 Türmen, dem gotischen Steigerwald-Dom und den vielen Weinstuben

empfiehlt sich ein Aufenthalt. Von hier nach Westen kommen wir nach **Volkach (4)** an die Mainschleife. Stadttore, Giebelhäuser, das Renaissance-Rathaus, die gotische Wallfahrtskirche St. Maria im Weingarten mit Riemenschneiders Rosenkranzmadonna gilt es zu besichtigen. Ein Abstecher über Fahr und Eisenheim bringt uns nach Wipfeld. Von Fahr nehmen wir die Straße nach Escherndorf, Nordheim und Sommerach, um bei Münster-Schwarzach wieder auf die B 22 zu stoßen.

Die Ostroute der Bocksbeutelstraße, 55 km lang, führt uns von **Würzburg (1)** auf der B 8 über Repperndorf nach **Kitzingen (2)** mit dem 500 Jahre alten Falterturm, unter dessen schiefem Dach sich das Deutsche Fastnachtsmuseum befindet. Die nächste Station ist das altertümliche **Iphofen (3)** mit dem Rödelseer Tor. Bevor wir uns nach Nordost wenden, machen wir einen Abstecher nach Markt Einersheim, kommen dann über Castell und Greuth nach **Abtswind (4)** am Fuß des Friedrichsberges. Über Wiesenbronn und Rödelsee fahren wir nach Hüttenheim, Seinsheim, Bullenheim und kommen nach **Ippesheim (5)**, wo wir uns nun auf der *Mittelfränkischen Bocksbeutelstraße* befinden.

Die Westroute der Bocksbeutelstraße, 160 km lang, bringt uns von **Würzburg (1)** auf der B 8 nach **Marktheidenfeld (2)** am Main. Von dieser Stadt mit Fachwerk und barocker Kirche ist es über Triefenstein nicht weit nach **Kreuzwertheim (3)**, das Wertheim am anderen Mainufer gegenüberliegt. Bei Freudenberg wechseln wir auf die linke Mainseite, von hier bis **Miltenberg (4)** fahren wir auf der *Nibelungenstraße* (Route 60). Nun geht es rechtsmainisch nach Norden, in **Klingenberg (5)**, bekannt auch wegen seines Rotweins, machen wir einen Altstadtbummel und steigen zur Klingenburg hinauf. Bei Elsenfeld können wir Obernburg am anderen Ufer einen Besuch abstatten. Nach Großwallstadt kommen wir nach **Aschaffenburg (6)** mit Schloss und Pompejanum. Durch den Spessart über die Weinbaugemeinden Hörstein und Wasserlos kommen wir zum Endpunkt unserer Fahrt: **Michelbach (7)**.

Die Nordroute der Bocksbeutelstraße, 55 km lang, folgt der B 27, geht von **Würzburg (1)** ins nahe **Veitshöchheim (2)**,

Feste und Veranstaltungen
Alle Weinorte haben vom Frühling bis Weihnachten ihre Weinfeste, auch viele Winzer veranstalten besondere Feste; hier die größeren: Bullenheiler Weinfest mit Weinberg-Wandern Mitte Mai, Weinfest an Himmelfahrt auf Schloss Frankenberg, Ipsheimer Weinfest Mitte September, Würzburger Weindorf, neun Tage lang von Ende Mai bis Anfang Juni, Winzerfest letzte September-Woche bis Anfang Oktober in Würzburg; im Freilandmuseum Bad Windsheim gibt es übers ganze Jahr vielerlei Veranstaltungen.

Kulinarische Köstlichkeiten
Zusätzlich zu den fränkischen Spezialitäten, bei anderen Fahrten durchs Frankenland gepriesen, wollen wir hier die Meefischli, die kleinen Mainfische, loben, sowie den Spargel in allen Variationen und das Wild aus den Wäldern. Zu trinken gibt es Wein aus dem Bocksbeutel, Frankensekt und Tresterbrände.

einst Sommersitz der Würzburger Fürstbischöfe. Das Schloss von 1681 wurde nach Plänen von Johann Balthasar Neumann vergrößert. Nach den Weinorten Thüngersheim und Retzbach kommen wir in **Karlstadt (3)** an. Über Eußenheim und Gössenheim gelangen wir nach **Hammelburg (4)**, der Endstation der Route. Die Stadt an der Fränkischen Saale ist der älteste Weinort Frankens, seit 777 ist der Weinbau urkundlich nachgewiesen.

Die Südroute der Bocksbeutelstraße, 55 km lang, führt von **Würzburg (1)** auf der B 13 ins unweit gelegene **Randersacker (2)**, wo ein Zehnthof, reiche Bürgerhäuser und ein Balthasar-Neumann-Pavillon von der Bedeutung der Stadt künden. Nach Eibelstadt mit seiner Stadtmauer und Sommerhausen mit Schloss und altem Rathaus, auch von einer Mauer umfasst, kommen wir nach **Ochsenfurt (3)** an der Südspitze des Maindreiecks. Ein Abstecher von hier über Aub und Röttingen führt uns nach **Tauberrettersheim (4)** ins Taubertal. Von Ochsenfurt über Marktbreit und Segnitz kommen wir nach **Sulzfeld am Main (5)**. Dieser alte Weinort mit seinen kleinen Winzerhäusern ist reich mit Madonnenfiguren geschmückt. Der nächste Ort, den wir auf der Fahrt den Main entlang erreichen, ist **Kitzingen (6)**, das wir schon auf der *Ostroute* besucht haben. Von hier treten wir die Rückreise nach Würzburg an.

Über den Rebstöcken das Aschaffenburger Schloss und das Pompejanum.

Steigerwald-Höhenstraße

63

Auf 70 km Länge erleben wir längs der Steigerwald-Höhenstraße viel Kultur und Natur. Wir kommen durch Weinbaugemeinden und historische Städte. Nachdem wir **Haßfurt (1)** besichtigt haben, überqueren wir den Main, vor uns die Höhen des Steigerwaldes. Wir kommen durch Knetzgau, das zusammen mit **Eltmann (2)**, Sand am Main, Oberaurach und Rauhenebrach mit Recht „die 5 Sterne" im nördlichen Steigerwald genannt wird. Über Knetzgau thront Schloss Oberschwappach, ein Barockbau des Zisterzienserordens. Links der Straße Sand am Main, ein Fischer- und Rotweindorf. In der Bierstadt Eltmann an der A 70, von wo auch die Fahrt auf der Höhenstraße ihren Anfang nehmen kann, sehen wir die Ölbergkapelle (13. Jh.), im Ortsteil Limbach die Wallfahrtskirche Maria Heimsuchung, von Balthasar Neumann 1755 errichtet. In Unterschleichach, Gemeinde Oberaurach, treffen sich die Straßen von Haßfurt und von Eltmann. Wir kommen nach Fabrikschleichach, einem Ortsteil von Rauhenebrach, mit der ehemaligen Glasmanufaktur – ebenfalls von Balthasar Neumann erbaut –, in der heute eine Keramikwerkstatt Platz gefunden hat.

Von Rauhenebrach empfiehlt sich ein Abstecher nach **Gerolzhofen (3)**, das wir schon zuvor auf der *Bocksbeutelstraße* besucht haben. Die nächste Station auf der Höhenstraße heißt **Ebrach (4)**. Hier steht die erste Zisterzienserabtei rechts des Rheins. Nicht weit ist es nach **Geiselwind (5)** mit dem Freizeitland. Auf der Straße neben der Autobahn fahren wir nach Osten und kommen nach **Schlüsselfeld (6)**. In **Burghaslach (7)** teilt sich die Steigerwald-Höhenstraße. Auf der Südroute fahren wir am Wasser-

Highlights
Die Altstädte von Haßfurt, Gerolzhofen, Schlüsselfeld, Neustadt an der Aisch, Uffenheim, die Schlösser von Oberschwappach, Breitenlohe, Scheinfeld, Sugenheim, der Steigerwald-Dom in Gerolzhofen, das Kloster von Ebrach, das Freizeitland Geiselwind, die Wunder der Natur.

63

Anfahrt
Haßfurt und Eltmann liegen an der A 70 und sind über die Ausfahrten zu erreichen.
Rad- und Wanderwege gibt es im Naturpark Steigerwald.

Tourist-Information
Kreisfremdenverkehrsamt Scheinfeld
Hauptstraße 3
91443 Scheinfeld
Tel. 0 91 62 / 1 24 24
Fax 0 91 62 / 1 24 33
www.steigerwald.org
E-Mail: tourismus@steigerwald.btl.de

Feste und Veranstaltungen
In Gerolzhofen wird Anfang März die Main-Steigerwald-Messe durchgeführt, hier findet auch ab Mitte März der Steigerwälder Weinfrühling statt; in Ebrach wird ab Mai der Ebracher Musiksommer veranstaltet, in Gerolzhofen wird Mitte Juli das Gebietsweinfest gefeiert, es ist „Frankens größte Weinstube", in Sand am Main gibt es Anfang August das Seefest mit Fischerstechen, in Gerolzhofen werden ab Oktober die Gerolzhöfer Weinherbstfeste veranstaltet; dazu kommen noch viele örtliche Heimat- und Weinfeste.

Kulinarische Köstlichkeiten
Die Spezialitäten aus der Franken-Küche sind bei den anderen Franken-Touren vorgestellt. Bei dieser Tour gibt es dazu fränkisches Bier oder Wein aus Bocksbeuteln zu trinken.

schloss Breitenlohe vorbei. Über **Münchsteinach (8)** mit der romanischen Pfeilerbasilika kommen wir zu dem einen Endpunkt der Höhenstraße, **Neustadt an der Aisch (9)**, das wir von unseren Bocksbeutelfahrten kennen.

Von **Burghaslach (7)** geht auch die *Südwestroute* aus. Hier kommen wir im Ortsteil Kirchrimbach an der „Kirche der Franken" vorbei. Über **Scheinfeld (10)** erhebt sich das Schloss Schwarzenberg. Über **Sugenheim (11)** geht die Fahrt weiter nach **Uffenheim (12)**, dem anderen Endpunkt der Höhenstraße.

Der reich geschmückte Altarraum der Abtei Ebrach.

Frankenwaldhochstraße, Frankenwaldstraße und Panorama- und Saaletalstraße

64

Highlights
Naturpark Frankenwald, Burg Lauenstein, Festung Rosenberg, Modelleisenbahn-Wunderwelt, Döbraberg, Höllental, Wasserschloss Mitwitz, Flößerbrunnenfest in Naila.

Der Frankenwald ist Natur pur. Hier gibt es bunt blühende Wiesen und baumbestandene Berge, wildromantische Täler und Gebirgsbäche, die sich tiefe Schluchten gegraben haben. Zahlreiche Mühlen demonstrieren die Macht des Wassers. Wuchtige Burgen und stattliche Schlösser sind Zeugen der Geschichte.

Frankenwaldhochstraße

Bevor wir von **Kronach (1)** aus zu unserem rund 160 km langen Rundkurs starten, besuchen wir die Festung Rosenberg (12. Jh.), in der sich das Frankenwaldmuseum und eine Zweigstelle des Bayerischen Nationalmuseums befinden. Weiter geht's nach **Stadtsteinach (2)**, wo der Sage nach Thor mit seinem Hammer die Steinachklamm geschaffen hat.

Über Marktleugast gelangen wir nach **Helmbrechts (3)** mit dem Oberfränkisches Textilmuseum. Unseren nächsten Halt machen wir in Selbitz kurz vor Naila. Als Eisenbahnfreunde besuchen wir die Modelleisenbahn-Wunderwelt „Lok-Land"; mit 40 Zuggarnituren und über 400 Wagen ist sie eine der größten Modelleisenbahnanlagen Europas. Es folgen **Naila (4)** mit dem Museum Weberhaus Mariesreuth. Auf unserem Weg nach **Bad Steben (12)** passieren wir das von hohen Felsen umgebene Höllental. Bei Lichtenberg lädt das Besucher-

Anfahrt
Die beiden Ferienstraßen im Frankenwald sind über die Autobahn A 9 und über die Bundesstraßen B 2, B 173 und B 303 sowie über Kreisstraßen zu erreichen; Hof ist über die Autobahnen A 9 und A 72 zu erreichen.
Im Frankenwald gibt es rund 400 km gut beschilderte Wanderwege und zahlreiche Radwanderwege.
Zur Panorama- und Saaletalstraße gibt es einen parallel verlaufenden Radweg.

Tourist-Information
Frankenwald- und
Frankenwaldhochstraße
Tourist-Information Frankenwald
Adolf-Kolping-Straße 1
96317 Kronach
Tel. 0 92 61 / 6 01 50
Fax 0 92 61 / 60 15 15
E-Mail: tourismus@frankenwald.btl.de

Panorama- und Saaletalstraße
Saale-Hotel Vogel
Rudolphstein 5
95180 Berg
Tel. 0 92 93 / 94 10
Fax 0 92 93 / 94 116 66

Feste und Veranstaltungen
Hof Kultur in Hof März/April; Eierwalchen in Naila zu Ostern; Helmbrechts-Wochenende im Mai; Burgfest Festung Rosenberg in Kronach im Juni; Flößerbrunnenfest in Kronach-Neuses im Juni; Heißluft-Festival in Naila im August; von Mai bis Oktober finden an den meisten Wochenenden Kirchweihfeste, Trachtenkirchweihen sowie Heimat- und Wiesenfeste in den Ferienorten des Frankenwaldes statt.

Kulinarische Köstlichkeiten
Kräftig und deftig schmecken die würzigen Wurst- und Fleischspezialitäten des Frankenwaldes: Schweinsbraten mit Klößen und Sauerkraut, Brotzeit mit würziger Wurst und kräftigem Holzofenbrot, blaue Zipfel und Bierspezialitäten. Wo gefeiert wird, stehen auch „Blöchla", ein zartes Hefegebäck, das in Fett ausgebacken wird, auf dem Tisch. Darüber hinaus dürfen aber die süßen Verführungen der Konfiserien nicht vergessen werden.

bergwerk „Friedrich-Wilhelm-Stollen" zu einer Besichtigung ein.

Wir fahren nun nach **Nordhalben (5)**, wo wir die Klöppelschule und die Internationale Spitzensammlung besuchen, und gelangen über **Teuschnitz (6)** nach **Ludwigsstadt (7)** mit dem Schiefermuseum. Von hier machen wir einen Abstecher zur Burg Lauenstein. Vorbei an Steinbach und Stockheim fahren wir zurück nach **Kronach (1)**.

Frankenwaldstraße

Unsere Route ist rund 80 km lang und führt von **Kronach (1)** bis Hof an der Saale. Von Kronach machen wir zunächst einen kurzen Abstecher in Richtung Westen und besuchen das Wasserschloss Mitwitz. Bei **Wallenfels (8)** folgt die Straße der Wilden Rodach. Wagemutige können eine rasante Floßfahrt auf dem Fluss unternehmen.

Auch unsere Fahrt führt weiter durch dieses schöne Flusstal. Von **Schwarzenbach (9)** aus können wir den höchsten Gipfel des Frankenwaldes, den Döbraberg mit knapp 800 m Höhe, erklimmen. Von dem Aussichtsturm genießen wir einen herrlichen Blick über den Naturpark Frankenwald und das Fichtelgebirge bis hin zum Thüringer Wald.

Wir fahren weiter auf den Höhen des Frankenwaldes bis nach **Naila (4)**. Nach wenigen Autominuten erreichen wir **Hof (10)**, eine hervorragende Einkaufs- und Kulturstadt mit der großen Freiheitshalle, dem architektonisch bemerkenswerten Theater, dem Museum Bayerisches Vogtland sowie einem Brauereimuseum.

Panorama- und Saaletalstraße

Diese rund 40 km lange Straße führt durch eine wunderschöne Landschaft entlang der malerischen Saale. Sie beginnt in **Hof (10)** und geht über Saalenstein, Lamitz, **Rudolphstein (11)**, dann über Lichtenberg nach **Bad Steben (12)**.

Die Frankenwaldstraße schlängelt sich durchs Tal der Wilden Rodach, auf der rasante Floßfahrten unternommen werden.

Bier- und Burgenstraße

Rechts und links der Bundesstraße 85 fahren wir durch eine unverfälschte Landschaft, durch reizvolle Naturparks, entlang an romantischen Flüssen und durch herrliche Städte. Trutzige Burgen und liebevoll restaurierte Schlösser sowie Gasthäuser und Brauereien entlang der Ferienstraße machen diese Reise zu einem besonderen Erlebnis.

65

Highlights
Panoramamuseum in Bad Frankenhausen, Goethe- und Schiller-Stadt Weimar, Brauereimuseum in Kulmbach; Starkbierfest in Pegnitz, Volksfest in Nürnberg am Dutzendteich, Altstadt von Passau.

Anfahrt
Diese Ferienstraße führt von Norden nach Süden die Bundesstraße B 85 entlang.

Tourist-Information
Bier- und Burgenstraße
Matthäus-Schneider-Straße 6
95326 Kulmbach
Tel. 0 92 21 / 42 31
Fax 0 92 21 / 8 46 51

Städtisches Verkehrsamt
Lucas-Cranach-Straße 19
96317 Kronach
Tel. 0 92 61 / 9 72 36
Fax 0 92 61 / 9 72 36

Feste und Veranstaltungen
Kulmbacher Volksfest April / Mai; Schwedenprozession mit Burgfest in Kronach Mitte Juni; Flinderer (Starkbierfest) in Pegnitz von April bis Juni; Bierwoche in Kulmbach am letzten Juli-Wochenende und dem 1. August-Wochenende; Herbstdult in Passau Anfang bis Mitte September, Volksfest am Dutzendteich in Nürnberg im August / September.

Der Museumszug des Deutschen Dampflokmuseums hält auf dem Gelände der Mönchshof-Brauerei in Kulmbach.

65

Wir beginnen unsere rund 500 km lange Tour in **Bad Frankenhausen (1)** am Kyffhäuser-Gebirge. Bevor wir uns mit einem süffigen Bier stärken, besuchen wir das Panoramamuseum auf dem Schlachtberg, wo sich das größte Gemälde der Welt, das Rundgemälde „Frühbürgerliche Revolution in Deutschland" von Werner Tübke befindet. Unweit der Stadt erhebt sich das Kyffhäuser-Denkmal, das ebenfalls einen Besuch lohnt.

Weiter geht's auf unserem Weg nach Süden nach **Weimar (2)**, worüber wir in der Beschreibung der *Klassikerstraße* (Route 26) berichten. Von hier können wir einen Abstecher ins 5 km entfernte Apolda mit dem Vitzthumbau machen. Über Bad Berka und nach einem kleinen Umweg über Kranichfeld im Thüringer Wald mit dem Oberschloss und Blankenhain mit dem Blankenhainer Schloss gelangen wir nach **Rudolstadt (3)** mit Schloss Heidecksburg. Nach wenigen Kilometern können wir einen kleinen Ausflug nach Bad Blankenburg mit Burg Greifenstein machen.

Unser Weg führt nun über Saalfeld mit der Ruine Hoher Schwarm, Kaulsdorf und Lauenstein nach **Ludwigsstadt (4)** (siehe hierzu auch die Beschreibung der Route 64: *Frankenwaldhochstraße*). Über Förtschendorf, Pressig-Rothenkirchen und Stockheim kommen wir nach **Kronach (5)**, der Geburtsstadt des bedeutenden fränkischen Malers Lucas Cranach d.Ä. Nach rund 20 km erreichen wir **Kulmbach (6)**, die heimliche Welthauptstadt des Bieres mit dem Brauereimuseum. Oben auf der mächtigen Plassenburg residierten einst die Hohenzollern; heute ist hier unter anderem das Deutsche Zinnfigurenmuseum untergebracht.

Über Pegnitz, dem östlichen Tor zur Fränkischen Schweiz, und Sulzbach-Rosenberg fahren wir jetzt nach **Amberg (7)**, der eigentlichen Hauptstadt der Oberpfalz.

Nach rund 70 km haben wir die über 1000 Jahre alte Handelsstadt Cham mit dem malerischen Biertor erreicht. Über Regen fahren wir nach **Passau (8)** an der Donau. Hier fließen drei Flüsse, die Donau, der Inn und die Ilz, zusammen. Wir spazieren durch die Altstadt und besuchen den St.-Stephans-Dom mit der größten Kirchenorgel der Welt.

Kulinarische Köstlichkeiten

Rechts und links dieser Ferienstraße findet der Reisende allerorten gemütliche Gasthäuser, in denen er neben den Spezialitäten, die wir bei der Route der Thüringisch-Fränkischen Schieferstraße (Route 67) aufgeführt haben, die feinsten Bierspezialitäten probieren kann: dunkle Vollbiere, süffige Bockbiere, feine Pilssorten, erfrischende Weizenbiere und so genannte Flindererbiere.

Fränkische Bierstraße und Aischgründer Bierstraße

66

Zu Franken gehören nicht nur bewaldete Höhen und enge Täler, verträumte Seen und liebliche Flussauen. Franken ist auch das Land von Balthasar Neumann, Tilman Riemenschneider, Albrecht Dürer, Lucas Cranach, Hans Sachs und Richard Wagner. Und Franken ist das Land der weltberühmten Weine und der würzigen Biere. In keinem Gebiet auf der Erde gibt es eine größere Brauereidichte. Es werden in Franken aber nicht nur Pilsbiere, Weißbiere und Starkbiere gebraut – insgesamt sind es über 400 Sorten, die nicht nur Männerdurst löschen. So gibt es vollmundige Biere, filtriert und naturtrüb, ungespundet mit wenig Kohlensäure, Kräusen-, Zwickel- und Kellerbiere. Das Kräusenbier ist milchig trüb und nur vom Fass erhältlich. Beim Zwickel- und Kellerbier warten die Brauer, bis die Kräusenbildung abgeschlossen ist und sich die Trübstoffe gesetzt haben. Das Bier ist ungefiltert und erhält durch die verbliebene Hefe einen besonderen Geschmack.

Biere gibt es in so vielfältigen Geschmacksnoten, dass wir jedem Gast empfehlen, den Wirt nach der passenden Biersorte zu den ausgewählten Speisen zu fragen.

Highlights
Fränkisches Seenland, Nürnberg und die Kaiserburg, Hof, Wagner-Stadt Bayreuth, Fichtelgebirge, Brauereibesichtigungen, Aischtal.

Anfahrt
Die einzelnen Bierregionen sind über die Autobahnen A 9 und A 70 (Bayreuth), A 9 und A 72 (Hof), A 3, A 6, A 9 und A 73 (Nürnberg-Erlangen) zu erreichen. Die Aischgründer Bierstraße führt entlang der Bundesstraße B 470.
Radwanderwege und Wanderwege sind entlang der Ferienstraßen vorhanden.

Fränkische Bierstraße

Auf der rund 550 km langen Ferienstraße können wir nicht nur *(meistens nach Voranmeldung)* Brauereien besichtigen, wir machen Halt in urigen Brauerei-Gasthöfen, wandern durch unberührte Natur und bewundern schöne alte Bauten aus vergangener Zeit. Die Straße führt innerhalb der fünf Bierregionen auf Bundes- und Kreisstraßen zu Sehenswürdigkeiten und Brauereien oder Brauerei-Gasthöfen.

Bierregion Hof

Dieses Gebiet reicht vom Fichtelgebirge im Süden und

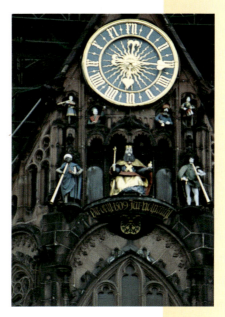

Die Frauenkirche in Nürnberg mit der Kunstuhr und dem „Männleinlaufen" – täglich um 12 Uhr.

159

66

Tourist-Information
Fränkische Bierstraße
Postfach 10 04 37
95404 Bayreuth
Tel. 09 21 / 40 12 34
Fax 09 21 / 40 12 06
www.bierfranken.de
E-Mail: info@bierfranken.de

Aischgründer Bierstraße
Kreisfremdenverkehrsamt
Hauptstraße 3
91443 Scheinfeld
Tel. 0 91 62 / 1 24-24
Fax 0 91 62 / 1 24-33

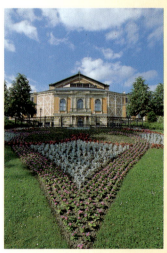

Das Festspielhaus in Bayreuth – hier gibt's Gesang, Sekt, Selters und Bier.

dem Frankenwald im Westen bis zum Erzgebirge im Osten. Ausgangspunkt ist **Hof (1)** an der Saale. Hier können wir nach einem Stadtbummel die Brauerei Scherdel und den Bürgerbräu Hof mit dem BB-Brauereimuseum besuchen. Zu dieser Region gehören Orte wie Selb, Höchstädt im Fichtelgebirge, Helmbrechts, Naila, Nordhalben und Regnitzlosau.

Bierregion Fichtelgebirge

Dieses kleine Gebiet kann von **Bayreuth (3)** im Westen aus erfahren werden. Die Route führt über Bad Berneck, Bischofsgrün und Weidenberg zurück nach Bayreuth. In der Region **Fichtelgebirge (2)** finden wir herrliche Wanderwege und können uns in kleinen Gasthäusern laben. In diesem höchst gelegenen Naturpark Oberfrankens erleben wir Felslabyrinthe und zyklopische Steingärten, dichte Laubwälder, anmutige Täler mit klaren Bächen, in denen heute noch die Flussperlmuschel anzutreffen ist. Zwei Berge durchstoßen die 1000-Meter-Marke: der Schneeberg mit einer Höhe von 1053 m und der Ochsenkopf mit 1024 m.

Bierregion Bayreuth

Das dritte Gebiet erfahren wir wiederum von **Bayreuth (3)** aus. Nach einem ausführlichen Stadtbummel, wobei wir an der ältesten Bayreuther Brauerei, dem Glenk-Bräu, vorbeikommen, können wir neben der Brauerei Schinner auch die gleichnamigen Braustuben besuchen. Außer fränkischen Spezialitäten versuchen wir „Altbayerisches Braunbier", das traditionelle Starkbier „Merkator" oder ein „Meistersinger-Pils", die alle drei nur von der Brauerei Schinner gebraut werden.

Von hier ist es nicht weit zum Festspielhaus und zum Haus Wahnfried mit dem Richard-Wagner-Museum. Die Brauerei Maisel mit dem dazugehörigen Museum wird ebenfalls von uns angefahren. Dieses Museum wurde als das umfangreichste Brauereimuseum der Welt in das Guinness-Buch der Rekorde aufgenommen.

Von Bayreuth aus führt die Route dieser Ferienstraße in den Norden über Bad Berneck, Neuenmarkt und Neudrossenfeld zurück nach Bayreuth. Den Süden dieser Bierregion kann man über Pegnitz, Pottenstein, Hollfeld, Ahornthal und zurück nach Bayreuth erkunden.

Bierregion Erlangen – Steigerwald

Die Fränkische Bierstraße bringt uns auch in den Steigerwald. Wir starten in der Universitätsstadt **Erlangen (4)**. Von hier können wir Richtung Nürnberg fahren und kommen über Eckental, Langensendelbach, Hemhofen und Pommersfelden nach Forchheim und zurück nach Erlangen. Eine andere Tour geht wieder von Erlangen aus und passiert die Ortschaften Großenseebach, Langenzenn, Neustadt an der Aisch, Burghaslach, Uehlfeld und führt über Großenseebach nach Erlangen zurück. Überall finden wir neben herrlicher Natur gemütliche Gasthäuser und sehenswerte Brauereien.

Bierregion südliches Mittelfranken und Nürnberg – Frankenalb

Die letzte Biertour starten wir von **Nürnberg (5)** aus. Das erste Frachtgut, das mit der ersten deutschen Eisenbahn, der Ludwigsbahn, am 7. Dezember 1835 befördert wurde, waren zwei Fässer Lederer-Bier, die für 12 Kreuzer von Nürnberg nach Fürth transportiert wurden. Das Urbier der freien Reichsstadt Nürnberg war ein untergäriges Rotbier. Nach einem Altstadtbummel besichtigen wir die Hausbrauerei Altstadthof. Diese Museumsbrauerei setzt die handwerkliche Tradition des Nürnberger Brauwesens fort.

Von Nürnberg können wir in das benachbarte Fürth ziehen und das dortige Bier probieren. Ein Rundkurs führt von Lauf an der Pegnitz (auch eine traditionsreiche Brauerei-Stadt) über Leinburg, Schwarzenbruck, Altdorf zurück nach Lauf. Wir können aber auch von Hersbruck aus über Velden, Neuhaus an der Pegnitz und Kirchensittenbach eine Runde zurück nach Hersbruck fahren. Zur Fränkischen Bierstraße gehören auch die Touren von Schwabach über Gunzenhausen nach Spalt oder von Roth über Weißenburg und Hilpoltstein nach Roth zurück.

Aischgründer Bierstraße

Diese kurze Ferienstraße führt entlang der B 470 und beginnt in **Uehlfeld (6)**, wo bereits seit 1639 Bier von der Brauerei Zwanziger gebraut wird. Besuchenswert ist auch der Brauerei-Gasthof Prechtel, wo köstliches Landbier gebraut wird. Auf unserem weiteren Weg können wir Abstecher nach Neuebersbach, Münchsteinach und Gutenstetten machen, wo ebenfalls süffige Biere gebraut werden.

In **Neustadt an der Aisch (7)** zählt das Brauhaus Neustadt zu den angesehensten Landbrauereien im Aischgrund. Besonders stolz ist man hier auf das würzige Kirchweihbier.

Feste und Veranstaltungen
Storchenfest, Brauerei-Gasthof Schnupp in Neudrosselfeld am letzten Sonntag vor den bayerischen Sommerferien; Starkbierfest, Hotel Alexander von Humboldt in Großkronach, März / April; Brauereihoffest der Bayreuther Bierbrauerei Ende September; Maisel's Weißbierfest im Brauereihof in Bayreuth am letzten Wochenende vor Himmelfahrt; Grenz- und Schmugglerweg von Bayern nach Thüringen mit Bieranstich und Spanferkelessen, Gasthof Rudolphstein, jedes Wochenende.

161

66

Kulinarische Köstlichkeiten
Neben den zahlreichen Bierspezialitäten gehören zu den regionalen Speisen blaue Zipfel (süßsauer eingelegte Bratwürstchen), Leberkäs mit Brot, Obatzder (angemachter Käse), Nürnberger Rostbratwürste, Steckerlesfisch (gebratene Heringe), Knieküchle (in Fett ausgebackenes Hefegebäck), Stadtwurst sowie kräftige Braten mit Knödeln. Entlang der Aisch werden auf vielfältige Art Karpfen zubereitet.

Über Dietersheim gelangen wir nach **Bad Windsheim (8)**. Das Brauhaus Döbler im Herzen der historischen Altstadt übt seit über 250 Jahren Braurecht aus. Die gemütliche Braugaststätte wird als einzige in Bad Windsheim von einer Brauereifamilie geführt. Zu dieser Route gehört aber unbedingt auch der Besuch des Fränkischen Freilichtmuseums in Bad Windsheim. Hier sehen wir drei besonders interessante Gebäude: das Kommunbrauhaus aus Schlüsselfeld (1730), das im Museum wieder aufgebaut und in Betrieb genommen wurde; das Gasthaus aus Mühlhausen (1518), in dem das im Museum produzierte Bier verkostet werden kann; und das Hofbrauhaus aus Kraisdorf (1699).

67

Thüringisch-Fränkische Schieferstraße

Highlights
Naturpark Thüringer Schiefergebirge, Deutsches Schiefermuseum, Bergmannsfest in Lehesten, Technisches Denkmal „Historischer Schieferbergbau Lehesten".

Anfahrt
Die Orte entlang der Schieferstraße befinden sich in der Nähe der Autobahnen A 4, A 9 sowie A 70 und der Bundesstraße B 173, die Orte selbst sind über Kreisstraßen zu erreichen. Neben dem berühmten Rennsteig gibt es zahlreiche ausgeschilderte Wanderwege sowie Radwanderwege.

Tourist-Information
Tourist-Information Frankenwald
Adolf-Kolping-Straße 1
96317 Kronach
Tel. 0 92 61 / 6 01 50
Fax 0 92 61 / 60 15 15
E-Mail: tourismus@frankenwald.btl.de

In früheren Jahrhunderten wurde das Schiefergebirge geprägt durch Land- und Forstwirtschaft, durch Glas- und Porzellanfabrikation, durch den Bergbau und die metallverarbeitenden Industrien. Im Zuge der Reformation stieg im 16. Jh. der Bedarf an Schiefertafeln und Schiefergriffeln stark an, weil auch das „einfache" Volk schreiben und lesen lernen wollte. In der ersten Hälfte des 19. Jh. begann der Niedergang dieser blühenden Industrien.

Wir beginnen unsere interessante Tour in **Steinach (1)**, einem staatlich anerkannten Erholungsort. Zu den Sehenswürdigkeiten zählen unter anderem die Schieferbrüche am Fellberg, dem ehemaligen größten Griffelschieferbruchareal Europas, das 1782 von Johann Wolfgang von Goethe besucht wurde. Darüber hinaus finden wir um Steinach herum zahlreiche Schieferbrüche. Das Deutsche Schiefermuseum ist im Schloss untergebracht. Um Haselbach herum, das wir jetzt passieren, entdecken wir zahlreiche ehemalige Griffelschieferbrüche. Vorbei geht's jetzt an Hasenthal bis **Spechtsbrunn (2)**, wo heute Glas verarbeitet wird. Nicht weit entfernt finden wir den Schieferbruch „Tannenglück".

Im idyllischen Taugwitztal liegt Ebersdorf mit sehenswerten Schieferfassaden, danach erreichen wir **Ludwigsstadt (3)**. Neben der Dachschieferherstellung spielte die Schiefer-

Dekorativer Saaleverlauf im Thüringer Schiefergebirge.

Fremdenverkehrsverband Thüringer
Schiefergebirge – Obere Saale
Parkstraße 5
07356 Lobenstein
Tel. 03 66 51 / 23 39
Fax 03 66 51 / 22 69

Feste und Veranstaltungen
Sonnenwendfeier in Schmiedefeld im Juni; Großes Bergmannsfest in Lehesten am 1. Juli-Wochenende; Parkfest in Ebersdorf im Juli; Sommernachtsfasching in Wurzbach im Juli.

tafelherstellung eine große Rolle. Sehenswert sind das Schiefermuseum (Hermann-Söllner-Stiftung), Burg Lauenstein (siehe dazu auch die Beschreibung der Route 64: *Frankenwaldhochstraße*), der Aussichtsturm „Thüringer Warte" auf dem 678 m hohen Ratzeberg, das „Goldene Dorf", die Trogenbachbrücke sowie für Naschkatzen die Fischbachsmühle mit der „Confiserie Burg Lauenstein".

Auf unserem weiteren Weg über Probstzella und Unterloquitz nach **Leutenberg (4)** kommen wir immer wieder an Schieferbergbaurevieren vorbei. Leutenberg, „Stadt der sieben Täler", besitzt einen schönen historischen Marktplatz sowie einen Bergbau-Geologischen Wanderweg, der rund um die Stadt führt.

163

67

Kulinarische Köstlichkeiten
Neben den berühmtem Thüringer Klößen gehören zu den regionalen Spezialitäten Kartoffelküchlein, Rostbratwürste und Rostbrätel, Rückenbeinle mit Sauerkraut, darüber hinaus gibt es eine große Palette feiner Wurst- und Fleischspezialitäten. Probieren Sie auch die frischen und geräucherten Süßwasserfische, Wildgerichte im Herbst sowie Honig und Honigprodukte und Pralinen.

Über Schmiedebach mit den schönen schieferverkleideten Häusern gelangen wir nach **Lehesten (5)**, wo 1530 Martin Luther predigte. Hier bewundern wir die zahlreichen Häuser mit Schieferabdeckung, die St.-Aegidien-Kirche (18. Jh.) mit der größten jemals in Lehesten gewonnenen Schieferplatte (etwa 3,50 mal 2,85 m). Die „Schiefergrube Lehesten" ist noch in Betrieb. In der Nähe befindet sich das Technische Denkmal „Historischer Schieferbergbau Lehesten". Hier erleben die Besucher das ganze Arbeitsumfeld des Schiefers und verfolgen den Werdegang von der Schiefergewinnung bis zur Verarbeitung.

Über Röttersdorf und Wurzbach mit dem Schaudenkmal Heinrichshütte-Eisengießerei fahren wir nach **Grumbach (6)**, einem kleinen Dorf, das direkt am Rennsteig liegt. Von hier aus können wir weiter über Nordhalben nach Dürrenwaid fahren und dort die „Schiefergrube Lotharheil" besuchen.

Blumengeschmücktes Schieferhaus im Thüringer Schiefergebirge.

68

Deutsche Spielzeugstraße

Bereits im 13. Jh. entstanden entlang der Reichsstraßen zwischen Nürnberg, Erfurt und Leipzig Spielzeugzentren. In Nürnberg, Fürth und Umgebung wurden Metallspielwaren fabriziert, Sonneberg-Neustadt wurde Mittelpunkt für Holz- und Plüschspielwaren, im Thüringer Wald entwickelten sich aus den Griffelherstellern Fachkräfte für Holzspielzeug, und um Lauscha entstand das Zentrum der Glas- und Christ-

Highlights
Werksbesichtigungen, Deutsches Spielzeugmuseum in Sonneberg, Käthe-Kruse-Puppenschätze (Verkauf) in Sonneberg, Playmobil FunPark in Zirndorf bei Nürnberg, Thüringer Wald, Fränkische Schweiz.

baumschmuckindustrie. Rund 20 Museen entlang unserer Strecke laden zur Besichtigung ein.

Die Fahrt entlang dieser rund 300 km langen Ferienstraße erfreut nicht nur die Kleinen. Wer wollte nicht einmal einer Puppenkünstlerin bei der Arbeit über die Schulter blicken? Wer möchte, kann seinen eigenen Teddybär stopfen und sehen, wie eine Eisenbahn hergestellt wird. Die Spielzeugstraße führt dort entlang, wo die Fabrikation von Spielzeug Tradition hat und Generationen Arbeit und Brot gab. Entlang dieser Tour werden auch neue Spielzeuge entwickelt und neue Produkte entworfen. Die Route führt von Nord nach Süd und beginnt in **Waltershausen (1)**, wo wir das Heimatmuseum mit der Puppenausstellung besuchen. Weiter geht's über Ohrdruf, der Heimat des Schaukelpferds, nach **Arnstadt (2)** – im Schlossmuseum ist hier die Puppensammlung „Mon plaisir" zu sehen. Über Königsee, wo bei Roehler Porzellan für Kinder und Sammler und Riedeler Porzellanpuppen hergestellt werden, und Oberweißbach, wo Friedrich Fröbel, Kinderfreund und „Erfinder" des Kindergartens, geboren wurde, kommen wir nach **Lauscha (3)**. In der Farbglashütte erleben wir die kunstvolle Gestaltung des Lauschaer Glases.

In Steinach mit dem Deutschen Schiefermuseum (siehe hierzu auch die Beschreibung der Route 67: *Thüringisch-Fränkische Schieferstraße*) fahren wir ins Spielzeugland **Sonneberg (4)**. Hier sind sie alle zu Hause, die Ratschenmacher und Maskendrücker, die Stimmenmacher und Vogelzwitscherer, die Bären- und Puppenmacher, die Puppenkopfmaler und Augeneinsetzer, die Perücken- und Gelenkmacher, die Puppenschuh- und Kartonmacher. Bei Johanna Haida finden wir im Werksverkauf die süßesten Teddybären. Seit Anfang der 90er Jahre produziert Märklin in Sonneberg Modelleisenbahn-Waggons und das neue C-Gleis. Hier besuchen wir auch das Deutsche Spielzeugmuseum mit dem preisgekrönten Schaustück „Thüringer Kirmes" aus der Weltausstellung von 1910.

Anfahrt
Waltershausen ist über die Autobahn A 4 zu erreichen, Nürnberg-Erlangen über die Autobahnen A 6, A 9, A 70 und A 73, kleinere Orte über Bundes- und Kreisstraßen.

Tourist-Information
Informationen sind erhältlich über:
Ingrid Ott
Lindenstraße 37
96472 Rödental
Tel. 0 95 63 / 5 06 50
Fax 0 95 63 / 5 06 51
www.spielzeugstrasse.de
E-Mail: ingrid-ott@ott-ingrid.werbeagentur.tur

Das Deutsche Spielzeugmuseum in Sonneberg.

68

Feste und Veranstaltungen
Ausstellung und Verkauf von Käthe-Kruse-Puppenschätzen im Museum in Sonneberg eine Woche im Mai; Internationales Puppenfestival mit Sonneberger Modellbahntagen im Mai; Internationales Puppenfestival in Neustadt im Mai; Traumträume, Kinder- und Jugendkulturtage in Erlangen im Juli; Lauschaer Glaswoche im Juni; Puppen- und Spielzeugmarkt in Waltershausen im September; Spielzeugbörse mit Eisenbahn- und Automodellbörse in Heiligenstadt im Oktober.

Kulinarische Köstlichkeiten
Näheres finden Sie in der Beschreibung der vorhergehenden Route 67, der Thüringisch-Fränkischen Schieferstraße.

Unser nächster Stopp gilt **Coburg (5)**, wo wir neben der Veste auch das Coburger Puppenmuseum besuchen. In der oberfränkischen Stadt werden unter anderem Spielplätze konzipiert und Spielgeräte hergestellt; seit über 40 Jahren kommen die kleinen Fischer-Figuren aus Coburg.

Vorbei geht's jetzt an Niederfüllbach und Großheirath nach **Hirschaid (6)**, wo die bekannten Hermann-Teddys hergestellt werden. Über Erlangen und Fürth fahren wir nach Nürnberg, bekannt für die Internationale Spielwarenmesse, die hier regelmäßig stattfindet, berühmt auch wegen seines Spielzeugmuseums und der zahlreichen Sehenswürdigkeiten (siehe dazu die Beschreibung der Route 66: *Fränkische Bierstraße*). Gleich hinter Nürnberg kommen wir nach **Zirndorf (7)**, einer fränkischen Spielzeugstadt. Im Städtischen Museum betrachten wir unter anderem die Entwicklung des Zirndorfer Blechspielzeugs. Und natürlich werden wir uns im Playmobil FunPark mit seinen vielfältigen Attraktionen amüsieren.

69

Highlights
St.-Stephans-Dom in Passau; Glasbläsereien, Glasmuseen, Werksverkauf, Glasauktion in Zwiesel, Glashüttenfest in Freyung; Oberpfälzer Wald, Bayerischer Wald; Glasmusikfestspiele; Nürnberg mit Kaiserburg, Schloss Sulzbach, Burgruine Flossenbürg.

Glasstraße und Die Goldene Straße

Glasstraße

Die Route ist rund 250 km lang und wir erleben eine idyllisch-herbe Landschaft, kommen durch den Nationalpark Bayerischer Wald und durchfahren auf historischen Glasschleifer-Wegen den Oberpfälzer Wald. **Passau (1)**, die Drei-Flüsse-Stadt wurde auch als Umschlagplatz für Glaswaren aus dem Bayerisch-Böhmischen Wald genutzt und kam dadurch zu Reichtum.

Über Waldkirchen fahren wir jetzt nach **Freyung (2)** mit Schloss Wolfstein und dem Jagd- und Fischereimuseum. In der Bergglashütte Weinfurtner zeigen Glasmacher und Graveure ihr Können. Auf der weiteren Tour kommen wir in Sankt Oswald an der Riedlhütte vorbei, die wir ebenso besuchen wie die Kristallglasfabrik in Spiegelau. In **Frauenau (3)** finden wir die Glashütte Freiherr von Poschinger, die seit dem 16 Jh. existiert, und wir besuchen das Glasmuseum sowie die Glashüt-

Ortsansicht von Bodenmais.

te Eisch. Anschließend erreichen wir die Glasstadt Zwiesel, wo wir die Theresienthaler Kristallglasmanufaktur besuchen. Schöne Glasdinge finden wir auch bei Schott-Zwiesel und bei der Glasbläserei Schmid.

Über Langdorf, vorbei am Silberbergwerk in Bodenmais, und Arnbruck, dem Weinfurther Glasdorf, gelangen wir nach **Lam (4)**. Hier erinnern das Glasmacherdenkmal, das „Märchen- und Gespensterschloss", der „Gläserne Steig" – ein Wanderweg entlang der ehemaligen Glashütten – sowie die Ausstellung alter Glasmacherwerkzeuge an die gläserne Vergangenheit des Lamer Winkels zwischen den beiden Bergen Arber und Osser. An Neukirchen bei Hl. Blut mit dem Wallfahrtsmuseum vorbei geht's nach **Furth im Wald (5)** weiter. Das Landestormuseum besitzt eine schöne Hinterglasbildersammlung. Über Oberviechtach und Leuchtenberg fahren wir nach **Weiden (6)**, der Einkaufsmetropole für Glas, Porzellan

Anfahrt
Passau ist über die Autobahn A 3, Weiden über die Autobahn A 93 zu erreichen, Nürnberg über die A 3, A 6, A 9 und A 73.
Es existiert eine Reihe ausgeschilderter Wanderwege in der Nähe der Ferienstraße.

Tourist-Information
Tourismusverband Ostbayern
Luitpoldstraße 20
93047 Regensburg
Tel. 09 41 / 58 53 90
Fax 09 41 / 5 85 39 39
www.btl.de/glasstrasse
www.btl.de.ostbayern
E-Mail: tourismus@ostbayern.btl.de

Feste und Veranstaltungen
Glasauktion in Zwiesel Ende Juni; Weidener Bürgerfest im Juni; Europäische Wochen in Passau Juni / Juli; Further Drachenstich im August; Burgfestspiele in Leuchtenberg zwischen Mai und August; Glashüttenfest in Freyung im August; Volksfest am Dutzendteich in Nürnberg im August / September; Glastage in Zwiesel im September; Europäische Glasmusikfestspiele 14 Tage im September an ausgewählten Orten entlang der Glasstraße; Altstadtfest mit Fischerstechen in Nürnberg im September.

69

Kulinarische Köstlichkeiten
Die Küche in Bayern ist kräftig bis deftig. Beliebt sind kräftige Braten mit Knödeln, Leberknödelsuppe ist ebenso beliebt wie im Herbst Semmelknödel mit Schwammerln (Pfifferlingen); auch Wildgerichte, gebackenes Bries, Nürnberger Rostbratwürste, Steckerlesfisch, Bayerische Creme und saftige Zwetschgenknödel zählen zu den regionalen Speisen.

und Textilien. Durch Weiden in der Oberpfalz und Neustadt an der Waldnaab führt auch die *Goldene Straße* (siehe unten). **Neustadt an der Waldnaab (7)** ist das „Europäische Bleikristallzentrum". Hier besteht sogar die Amtskette des Bürgermeisters aus Bleikristall. Besichtigt werden können die Altbayerische Kristall Glashütte, die Bleikristallwerke Nachtmann, Glas-Marion und Kristall-Lang. Im Stadt- und Glasmuseum bewundern wir die 1 m hohe geschliffene und gravierte Goldrubin-Überfangvase.

Nebenrouten der Glasstraße führen von Passau nach Bad Füssing und Bad Birnbach. Richtung Norden geht's von Waldkirchen über Haidmühle nach Spiegelau. Möglich ist auch die folgende Route: Passau, Tiefenbach, Kirchdorf im Wald, Bayer. Eisenstein nach Lam. Von hier geht es ein kleines Stück in Richtung Arnbruck und dann gen Süden über St. Englmar, Rattenberg und Cham wieder zurück auf die Hauptroute der Glasstraße. Die letzte Nebenroute führt von Oberviechtach über Schönsee, Pleystein, Floß, Tirschenreuth und Mitterteich nach Weiden in der Oberpfalz.

Die Goldene Straße

Diese Ferienstraße, die von Nürnberg nach Prag führt, ist insgesamt 280 km lang. Wir befahren diese Straße bis zur Grenze zu Tschechien.

Kaiser Karl IV. (1316 bis 1378) war ein Herrscher mit klugem Verstand und reicher als andere Fürsten. Er schuf eine Verbindung zwischen Nürnberg und seinen böhmischen Stammlanden. Die Strecke war von ihm genau festlegt und führte von **Nürnberg (8)**, Lauf an der Pegnitz, **Hersbruck (9), Sulzbach-Rosenberg (10)** über **Hirschau (11)**, Kohlberg, **Weiden (6), Neustadt an der Waldnaab (7)** – der Stadt des Bleikristalls –, Plößberg – einem der großen Oberpfälzer Krippenkunstorte – nach **Bärnau (12)** mit dem Knopfmuseum. Von hier an der Grenze zu Tschechien führt die Goldene Straße weiter über Mies (Strríbro) und Pilsen (Plzen) nach Prag (Praha). Karl IV. erklärte diese Straße zur Reichsstraße und verfügte, dass böhmische Könige nur auf ihr reisen sollten. Die *Verbotene Straße* durfte nicht benutzt werden, weil sie durch das Gebiet der Landgrafen von Leuchtenberg führte. Sie begann in **Hirschau (11)** mit dem „Monte Kaolino", dem Kaolinberg, auf dem Skifahren auch im Sommer möglich ist, und führte über Leuchtenberg und Waidhaus an die Grenze zu Tschechien und weiter über Mies (Stříbro) und Pilsen (Plzeň)nach Prag (Praha).

Glasbläser bei der Arbeit.

Porzellanstraße und Fichtelgebirgsstraße

70

Nirgendwo sonst gibt es in Sachen Porzellan so viel zu entdecken wie entlang der Porzellanstraße. Hier sind die bekannten Hersteller zu Hause. Der Grund für diese Konzentration liegt vor allem an den Vorkommen hochwertiger Kaoline und großer Wälder, deren Holz als Brennholz für die Herstellung von Porzellan verwendet wurde.

Porzellanstraße

Wir beginnen mit unserer Tour in **Weiden in der Oberpfalz (1)** und besuchen hier das Keramikmuseum. Weiter geht's nach **Windischeschenbach (2)** mit dem Waldnaabmuseum in der Burg Neuhaus. Über Kemnath gelangen wir nach **Bayreuth (3)**, der Wagnerstadt. Im Neuen Schloss in Bayreuth besichtigen wir die Sammlung Rummel, die umfangreichste private Sammlung von Bayreuther Fayencen.

Eine andere Route führt über **Windischeschenbach (2)** nach **Marktredwitz (4)** und **Hof (5)**. Hierher kommen wir auch, wenn wir von **Windischeschenbach (2)** über Tirschenreuth mit dem Oberpfälzer Fischereimuseum, die Porzellanstadt **Arzberg (13)** und Hohenberg an der Eger mit dem deutschen Porzellanmuseum nach **Selb (6)** fahren. In Windischeschenbach besichtigen wir das Geo-Info-Zentrum mit der kontinentalen Tiefbohrung und in Selb das Europäische Industriemuseum für Porzellan im Ortsteil Plößberg. In Selb sind zahlreiche namhafte Porzellanhersteller angesiedelt, deren Werkstätten wir besichtigen können. Nun fahren wir über Rehau auf die Hauptroute.

Von **Hof (5)** gelangen wir über Bad Steben nach **Ludwigsstadt (7)** und über **Kronach (8)** nach **Coburg (9)** mit dem Puppenmuseum. Nach wenigen Autominuten haben wir **Staffelstein (10)** erreicht.

Highlights
Werksbesichtigungen und Werksverkauf, Porzellinerfest in Selb, Deutsches Porzellanmuseum in Hohenberg an der Eger, Wagner-Stadt Bayreuth, Sammlung Rummel in Bayreuth, Fichtelgebirge mit Ochsenkopf und Schneeberg.

Anfahrt
Weiden in der Oberpfalz ist über die Autobahn A 93, Hof über die A 72, Bayreuth über die A 9 und A 70 und Coburg über die Bundesstraße B 4 zu erreichen.
Die Fichtelgebirgsstraße ist über die Autobahn A 9 zu erreichen und führt die Bundesstraße B 303 entlang. Überall gibt es gut ausgeschilderte Wanderwege.

169

Tourist-Information
Porzellanstraße
Ludwigstraße 6
95100 Selb
Tel. 0 92 87 / 88 31 91
Fax 0 92 87 / 88 31 90

Tourist-Information Fichtelgebirge
Bayreuther Straße 4
95686 Fichtelberg
Tel. 0 92 72 / 62 55 und 64 52
Fax 92 72 / 64 54
www.fichtelgebirge.de
E-Mail: tourist.info.fichtelgebirge@t-online.de

Feste und Veranstaltungen
Kroniche Housnkuh-Tag in Kronach im Mai; Schützen- und Volksfest in Ludwigsstadt im Juni; Wochen des Weißen Goldes in Hohenberg Juli / August; Porzellinerfest in Selb am 1. August-Wochenende.

Kulinarische Köstlichkeiten
In Franken mag man es gern kräftig und deftig: goldbraun gebratene Bratwürste, knuspriger Schweinsbraten mit Knödeln und Kraut, gekochtes Rindfleisch mit März (gemeint ist Meerrettich), eine kräftige Brotzeit mit würziger Wurst und kräftigem Brot. Dazu gehört unbedingt ein fränkisches Bier. Beliebt sind auch Ziebeles-Kas (angemachter Quark) und süße Krapfen, aber auch Süßwasserfische wie Karpfen und Forellen in vielfältigen Zubereitungen.

Fichtelgebirgsstraße

Diese Straße führt auf der B 303 durch das schöne Fichtelgebirge und beginnt in **Bad Berneck (11)**, einem historischen Städtchen und staatlich anerkannten Kneipp-Heilbad. Während unserer Weiterfahrt passieren wir die beiden über 1000 m hohen Berge des Fichtelgebirges, den Schneeberg und den Ochsenkopf, und fahren über Bischofsgrün nach **Fichtelberg (12)**, einem staatlich anerkannten Luftkurort. Zu den Sehenswürdigkeiten gehören das Besucherbergwerk im „Gleißinger Fels", ein ehemaliges Silbereisenbergwerk, und das Felsenlabyrinth.

In **Arzberg (13)**, der zweitgrößten Porzellanstadt Deutschlands, bewundern wir den Kirchberg mit der Stadtkirche und Resten der alten Burgbefestigung sowie den Pulverturm, das Wahrzeichen der Stadt; sehenswert sind auch das Wohnhaus von Alexander von Humboldt und das Renaissanceschloss im Stadtteil Röthenbach. Von hier sind es nur wenige Kilometer bis Schirnding an der Grenze zu Tschechien.

Der große Porzellanflohmarkt in Selb.

Bayerische Eisenstraße

Auf der rund 120 km langen Eisenstraße, die kein Logo besitzt, finden wir zahlreiche Industriedenkmäler aus mehreren Jahrhunderten. Diese Route verbindet die früheren Eisenzentren Pegnitz, Auerbach, Sulzbach-Rosenberg und Amberg. Die Eisenstraße ist teilweise – von Regensburg bis Amberg – eine „Wasserstraße". Im 13. Jh. nutzten die Menschen die Kraft des Wasser, um Blasebälge und schwere Hämmer für die ersten Eisenhütten anzutreiben. So begann der Aufstieg dieser Region zu einem mitteleuropäischen Zentrum der Eisenindustrie. Diese Blütezeit reichte bis zum Dreißigjährigen Krieg und erhielt erst wieder im 19. Jh. neuen Aufschwung.

Wir beginnen mit unserer Route in **Regensburg (1)**, der Stadt der Eisenhändler. Hier wurde weniger Eisen verhüttet, vielmehr entwickelte sich die Stadt aufgrund ihrer günstigen Verkehrslage zu einem Umschlagplatz für Eisen. Das Museumsschiff „Ruthoff", das donauaufwärts und donauabwärts fuhr, stellte die Verbindung zur österreichischen Eisenstraße her, die von Enns an der Donau über Steyr bis Leoben reicht.

Bei **Kallmünz (2)** mit dem Schlossberg und seinem keltischen Ringwall verlassen wir das Ufer der Naab und fahren fortan entlang der Vils. In der Nähe von Rohrbach steht die fast 200 Jahre alte Gießerei Carolinenhütte, eine der ältesten Privatgießereien Bayerns. Vorbei geht's an Schmidmühlen, wo heute noch neben dem Hammerherrenschloß ein Sägewerk arbeitet, und Vilshofen nach **Theuern (3)**.

Auf unserer Fahrt entlang der Eisenstraße entdecken wir zahlreiche Kulturdenkmäler und Zeugen der einstigen Blütezeit. Dazu zählt in **Amberg (4)** die Pfarrkirche St. Martin (15. Jh.). Nach rund 1000-jähriger Betriebszeit wurde in Amberg der Bergbau eingestellt, einzig die Luitpoldhütte setzt die Montantradition fort. Bald sind wir in **Sulzbach-Rosenberg (5)**. Hier finden wir das größte süddeutsche Eisenwerk in der Oberpfalz, die Maxhütte, deren wirtschaftliches Überleben bekanntermaßen Sorgen bereitet. Zu den Sehenswürdigkeiten der Stadt zählen das Schloss, das gotische Rathaus sowie der stillgelegte St.-Anna-Schacht am Fuße des Annaberges mit der Wallfahrtskirche.

Über Edelsfeld kommen wir nach **Königstein (6)**, einem prachtvollen Höhlenparadies. Hier besichtigen wir die schönste, die Maximiliansgrotte, und fahren weiter nach **Peg-**

Highlights
Museumsschiff „Ruthoff" in Regensburg, Hammerherrenschloß mit Museum in Theuern, Pfarrkirche St. Martin in Amberg, Maximiliansgrotte in Königstein.

Anfahrt
Regensburg ist über die Autobahnen A 3 und A 93, Pegnitz über die A 9 zu erreichen.

Tourist-Information
Tourismusverband Ostbayern
Luitpoldstraße 20
93047 Regensburg
Tel. 09 41 / 58 53 90
Fax 09 41 / 5 85 39 39
E-Mail: tourismus@ostbayern.btl.de

71

Herbst im Oberpfälzer Naabtal.

Feste und Veranstaltungen
Bach-Woche in Regensburg Juni/Juli; Herbstdult in Regensburg August/September.

Kulinarische Köstlichkeiten
In Bayern liebt man kräftige Schweinsbraten und gegrillte Haxen mit Kraut und Kartoffel- oder Semmelknödeln. Gegen den kleinen Hunger zwischendurch helfen angemachter Käse (Obatzda), gebackener Leberkäs, scharfer Rettich oder Weißwürste mit Brot und Bier. Köstlich schmecken auch Milzschnittensuppe, pikante Tellersülze, Semmelknödel mit Pilzen in Rahmsoße, Süßwasserfische und Bayerische Creme als Dessert.

nitz **(7)**. In diesem Gebiet sind Eisenerzabbau und Verhüttung seit 1280 belegt. Die Grube „Kleiner Johannes" lieferte bis zu ihrer Stillegung 1967 über 12 Millionen Tonnen Eisenerz. Heute sind nur noch einige Tagebaue bei Pegnitz in Betrieb, wo Farberde für Farben und Lacke gewonnen wird. Sehenswert in Pegnitz ist auch die Lohesiedlung, wo einst die Bergleute wohnten.

72

Die Burgenstraße

Diese romantische Ferienstraße ist fast 1000 km lang und geht von Mannheim bis nach Prag. Weit über 50 Burgen passieren wir entlang dieser herrlichen Route. Wir starten in **Mannheim (1)** mit dem Kurfürstlichen Residenzschloss (18. Jh.), einer der größten barocken Schlossanlagen der Welt. Unser nächstes Ziel ist **Heidelberg (2)**, mit der ältesten Universität Deutschlands und dem weltberühmten Schloss (13. bis 17. Jh.). Wir fahren den Neckar entlang und kommen nach **Hirschhorn (3)**, der Perle des Neckartales.
Über Eberbach, malerisch am Neckar gelegen, mit dem Pulverturm und Zwingenberg mit der berühmten Wolfs-

Highlights
Kurfürstliches Schloss in Mannheim, Neckartal, Rothenburg ob der Tauber, Nürnberg und die Kaiserburg, Bamberger Dom, Veste Coburg, Wagner-Stadt Bayreuth, Heidelberger Schlossfestspiele, Burgfestspiele in Jagsthausen.

schlucht, die Carl Maria von Weber zum „Freischütz" inspirierte, kommen wir gegenüber von Gundelsheim zur **Burg Guttenberg (4)**. Hier bewundern wir die unzerstörte Burganlage aus dem 16. Jh. mit der Greifenvogelwarte, wo täglich Vorführungen stattfinden.

Wir fahren vorbei an Bad Rappenau und Bad Wimpfen, an Bad Friedrichshall und Neckarsulm und gelangen nach **Heilbronn (5)**. Zu den Sehenswürdigkeiten dieser Weinstadt gehören neben dem Käthchenhaus das Rathaus mit der astronomischen Kunstuhr und der Deutschhof mit dem Münster St. Peter und Paul.

Wir kommen über Jagsthausen mit der „Götzenburg", Öhringen und Friedrichsruhe nach **Schwäbisch Hall (6)**, wo wir einen gemütlichen Altstadtbummel unternehmen, bevor wir über Braunsbach und Wolframs-Eschenbach, Stadt des Minnesängers Wolfram von Eschenbach, nach **Nürnberg (7)**

Anfahrt
Die einzelnen Städte erreichen wir über folgende Autobahnen: Mannheim A 5, A 6, A 61, A 65 und A 67, Heilbronn A 6 und A 81, Nürnberg A 3, A 6, A9 und A 73, Coburg A 9 und A 70, Kulmbach/Bayreuth A 9.
Es gibt einen rund 350 km langen Radwanderweg entlang der Burgenstraße.

Tourist-Information
Arbeitsgemeinschaft
Die Burgenstraße
Rathaus
74072 Heilbronn
Tel. 0 71 31 / 56 22 71
Fax 0 71 31 / 56 31 40
www.burgenstrasse.de
E-Mail: info@burgenstrasse.de

Feste und Veranstaltungen
Mittelalterlicher Markt in Heilbronn im Mai; Historischer Schäfertanz in Rothenburg ob der Tauber im Mai; Burgfest in Bad Wimpfen im Juni; Schlossbeleuchtung mit Brillantfeuerwerk in Heidelberg im Juni, Juli und September; Burgfestspiele in Jagsthausen im Juni; Burgfest in Coburg im Juli; Heidelberger Schlossfestspiele Juli/August; Musik und Tanz in historischen Höfen in Nürnberg im Juli; Renaissancefest in Kulmbach im August; Ritterspiele im Burggraben in Nürnberg im August, Weibertreu-Herbst in Weinsberg im September; Deutschlands gemütliches Weindorf in Heilbronn im September.

Blick auf das Heidelberger Schloss, im Vordergrund ist die Stadthalle zu sehen.

72

Kulinarische Köstlichkeiten
Pfälzer Wein und eine rustikale Brotzeit mit Schinken und würziger Wurst vertreiben den kleinen Hunger zwischen Frühstück und Mittagessen, köstlich sind goldbraune Rostbratwürste und Bamberger Rauchbier, dazu schmecken knusprige Brezeln. Einen Versuch wert sind Bamberger Bierzwiebeln, unübertroffen gut schmecken fränkische Knödel zu feinem Braten; Stadtwurst mit Musik ist ebenso zu empfehlen wie Coburger Sauerbraten, angemachter Camembert mit Bauernbrot und rustikale Rittermahle. Die Spezialität während des Weinfests im September ist das Heilbronner Leibgericht.

fahren. Diese schöne Stadt ist kaum an einem Tag zu erkunden (siehe auch Route 54: *Straße der Kaiser und Könige* und Route 66: *Fränkische Bierstraße*).

Nach etwa 40 km erreichen wir Forchheim mit der „Kaiserpfalz" und nach wenigen Autominuten sind wir in Ebermannstadt und **Gößweinstein (8)**; über dem bedeutenden Luftkurort thront mächtig die großartige Burg. Die Burgenstraße führt uns weiter über Heiligenstadt nach **Bamberg (9)**, der tausendjährigen Bischofsstadt mit dem einmaligen Stadtbild. Die Bamberger Altstadt wurde von der UNESCO zum Weltkulturerbe erklärt.

Über Lichtenfels, Coburg mit der Veste Coburg und Kronach mit der Festung Rosenberg sowie über die Bierstadt Kulmbach mit der Plassenburg kommen wir nach **Bayreuth (10)**, Festspiel- und Universitätsstadt von Weltruhm. Hier wandeln wir auf den Spuren von Richard Wagner, der Markgräfin Wilhelmine und des Dichters Jean Paul.

Und wer jetzt noch mehr Burgen bewundern möchte, fährt weiter in Richtung Prag.

73

Highlights
Pfarrkirche St. Johannes d. T. in Burgbergheim, Bauern- und Handwerkermuseum in St. Bonifatius in Mönchsondheim, Naturpark Frankenhöhe, Naturpark Steigerwald, Filialkirche St. Leonhard in Götteldorf.

Anfahrt
Ansbach ist über die Autobahn A 6 und über die Bundesstraße B 14 zu erreichen, der nördliche Teil der Ferienstraße über die A 7, die Wehrkirchenstraße führt zum großen Teil die B 13 entlang.

Fränkische Wehrkirchenstraße

Im Mittelalter versuchten die herrschenden Fürsten ihr Gebiet und ihren Wohlstand zu vergrößern. Sie überfielen Dörfer, raubten Vorräte und Vieh und zerstörten die Orte. In Franken litten die Bauern unter den Fehden der Herren von Nürnberg und Ansbach. Die Bevölkerung konnte sich keine wehrhaften Burgen bauen, deshalb befestigte sie ihre Dorfkirchen, die Friedhöfe wurden mit starken Mauern umgeben und die steinernen Kirchtürme mit Schießscharten versehen. Manche Friedhofsmauer erhielt offene oder geschlossene Wehrgänge, die eine gute Verteidigung ermöglichten. Diese Wehrkirchen standen fast nie in der Mitte des Dorfes, sondern außerhalb und möglichst auf einem Hügel oder an einem Hang. Der Eingang des befestigten Friedhofs lag in Richtung Dorf, damit sich die Bevölkerung mit ihrem Vieh bei einem Angriff schnell in Sicherheit bringen konnte. Heute sind noch Teile der Mauern, Wehrgänge und Wehrtürme erhalten, und an manchen Torhäusern und Toren ist der Befestigungscharakter des Friedhofs zu erkennen. Die Kirchen sind in der Regel verschlossen, aber im Pfarramt können sich Besucher anmelden.

Die Ferienstraße beginnt in **Elpersdorf (1)** in der Nähe von Ansbach und führt über Lehrberg und Gräfenbuch nach **Oberdachstetten (2)**. Die Kirche St. Bartholomäus entstand 1833 neu, erhalten ist die hohe Wehrmauer. In **Burgbernheim (3)** bewundern wir die Pfarrkirche St. Johannes der Täufer mit ihrem romanischen Portal. Von der ehemals starken Befestigung sind noch Teile der Wehrmauer, das Torhaus sowie ein Wehrturm zu sehen.

Tourist-Information
Amt für Kultur und Touristik
Johann-Sebastian-Bach-Platz 1
91522 Ansbach
Tel. 09 81 / 5 12 43
Fax 09 81 / 5 13 65
www.ansbach.de
E-Mail: akut@ansbach.de

Feste und Veranstaltungen
Entlang der Wehrkirchenstraße finden zwischen Frühling und Herbst in fast allen Orten Kirchweihen statt.

Eine starke Kirche bot den Gläubigen Schutz.

73

Kulinarische Köstlichkeiten
In allen Monaten, in denen der Buchstabe „r" vorkommt, werden im Frankenland Karpfen in vielfältigen Zubereitungen angeboten, am beliebtesten sind dabei gebackene Karpfen; andere Süßwasserfische werden gekocht und gebraten angeboten. Zu den regionalen Köstlichkeiten zählen auch saure Zipfel, das sind Schweinsbratwürstchen, die in einen würzigen Essigsud eingelegt werden. Zu kräftigen Braten werden fränkische Knödel gereicht. Zum jungen Wein schmeckt am besten ein frisch gebackener Zwiebelkuchen.

Über Schwebheim und Neuherberg geht es weiter nach **Ippesheim (4)**, wo wir schon von weitem den Turm der Heilig-Kreuz-Kirche erkennen. Bei **Mönchsondheim (5)** haben wir den nördlichsten Punkt der Tour erreicht. Die Kirche St. Bonifatius entstand im 17. Jh. neu und ist von einer hohen Wehrmauer und Kirchhäusern (Gaden) umgeben. Im Innern befindet sich ein sehenswertes Bauern- und Handwerkermuseum.

Auf unserem weiteren Weg durch den Steigerwald fahren wir nach **Wiebelsheim (6)**. Die St.-Nikolaus-Kirche wurde im 17. Jh. neu errichtet, während ihre Vorgängerin aus dem 13. Jh. stammte; sehenswert ist der schöne Flügelaltar von 1510. Unser Weg führt uns jetzt nach Westheim, Urphertshofen, Egenhausen und Neustetten bis nach **Götteldorf (7)** im Rangau. Hier bewundern wir die Filialkirche St. Leonhard (12./13. Jh.) mit dem stattlichen Turm aus dem 15. Jh., dem romanischen Portal und der wertvollen Innenausstattung mit spätgotischen Heiligenfiguren (um 1500). Über Wernsbach kommen wir wieder an unseren Ausgangspunkt nach **Elpersdorf (1)**.

74

Highlights
Zahlreiche Altstädte, Kirchen, Schlösser, Burgen und unzählige Fachwerkbauten aller Art inmitten einer Natur, die ein „Gottesgarten" genannt wird.

Anfahrt
Haßfurt liegt an der A 70, Ausfahrt Haßfurt, und an der B 26.
Rad- und Wanderwege begleiten diese Ferienstraße.

Tourist-Information
Tourist-Information Haßberge
Obere Sennigstraße 4
97461 Hofheim i. Ufr.
Tel. 0 95 23 / 92 29-0
Fax 0 95 23 /267

Straße der Fachwerk-Romantik

Die Sehenswürdigkeiten von **Haßfurt (1)** haben wir schon vor unserer Tour auf der Route 63: *Steigerwald-Höhenstraße* besichtigt und bestaunt. Jetzt fragen wir uns wieder, warum eine so schöne Stadt und die liebliche Berglandschaft das Wort Haß (oder „Hass" nach neuer Rechtschreibung) in ihren Namen tragen. Am Hasenpförtlein der Ritterkapelle sehen wir in Stein gebildete Hasen und jetzt wissen wir Bescheid und brechen beruhigt nach Norden in die Haßberge auf, diesen „Gottesgarten", wie der Dichter Joseph Victor von Scheffel sagte. Unsere Ferienstraße ist 250 km lang, verführt immer wieder zu Abstechern zu aufragenden Burgen und idyllischen Dörfern, die allesamt sehenswert sind. Nicht jeder Ort längs der Straße kann hier erwähnt werden, auch wenn er es verdiente. So machen wir erste Station in **Königsberg in Bayern (2)**.

Über Unfinden und Junkersdorf, dessen Kirche Fresken aus dem 15. Jahrhundert birgt, kommen wir nach **Hofheim in Un-**

terfranken (3) mit seinen drei Stadttoren, zwei Kirchen, einer Kapelle und einem Eisenbahnmuseum. Am Ellertshäuser See vorbei kommen wir nach **Stadtlauringen (4)**. Unter den Fachwerkhäusern des Marktplatzes fällt das frühere Rathaus von 1563 besonders auf. In Oberlauringen mit seinem jüdischen Friedhof und der Kirchenburg verbrachte der Dichter Friedrich Rückert seine Kindheit. Von Sulzfeld führt ein Abstecher zum Sambachshof und dem Haßberge-Märchenwald. Über Kleinbardorf fahren wir nach **Bad Königshofen (5)**. Von den Sehenswürdigkeiten der Stadt ist besonders der Marktplatz mit seinen drei Brunnen hervorzuheben.

Über Alsleben, wo die Fränkische Saale entspringt, an Sternberg mit seinem Barockschloss vorbei, durch Aub, Bundorf und Stöckach mit ihren Schlössern, kommen wir bei Ermershausen auf die B 279, der wir nun folgen. Wir sehen das Schloss von Eyrichshof und sind bald in **Ebern (6)** mit dem Renaissance-Rathaus in Fachwerk und der Hallenkirche aus dem 15. Jh. Über Rentweinsdorf mit seinem Rokoko-Schloss und über Mürsbach, einem der vielen Fachwerk-Orte dieser Route, gelangen wir in die Drei-Flüsse-Stadt **Baunach (7)**, wo Baunach und Itz in den Main münden. Neben den Fachwerk- und anderen Baudenkmälern ist das Tor der hölzernen Männer bemerkenswert; in die Pfosten des Portals sind zwei große und grobschlächtige Landsknechte geschnitzt.

Unsere Straße führt nun an Bamberg vorbei, folgt dem Main bis **Eltmann (8)**, das wir von der vorherigen Ferienstraße kennen, und bringt uns durch Ebelsbach mit seinem Wasserschloss (16. Jh.) und Zeil am Main zurück nach **Haßfurt (1)**.

Feste und Veranstaltungen
In Haßfurt wird im Juli das Altstadt-Weinfest und im Oktober ein Straßenfest gefeiert, das Königsberger Pfingstfest ist ein großes Ereignis, in Bad Königshofen findet im Juli das Bürgerfest statt, in Ebern wird das Altstadtfest im Juli gefeiert, dazu hat jeder Ort seine eigenen Feste.

Kulinarische Köstlichkeiten
Die bei vielen Fahrten auf fränkischen Ferienstraßen gerühmten fränkischen Spezialitäten wollen wir auch diesmal gern genießen.

Auch schlichtes Fachwerk ist schön anzuschauen.

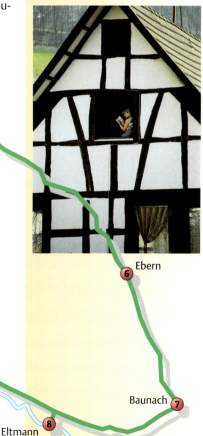

75 Romantische Straße

Die Romantische Straße, im Jahr 2000 schon 50 Jahre alt, ist 370 km lang, führt durch Franken, Schwaben, Bayern und bietet viel für alle Reisenden, seien sie jung oder etwas älter. Von **Würzburg (1)**, das wir schon bei früheren Fahrten auf Ferienstraßen besichtigt haben, geht es südwärts. Um die schöne Landschaft besser genießen zu können, nehmen wir die Straße, die zwischen der A 81 und der B 19 ins Taubertal führt, und gelangen nach **Tauberbischofsheim (2)**. In der historischen Altstadt steht das kurmainzische Schloss. Auf der B 290 geht die Fahrt durch Taubertal weiter, zunächst in die benachbarte Doppelstadt **Lauda-Königshofen (3)** mit ihren barocken Kirchen und trutzigen Türmen. In **Bad Mergentheim (4)** mit dem Deutschordensschloss verlassen wir die Bundesstraße und fahren am Ufer der Tauber entlang, kommen nach **Weikersheim (5)**, wo wir uns das Schloss der Fürsten von Hohenlohe mit dem Schlosspark und die Altstadt anschauen, und nach **Röttingen (6)**, die Stadt der Sonnenuhren und der Burg Brattenstein. Nicht weit ist **Creglingen (7)**, Stadt der Burgen und Schlösser, wo wir nicht versäumen, uns den Riemenschneider-Altar in der Marienkirche anzuschauen. Die nächste Etappe heißt **Rothenburg ob der Tauber (8)** – der Inbegriff einer altertümlich-mittelalterlichen deutschen Stadt, in die es Touristen aus aller Welt hinzieht. Von der begehbaren Stadtmauer, von Türmen und Toren geschmückt, ist eine Stadt umschlossen, die unzählige Baudenkmäler, Kirchen, Bürger- und Handwerkerhäuser, Gaststätten und Museen birgt.

Wir verlassen bald das liebliche Taubertal und fahren hinüber nach **Schillingsfürst (9)** mit dem Barockschloss der Fürsten zu Hohenlohe-Schillings-

Highlights
Festung Marienberg und Residenz in Würzburg, Deutschordensschloss in Bad Mergentheim, die Städte Rothenburg ob der Tauber und Dinkelsbühl; Bayerisches Eisenbahnmuseum in Nördlingen, die Fuggerei in Augsburg, die Wieskirche, die Ludwigs-Schlösser Neuschwanstein und Hohenschwangau.

Anfahrt
Würzburg ist über die Autobahnen A 3, A 7 und A 81 zu erreichen. Eine durchgehende Fahrrad-Route und viele Wanderwege begleiten die Romantische Straße.

Tourist-Information
Touristik-Arbeitsgemeinschaft Romantische Straße
Marktplatz
91550 Dinkelsbühl
Tel. 0 98 51 / 9 02 71
Fax 0 98 51 / 9 02 81
www.btl.de/romantischestrasse
www.romantischestrasse.de
E-Mail: tourismus@romantischestrasse.btl.de

fürst und dem Bayerischen Jagdfalkenhof. Von **Feuchtwangen (10)** mit seiner Altstadt geht es auf der B 25 nach **Dinkelsbühl (11)**, dessen Stadtmauer und Türme schon von weithin sichtbar sind. In einem der Türme ist das Museum der Dritten Dimension untergebracht, das uns neuartige Schau- und Hörerlebnisse bietet. Die Stadt ist überragt vom Münster St. Georg, einer gotischen Hallenkirche. Über **Wallerstein (12)** mit seinem Schloss gelangen wir nach **Nördlingen im Ries (13)**. Die Landschaft ist geprägt vom Riesenkrater eines Meteoreinschlags vor 15 Millionen Jahren, die Stadt von ihrem mittelalterlichen Kern, der Stadtmauer und der spätgotischen Hallenkirche, die auch dem St. Georg geweiht ist. Eisenbahnfreunde kommen nach Nördlingen, um das große Bayerische Eisenbahnmuseum zu besichtigen. Bei der Weiterfahrt über **Harburg (14)** mit seiner Stauferburg kommen wir nach **Donauwörth (15)**. Zu den Sehenswürdigkeiten zählt auch das Käthe-Kruse-Puppenmuseum.

Wir haben die Donau überquert und fahren neben dem Flusslauf des Lechs auf der B 2 nach **Augsburg (16)**. Die Renaissance-Stadt war eine Weltstadt im Mittelalter und in der beginnenden Neuzeit. Am Rathausplatz erheben sich das Rathaus aus dem 17. Jh. und der schlanke Perlachturm. Nicht weit davon erstrecken sich die Gebäude der Fuggerei, der ältesten Sozialsiedlung der Welt. Die Nachbarstadt **Friedberg (17)** ist eine sehenswerte altbaierische Herzogsstadt. Auf der B 17 erreichen wir **Landsberg am Lech (18)** mit seiner mittelalterlichen Innenstadt. Auf der B 17 geht die Reise weiter, über den Ferienort Hohenfurch erreichen wir **Schongau (19)**, das Tor zum Pfaffenwinkel, einer historischen Kulturlandschaft, geprägt von Klöstern und Kirchen. In der Nachbarstadt Peiting

Feste und Veranstaltungen
Der Pferde- und Krämermarkt in Creglingen wird Anfang Februar veranstaltet, der Augsburger Frühjahrs-Plärrer im April, das Maisingen ist ein fränkisches Brauchtumsfest Anfang Mai in Weikersheim, das historische Festspiel Der Meistertrunk wird gegen Ende Mai in Rothenburg aufgeführt, die Trachtenwallfahrt in die Wies mit Gartenfest gibt es Ende Mai, das Würzburger Weindorf von Ende Mai bis in den Juni, von Ende Mai bis Ende Juni die Festspiele Röttingen, der Schillingsfürster Musiksommer dauert von Juni bis Juli, die Kreuzgangspiele in Feuchtwangen währen von Mitte Juni bis Mitte August, Festlicher Sommer in der Wies heißt das vielfältige Programm an verschiedenen Orten des Pfaffenwinkels, der Augsburger Herbst-Plärrer beginnt Ende August und dauert weit in den September, die Reichsstadt-Festtage in Rothenburg werden Anfang September veranstaltet, das Stadtfest in Dinkelsbühl wird Mitte September gefeiert, das Winzerfest in Würzburg viele Tage lang von Ende September bis in den Oktober, Oberbayerische Kulturtage gibt es von Oktober bis November in Landsberg, dazu kommen noch viele Wein- und Heimatfeste und kulturelle Veranstaltungen durchs ganze Jahr.

Ein Blick auf das romantische Rothenburg ob der Tauber.

75

Kulinarische Köstlichkeiten
Von der fränkischen über die schwäbische bis zur bayerischen Küche kommen wir auf unserer Fahrt auf der Romantischen Straße. Zu den Leckereien der wechselnden Regionalküchen trinken wir fränkischen und schwäbischen Wein und das Bier, das in den vielen kleinen Brauereien längs der Straße gebraut wird.

schauen wir uns die Stadtkirche und die Wallfahrtskirche Maria unter der Egg an. Hier wechseln wir auf die B 23, kommen nach Rottenbach mit der Klosterkirche Mariä Geburt. Bei Echelsbach verlassen wir die Bundesstraße, biegen rechts ab, fahren durch Wildsteig, machen einen Abstecher nach **Wies (20)** und bewundern die Wallfahrtskirche „Zum gegeißelten Heiland auf der Wies" – die Wieskirche. In **Steingaden (21)**, im Voralpenland und an der *Deutschen Alpenstraße* (siehe Route 90) gelegen, besichtigen wir das Prämonstratenser-Kloster aus dem 12. Jh. Auf der B 17 erreichen wir **Schwangau (22)** mit seiner Wallfahrtskirche St. Koloman. Über dem Ort thronen die Königsschlösser Hohenschwangau und Neuschwanstein, aus der Phantasie des bayerischen Königs Ludwig II. im 19. Jh. emporgewachsen. In **Füssen (23)** mit seinen Baudenkmälern aus über zweitausend Jahren Geschichte endet unsere romantische Reise.

76

Schwäbische Weinstraße

Highlights
Schlösser in Weikersheim, Bad Mergentheim, Ingelfingen, Öhringen, Neckarsulm, Heilbronn, Brackenheim, Beilstein, Großbottwar, Ludwigsburg und Metzingen; Schiller-Haus und -Nationalmuseum in Marbach, Weinbaumuseen, Weinberge, Weinlehrpfade, Weinfeste.

Anfahrt
Weikersheim liegt inmitten des Dreiecks, das die Autobahnen A 6, A 7 und A 81 bilden; über die B 19 oder B 290 kommen wir nach Bad Mergentheim, unweit von Weikersheim. Rad- und Wanderwege begleiten die Schwäbische Weinstraße.

Unsere 250 km lange Tour beginnt im Taubertal. In **Weikersheim (1)** und **Bad Mergentheim (2)** waren wir schon bei unserer Fahrt auf der *Romantischen Straße* (Route 75). Wir sind in der Weinbau-Region Tauber-, Jagst- und Kochertal. Bei der Fahrt auf der B 19 kommen wir nach Stuppach, wo wir in der Kapelle der wunderschönen Grünewald-Madonna unsere Aufwartung machen. Über Dörzbach gelangen wir nach **Ingelfingen (3)**, das Stadtbild wird vom Neuen Schloss und der Nikolauskirche bestimmt.

Über Forchtenberg und Zweiflingen kommen wir nach **Öhringen (4)** an der A 6 und sind in der Region Öhringen und Weinsberger Tal. Auf der Weiterfahrt gelangen wir über Löwenstein nach **Weinsberg (5)**, überragt von der Ruine der Burg Weibertreu, wo einst die tapferen Frauen ihre Männer und die Stadt vor den Feinden retteten. Ganz nah liegt **Neckarsulm (6)** in der Weinregion Unteres Neckarland. In der Stadt ist außer dem Deutschordensschloss das Deutsche Zweiradmuseum mit dem NSU-Museum sehenswert. Die südliche Nachbarstadt heißt **Heilbronn (7)**. Von den vielen Sehenswürdigkeiten der Altstadt seien hier genannt: das Rat-

haus mit der astronomischen Kunstuhr von 1580, die Kilianskirche, seit dem 13. Jh. erbaut, das Deutschhaus und das Deutschordensmünster, der Götzenturm aus dem 14. Jh. ist allerdings nicht die Sterbestätte des „Ritters mit der eisernen Hand", und Kleists „Käthchen von Heilbronn" ist auch ein Haus gewidmet.

Die eine Strecke der Weinstraße führt direkt nach Beilstein, die andere über **Lauffen (8)** mit seinem mittelalterlichen Stadtbild, an der B 27 gelegen, nach **Brackenheim (9)** in der Region Zabergäu und Leintal. Die Stadt mit ihrem Schloss und der Weininfothek verlassen wir Richtung Hohenhaslach in der Region Stromberg und Enztal, um über Bönnigheim nach **Beilstein (10)** mit seinem Fachwerk-Rathaus und der Burg Hohenbeilstein und ins benachbarte **Großbottwar (11)** mit seinem Schloss und der von einer Mauer umgebenen Altstadt zu gelangen. Wir sind in der Region Murr- und Bottwartal, in der auch **Marbach am Neckar (12)** liegt. In dieser mittelalterlichen Stadt besuchen wir das Schiller-Geburtshaus, in dem der Dichter 1759 zur Welt kam, und das Schiller-Nationalmuseum. Im benachbarten **Ludwigsburg (13)** sind wir schon in der Region Mittleres Neckartal. Inmitten des blühenden Barock stehen das Residenzschloss, Schloss Favorite und das Seeschloss Monrepos.

Tourist-Information
Landesfremdenverkehrsamt Baden-Württemberg – Marketing GmbH
Esslinger Straße 8
70182 Stuttgart
Tel. 07 11 / 23 85 80
Fax 07 11 / 23 85 99
www.tourismus-baden-wuerttemberg.de
E-Mail: info@tourismus-baden-wuerttemberg.de

Feste und Veranstaltungen
In Weikersheim wird im April das Weinfest veranstaltet, in Bad Mergentheim wird am Wochenende nach Pfingsten ein Weinfest gefeiert, im Stadtteil Markelsheim während der Weinlese, in Ingelfingen gibt es Ende August ein Weinfest, im Stadtteil Criesbach wird im August die Hohenloher Weinkönigin gewählt, in Öhringen wird am ersten Juli-Wochenende das Hohenloher Weindorf veranstaltet, in Weinsberg wird am letzten September-Wochenende das Weibertreu-Herbstfest gefeiert, in Neckarsulm heißt das Weinfest Anfang Oktober Ganzhorn-Fest, in Heilbronn gibt es im Juni das Traubenblütenfest und das Sommerfest der Genossenschaftskellerei, im September das Weindorf und im November den Weingipfel Württembergischer Weine, in Lauffen wird Ende Mai / Anfang Juni das Weinfest gefeiert, in Brackenheim die Kelterfeste im August und September, in Beilstein werden Anfang Juni das Stadtfest rund um die Kelter, gegen Ende Juli das Weinbergfest und Ende September Weintage veranstaltet, die Ludwigsburger Weinlaube ist ein Fest Ende August/Anfang September, das Waiblinger Altstadtfest findet Ende Juni statt, die Esslinger Spätlese am ersten September-Wochenende und das Kelterfest in Metzingen Ende Oktober; zusätzlich haben jeder Weinort und jeder Ortsteil ihre eigenen Weinfeste.

181

76

Kulinarische Köstlichkeiten
Die genussfreudigen Schwaben haben mit vielen Kreationen die Küche bereichert. Die Spätzle aus Mehl, Wasser, Salz und Eiern sind mehr als nur Nudeln und als erstes zu nennen. Auch die Dampfnudeln sind eher Klöße als Nudeln. Der Spitzkohl liefert das Filderkraut als Beilage. Eine besondere schwäbische Spezialität sind die Maultaschen, deren Erfindung den Mönchen von Maulbronn zugeschrieben wird. Diese frommen Brüder hielten sich brav an das Fastengebot, auch weil sie wussten, dass der Herrgott gern aufs Schwobeländle herunter blickt. Aber weil sie trotzdem der Fleischeslust frönen wollten, versteckten sie das Fleisch in Teigtaschen. Und wie die Mönche trinken wir auf dieser Tour alles, was die Reben uns schenken: Saft, Most, Wein, Sekt und Traubenbrände.

Von hier sind wir schnell im mittelalterlichen **Waiblingen (14)** in der Region Remstal und in **Weinstadt (15)** mit ihren vielen Fachwerkhäusern. Ein kurzer Abstecher bringt uns nach Stuttgart mit seinen Schlössern und Museen.

Die B 10 bringt uns in die letzte Region der Schwäbischen Weinstraße, das Obere Neckartal. Wir erreichen **Esslingen (16)**, sehen die Kirchen und Türme der Stadt am Neckar, dessen Lauf wir folgen, bei Plochingen geht es auf der B 313 zum Endpunkt dieser Ferienstraße, wir gelangen nach **Metzingen (17)**, wo wir im Weinbaumuseum die Kenntnisse erweitern, die wir unterwegs erworben haben.

Urban, Patron der Winzer, hier auch als Brückenheiliger an der Tauber, segnet zu Beginn unserer Tour die Fahrer auf der Weinstraße.

77

Highlights
Faust-Museum und Faust-Archiv in Knittlingen, Schiller-Nationalmuseum und Schiller-Geburtshaus in Marbach, Hölderlinturm in Tübingen, Wilhelm-Hauff-Museum in Lichtenstein, Wieland-Archiv und Wieland-Gartenhaus in Biberach, Droste-Museum in Meersburg.

Schwäbische Dichterstraße

Nicht jede Dichterklause und nicht jede Heimatstube, in der einem schwäbischen Heimatschriftsteller ein Andenken bewahrt wird, können wir längs der 400 km langen Ferienstraße erwähnen. Wir beginnen unsere Litera-Tour in **Bad Mergentheim (1)** an der *Romantischen Straße*, das wir auch schon auf der *Schwäbischen Weinstraße* (Routen 75 und 76) kennen gelernt haben. Heute gilt unsere Aufmerksamkeit vor allem dem Uhrmachergesellen Ottmar Mergenthaler, der aus Hachtel bei Bad Mergentheim nach Baltimore ausgewandert war und dort eine Setzmaschine erfand, die bis in unsere Zeit geholfen hat, Dichtungen zu setzen, damit sie unters Volk kommen. Bei der ersten Vorstellung der Maschine 1884 rief ein Zuschauer aus, als er eine ganze gegossene Buchstaben-Zeile sah: „A line of types!" Daher hat die „Linotype" ihren

Namen, die wir auch im Ottmar-Mergenthaler-Museum sehen. Über Schöntal und Neuenstadt kommen wir nach **Weinsberg (2)** bei Heilbronn. Im Justinus-Kerner-Haus starb 1862 der 1786 in Ludwigsburg geborene Dichter, ein spätromantischer Lyriker. Bei der Weiterfahrt machen wir bei Brackenheim einen Abstecher nach **Knittlingen (3)**, um uns das Faust-Museum und das Faust-Archiv anzuschauen, dem historischen Dr. Faust gewidmet, der um 1480 in Knittlingen geboren wurde. Der nächste Weg führt uns von Brackenheim nach **Marbach am Neckar (4)**. Hier wurde Friedrich Schiller 1759 geboren. Wir besuchen sein Geburtshaus und das Schiller-Nationalmuseum. Über Ludwigsburg gelangen wir nach **Stuttgart (5)**. In dieser Stadt der Schlösser und Museen interessiert uns heute das Hegelhaus, in dem 1770 der Philosoph Georg Wilhelm Friedrich Hegel zur Welt kam. Dieser Dialektiker war der bedeutendste Denker seiner Zeit. Wenn wir schon in Stuttgart sind, sollten wir auch dem Buch der Bücher unsere Reverenz erweisen und uns die Bibelausstellung der Deutschen Bibelgesellschaft anschauen.

Von Stuttgart machen wir einen Abstecher nach Osten, sehen im Heimatmuseum im Kloster **Lorch (6)** Erinnerungsstücke an die Besuche der Familien Schiller und Mörike in Lorch. Bei der Weiterfahrt kommen wir nach **Aalen (7)** und sehen im Heimat- und Schubart-Museum die Ausstellung über den Schriftsteller und Musiker Christian Friedrich Daniel Schubart (1739 – 1791), der in der Stadt seine Kindheit verbrachte.

Zurück nach Stuttgart, wo sich die Dichterstraße zweigt. Die Westroute führt über Leonberg nach **Tübingen (8)**. Im Hölderlinturm sehen wir eine Ausstellung zu Leben und Werk des Dichters Friedrich Hölderlin, der 1770 in Lauffen zur Welt kam und 1843 hier gestorben ist. Im Theodor-Haering-Haus besichtigen wir die Erinnerungen an bedeutende Studenten in Tübingen; genannt seien Hölderlin, Uhland, Schwab, Hegel und Schelling. Auch Dokumente zum Tübinger Verlagswesen – Cotta sei erwähnt – sind

Anfahrt
Bad Mergentheim liegt an der Kreuzung der B 19 und B 290, ist über die A 81, Ausfahrt Tauberbischofsheim oder Ausfahrt Boxberg zu erreichen. Teilstrecken der Schwäbischen Dichterstraße lassen sich mit dem Rad erfahren oder zu Fuß erleben.

77

Tourist-Information
Landesfremdenverkehrsamt Baden-
Württemberg – Marketing GmbH
Esslinger Straße 8
70182 Stuttgart
Tel. 07 11 / 23 85 80
Fax 07 11 / 23 85 99
www.tourismus-baden-wuerttemberg.de
E-Mail: info@tourismus-baden-wuerttemberg.de

Feste und Veranstaltungen
Wir verweisen auf die schwäbischen Feste und Veranstaltungen, die bei den anderen schwäbischen Ferienstraßen aufgeführt sind.

Kulinarische Köstlichkeiten
Da nicht alle Dichter und Denker Asketen sind, haben die meisten die schwäbischen Spezialitäten aus Küche und Keller genossen, deren Lob bereits bei der Schwäbischen Weinstraße (Route 76) gesungen wurde.

Das Schiller-Geburtshaus in Marbach am Neckar.

ausgestellt. Im benachbarten **Reutlingen (9)** sind im Heimatmuseum für Friedrich List (1789 – 1846) und die Schriftsteller und Dichter Hermann Kurz (1813 – 1873) und Tochter Isolde Kurz (1853 – 1944) Räume eingerichtet. Von Reutlingen machen wir einen kleinen Abstecher nach **Dettingen an der Erms (10)**, um im Johann-Ludwig-Fricker-Haus die Gedenkstätte für den Paulskirchenabgeordneten und Schriftsteller Wilhelm Zimmermann zu besuchen, der in diesem Haus 1807 – 1878 lebte.

Bei der Weiterfahrt kommen wir nach **Lichtenstein-Honau (11)** mit dem Schloss, das nach dem Roman von Wilhelm Hauff (1802 – 1827) gebaut wurde. Wir besuchen auch das Wilhelm-Hauff-Museum. Bei Engstingen machen wir einen kleinen Abstecher nach Süden und besichtigen in **Hohenstein-Bernloch (12)** die Dichterstube von Hans Reyhing (1882 – 1961). In Münsingen treffen wir auf die Ostroute der Dichterstraße, die von Stuttgart herkommt und über **Nürtingen (13)** verläuft, wo wir die Ausstellung „Hölderlin in Nürtingen" sehen. Bei Ochsenwang besichtigen wir das Mörikehaus in **Bissingen unter Teck (14)**. Eduard Mörike (1804 – 1875) verfasste während seiner Ochsenwanger Zeit hier viele seiner Gedichte und den Roman „Maler Nolten". In **Münsingen (15)** gibt es die Max-Kommerell-Gedenkstätte für den in Münsingen geborenen Schriftsteller (1902 – 1944). Von Münsingen machen wir einen östlichen Abstecher nach **Blaubeuren (15)**. Im Amtshaus des Klosters ist eine Schubartstube für den Dichter eingerichtet, der 1777 hier in seine lange Gefangenschaft gelockt wurde.

Über Ehingen kommen wir nach **Biberach (16)**. In Oberholzheim bei Biberach wurde 1733 Christoph Martin Wieland geboren, lebte zeitweise in Biberach und starb 1813 als Klassiker in Weimar. Hier sehen wir das Wieland-Gartenhaus und das Wieland-Archiv.

Nun sind wir im Bereich der *Oberschwäbischen Barockstraße* (unsere Route 83), gelangen über Ravensburg an den Bodensee. In **Meersburg (17)** lebte für lange Zeit und starb Annette von Droste-Hülshoff (1797 – 1848), die das Fürstenhäusle erworben hatte, in dem wir das Droste-Museum besichtigen. Und weil wir schon in Meersburg sind, besuchen wir auch das Deutsche Zeitungsmuseum.

184

Schwäbische Albstraße

78

Die Schwäbische Alb ist eine Erlebnis-Landschaft mit Wacholderheiden, sanften Bergkuppen, Höhlen, Maaren, Heilquellen, Burgen, Schlössern und Städten mittelalterlichen Charakters. Die 200 km lange Ferienstraße durch die Alb beginnt in **Trossingen (1)**, weltberühmt durch die Hohner-Musikinstrumente und die Musikhochschule, deshalb gibt es hier nicht nur ein Museum mit einem Alb-Saurier, sondern auch ein Harmonikamuseum. Und die Fahrt beginnt auch in **Tuttlingen (2)**, überragt von den Ruinen Honberg, Luginsland, Wasserberg und Konzenberg. In **Dürbheim (3)** treffen sich beide Anfangsrouten. Über Königstein gelangen wir nach **Meßstetten (4)** im Bereich der höchsten Berge der Alb; der Gräbelesberg ist 912, der Hornstein ist 946 m hoch. Die nächste Station ist die größte Stadt der Westalb, **Albstadt (5)**. Im Stadtteil Lautlingen besuchen wir das Stauffenberg-Schloss und in der Kirche die Stauffenberg-Gedenkstätte. Einen weiteren Halt auf der Albstraße legen wir in der Textilstadt **Burladingen (6)** ein, umgeben von mehreren Burgruinen. Sonnenalb heißt der kultur- und naturgeschichtliche Lehrpfad. Im Gebiet der Flächengemeinde **Sonnenbühl (7)** liegen die Bärenhöhle, die Tropfsteinhöhle mit Namen Nebelhöhle, das berühmte Schloss Lichtenstein. Wer überlegt, ob das Gebäude aus der Renaissance sei oder eher gotisch oder romanisch, dem sei gesagt, dass es romantisch ist. Wilhelm Hauff schrieb 1824 seinen Bestseller „Lichtenstein", das Buch mit seinen Beschreibungen inspirierte den Grafen von Württemberg, der 1840 mit dem Bau dieses Schlosses begann.

Über **Engstingen (8)** mit seinem Automobilmuseum und dem „Schwäbischen Vulkan", einem Basalttuffschlot, kommen wir nach **Bad Urach (9)**, die Stadt mit ihren Wasserfällen, der Falkensteiner- und Schillerhöhle, dem Albvereinsmuseum und anderen Sehenswürdigkeiten.

Highlights
Schloss Lichtenstein, Gestütshof St. Johann, Residenzschloss der Grafen von Württemberg in Bad Urach, Heilquellen von Bad Ditzenbach, Bad Überkingen und Aalen; Freizeitpark Schloss Hellenstein, Besucherbergwerk Tiefer Stollen, Benediktiner-Abtei Neresheim, Krater und Eisenbahnmuseum in Nördlingen.

Anfahrt
Über die A 81, Ausfahrt Villingen-Schwenningen, erreichen wir Trossingen, und über die Ausfahrt Geisingen das südlicher gelegene Tuttlingen. Rad- und Wanderwege begleiten die Schwäbische Albstraße.

Tourist-Information
Touristik-Gemeinschaft
Schwäbische Alb
Marktplatz 1
72574 Bad Urach
Tel. 0 71 25 / 94 81 06
Fax 0 71 25 / 94 91 08
www.schwaebischealb.de
E-Mail: tgsa@schwaebischealb.de

Feste und Veranstaltungen
In Trossingen ist Musikalischer Frühling angesagt, in Tuttlingen ist der Honberg-Sommer ein Musikfestival, Nebelhöhlefest heißt der Vergnügungspark vor der Tropfsteinhöhle Lichtenstein zu Pfingsten, der Schäferlauf in Bad Urach ist ein traditionelles Schäferfest und wir in den Jahren mit einer ungeraden Endziffer veranstaltet (2001, 2003 und so fort), in dieser Stadt gibt es auch Herbstliche Musiktage, in Geislingen an der Steige werden am letzten Wochenende vor den Sommerferien der Tag der Jugend und ein Kinderfest gefeiert, in Heidenheim wird der Schäferlauf auch Ende Mai / Anfang Juni alle zwei Jahre mit gerader Endziffer veranstaltet, das Aalener Stadtfest Reichsstädter Tage findet am 2. September-Wochenende statt; weitere Stadt- und Heimatfeste stehen auf dem Programm.

Kulinarische Köstlichkeiten
Die Spätzle und andere schwäbische Spezialitäten sind bereits bei der Schwäbischen Weinstraße (Route 76) gebührend gelobt.

Schloss Lichtenstein thront über der Alb.

Auf dem Weg zur Gemeinde Römerstein sehen wir schon den höchsten Berg der mittleren Alb, der 874 m hoch ist und auch Römerstein heißt. Weiter geht es über Westerheim nach **Wiesensteig (10)**, wo wir am alten Stammsitz der Grafen von Helfenstein das Schloss besichtigen. Eine Variante der Route führt von **Bad Urach (9)** nach Norden über Schopfloch und Neidlingen nach Wiesensteig. Von hier fahren wir durch Mühlhausen im Täle nach **Bad Ditzenbach (11)**, wo wir die Wehrkirche aus dem 15. Jh. sehen. Hier gibt es wie im nahen **Bad Überkingen (12)** Mineral- und Thermalquellen. Die nächste größere Stadt ist **Geislingen an der Steige (13)**. Unterhalb der Ruine Helfenstein sehen wir inmitten der alten Fachwerkhäuser die Stadtkirche aus dem 15. Jh. und das Stadtschloss der Helfensteiner aus dem 14. Jh. Nun bringt uns die Straße nach Böhmenkirch, weiter auf der B 466 nach **Heidenheim an der Brenz (14)** mit Sehenswürdigkeiten seit den Zeiten der Kelten und Römer, mit der Michaelskirche aus dem 15. Jh., Burg und Schloss Hellenstein und dem Freizeitpark beim Schloss.

Jetzt führt die eine Abzweigung der Albstraße auf der B 19 nach Norden bis **Aalen (15)**. Neben dem Limes-Museum ist das Geologisch-Paläontologische Museum einen Besuch wert, ebenso das Besucherbergwerk Tiefer Stollen. Die andere Abzweigung unserer Ferienstraße führt von Heidenheim über **Nattheim (16)** mit seinen barocken Dorfkirchen und **Dischingen (17)** mit seinen Burgen und Schlössern nach **Neresheim (18)**, wo wir die Benediktiner-Abtei mit der barocken Klosterkirche von Balthasar Neumann (18. Jh.) besichtigen. Auf der B 466 erreichen wir jetzt das mittelalterliche **Nördlingen (19)** an der *Romantischen Straße* (siehe Route 75).

Schwäbische Bäderstraße

Nicht nur der Gesundheit zuliebe, auch um Natur und Kultur zu erleben, begeben wir uns auf die 140 km lange Reise im Raum zwischen Schwäbischer Alb und Voralpengebiet. Unsere Fahrt beginnt im Thermal- und Moorheilbad **Bad Buchau (1)** südlich des Federsees, der umrahmt ist von Mooren, Riedflächen und Streuwiesen. Das Federseemuseum informiert über Natur und Kultur um Bad Buchau.

Von hier wenden wir uns zunächst nach Südwesten und kommen nach **Saulgau (2)**. Am Rand der Altstadt befindet sich das ehemalige Franziskanerinnen-Kloster (14. Jh.). Das Thermalbad mit seinen modernen Kureinrichtungen ist eine neue Errungenschaft der Stadt. Von Saulgau in östlicher Richtung erreichen wir **Bad Schussenried (3)**. Nicht nur wegen der Anwendungen im Moorheilbad zieht es Besucher hierher. Die Prämonstratenser-Reichsabtei mit ihrer Kirche und der üppig ausgestatten Barock-Bibliothek ist ein besonderes Schauerlebnis. Bei der Weiterfahrt kommen wir zum Freilichtmuseum Kürnbach mit oberschwäbischen Bauernhäusern vom 15. bis zum 18. Jh. und schließlich nach **Aulendorf (4)**. In diesem Kneipp-Kurort wurde vor wenigen Jahren ein modernes Mineralthermalbad in Betrieb genommen. Über dem Kurort steht das Schloss der Grafen von Königsegg-Aulendorf mit der Martinskirche aus romanischer Zeit. Über Haslach gelangen wir nach **Bad Waldsee (5)**. Das alte Kurstädtchen ist von Wäldern und Seen umgeben. Am östlichen Stadtrand erstreckt sich das moderne Kurzentrum mit dem Mineralthermalbad.

Nicht weit von hier liegt das älteste Moorheilbad Baden-Württembergs, **Bad Wurzach (6)**. Wir sehen das Neue und das Alte Schloss der Fürsten von Waldburg-Zeil (18. Jh.). Westlich und nördlich von Bad Wurzach dehnt sich das Wurzacher Ried aus, ein Naturschutzgebiet mit dem größten Hochmoor Mitteleuropas. Nun fahren wir über Aitrach nach

Highlights
Neun Bade- und Kurorte, Seen und Moore; die Bibliothek in der Reichsabtei Schussenried, Kloster Ottobeuren, Kneipp-Museum in Bad Wörishofen.

Anfahrt
Über die A 96 bei Memmingen auf die A 7, von Norden auf der A 7, Ausfahrt Berkheim, auf der B 312 nach Biberach, von hier nach Bad Buchau.
Rad- und Wanderwege begleiten die Bäderstraße.

Tourist-Information
Städtisches Kur- und Verkehrsamt
Marktplatz 6
88422 Bad Buchau
Tel. 0 75 82 / 93 360
Fax 0 75 82 / 93 36 20

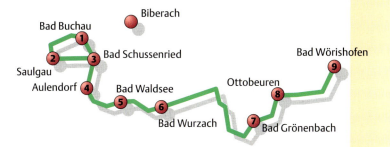

79

Der Federsee bei Bad Buchau.

Feste und Veranstaltungen
In Ottobeuren werden Klosterkonzerte veranstaltet, in jedem Kurort gibt es Kurkonzerte und Gastspiele verschiedener Art durchs ganze Jahr, alle Orte haben ihre Kur- und Stadtfeste.

Kulinarische Köstlichkeiten
Reisende, die aus Gesundheitsgründen die Schwäbische Bäderstraße frequentieren, sollten auf ärztliches Anraten ihre Diät einhalten. Allen anderen empfehlen wir die bereits erwähnten schwäbischen Spezialitäten.

Bad Grönenbach (7). Der Kurort liegt über dem Illertal mit seinen Stauseen. Über Wolfertschwenden erreichen wir **Ottobeuren (8)**. Über der Klosteranlage ragt die mächtige Basilika auf, ein Prachtbau des Barock, ab 1737 errichtet.

Über Markt Rettenbach kommen wir, durchs Unterallgäu fahrend, schließlich nach **Bad Wörishofen (9)**, wo seit 1855 der Pfarrer Sebastian Kneipp (1821 – 1897) seine gesundheitsfördernden Wasserkuren einführte. Das ihm gewidmete Museum ist im Klosterhof untergebracht. Das Rosarium in den Kuranlagen ist im Sommer ein überwältigender Anblick.

80

Straße der Staufer

Highlights
Die Dreikaiserberge Stuifen, Hohenrechberg und Hohenstaufen, Kloster Adelberg, Kloster Lorch, Stauferstadt Schwäbisch Gmünd, Burgen und Schlösser; Märklinmuseum in Göppingen, Puppenmuseum in Bad Boll, Margarete-Steiff-Museum in Giengen, die Württemberger Ritter von Niederstotzingen.

Die Staufer, ursprünglich ein schwäbisches Adelsgeschlecht, bestimmten vom 11. bis zum 13. Jh. erst die deutsche, dann die europäische Geschichte. Der Sohn Friedrichs von Büren (Wäschenbeuren) wurde als Friedrich I. 1079 Herzog von Schwaben. Auf dem Hohenstaufen erbaute er einen neuen Stammsitz. Die Staufer traten das Erbe der Salier an, 1138 wurde Konrad III. König. Friedrich I., wegen seines roten Bartes Barbarossa genannt, wurde 1152 Kaiser. Sein Sohn Heinrich VI. folgte ihm 1190 auf den Kaiserthron. Dieses Erbe trat Friedrich II. 1212 an, der vor allem in Sizilien und Apulien weilte, ein kluger Politiker und auch ein Künstler und Wissenschaftler war, seinen Zeitgenossen wie ein Wunder vorkam und als Verwandler der Welt galt und der bis 1250 lebte und herrschte.

Die Straße der Staufer führt auf 340 km durch die staufischen Stammlande und berührt auch die *Deutsche Limes-Straße*, die *Schwäbische Albstraße* und die *Schwäbische Dichterstraße*. Von West nach Ost ist die Straße in 6 Routen unterteilt, die als einzelne Rundfahrten absolviert werden können:

Route 1: *Die Tour der Stammväter* – Die Wiege der Staufer.
Route 2: *Die Tour der Kaiser* – Berge, Burgen und Gebete.
Route 3: *Die Tour der Freiheit* – Abenteuer und Erholung in der Natur.
Route 4: *Die Tour der Gegensätze* – Zwischen Himmel und Hölle.
Route 5: *Die Tour der Herrscher* – Ritter, Römer und Ruinen.
Route 6: *Die Tour der Erlebnisse* – Sagen und Naturgewalten.

Bei der folgenden Beschreibung wird die Fahrt auf der großen Rundtour unternommen. Wir beginnen in **Göppingen (1)**, 1200 durch die Staufer zur Stadt erhoben. In der Stauferhalle beim Stadtschloss mit seinem Museum besichtigen wir die Ausstellung zur Geschichte und Kultur der Staufer. Nicht nur die Kinder zieht es dann ins Märklinmuseum. Nach Süden geht die Fahrt, wir erreichen **Bad Boll (2)**. Die Stiftskirche St. Cyriakus von 1140 ist eine romanische Pfeilerbasilika. Nun wenden wir uns nach Norden und kommen nach **Faurndau (3)**, einem Stadtteil von Göppingen, hier erhebt sich die Stiftskirche, eine romanische Basilika aus der Zeit um 1200. Über Wangen mit seiner Nikolauskirche, erstmals 1178 erwähnt,

Anfahrt
Göppingen liegt an der B 10, wir erreichen die Stadt auch über die A 8, Ausfahrt Kirchheim (Teck) Ost oder West.
Das Gebiet kann mit Radtouren auf Stauferspuren erkundet werden, Wanderer können die Strecke etappenweise auf dem Barbarossaweg erleben.

Tourist-Information
Touristik-Gemeinschaft
Stauferland e. V.
Verkehrsamt
Kornhausstraße 14
73525 Schwäbisch Gmünd
Tel. 0 71 71 /60 34 50
Fax 0 71 71 / 60 34 59
www.schwaebisch-gmuend.de
E-Mail: tourist-info@schwaebisch-gmuend.de

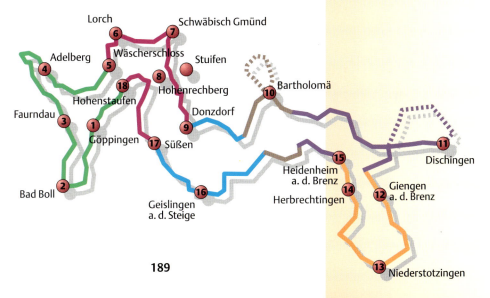

80

Feste und Veranstaltungen
In Göppingen finden im November Internationale Theatertage statt, die Freilichtspiele im Kloster Adelberg werden im Juli und August aufgeführt, die Klosterkonzerte in Lorch werden zu verschiedenen Terminen von Mai bis November gegeben, in Schwäbisch Gmünd und in der Umgebung gibt es von Juli bis September das Festival der Europäischen Kirchenmusik, auf der Freilichtbühne Königsbronn gibt es im Juli und August Aufführungen, gegen Ende März werden die Niederstrotzinger Musiktage veranstaltet, in Heidenheim werden Opernfestspiele im Juli und Volksschauspiele von Juni bis September gegeben; lang ist die Liste der örtlichen Feste zu jeder Jahreszeit.

und Oberberken fahren wir nach **Adelberg (4)**, das einst Hundsholz hieß und 1851 sich nach dem Kloster Adelberg benannte. Nach Birenbach mit seiner Wallfahrtskirche kommen wir in **Wäschenbeuren (5)** an, über dem Ort das Wäscherschloss, eine gut erhaltene Ritterburg aus der Zeit um 1200, einst Stammsitz der Herren von Büren, der Vorfahren der Staufer. Im Nachbarort **Lorch (6)** besichtigen wir das um 1100 von Herzog Friedrich I. von Schwaben gegründete Benediktiner-Kloster mit der romanischen Kirche, zeitweise Grablege der Staufer. Jetzt ist es nicht weit nach **Schwäbisch Gmünd (7)**, der ältesten staufischen Stadtanlage (1162).

Wir fahren nach Süden, kommen nach Rechberg mit der Ruine der **Burg Hohenrechberg (8)** aus dem 12. Jh., die 1865 einem Blitzschlag zum Opfer fiel. Von hier haben wir einen schönen Blick, auch auf den Hohenstaufen und den Stuifen hinüber. Südlich liegt **Donzdorf (9)**, überragt von der Ruine des Scharfenschlosses aus dem 12. Jh. und von Schloss Ramberg. Über Lauterstein mit dem Schloss Weißenstein (15. Jh.) und Böhmenkirch, einer Gründung aus dem 12. Jh., kommen wir nach **Bartholomä (10)** mit der Kirche aus dem 13. Jh. Bei einem Abstecher über Heubach fahren wir an der Ruine der Lauterburg vorbei. Über Königsbronn mit der Ruine Hartenstein und zunächst an Heidenheim vorbei gelangen wir nach **Dischingen (11)**. Die Burg Katzenstein, ein staufischer Wehrbau aus dem 11. Jh., ist vollständig erhalten geblieben. Es empfiehlt sich ein Abstecher über Neresheim, wo wir die Benediktiner-Abtei besichtigen. Die nächste Station ist **Giengen an der Brenz (12)**, von Barbarossa mit dem Stadtrecht versehen. Wir sehen die Kirche aus dem 13. Jh. und Reste einer Burg und Stadtbefestigung, wir besuchen das Margarete-Steiff-Museum und in der Nähe die Charlottenhöhle, mit 587 m eine der längsten Schauhöhlen. Bei der Weiterfahrt sehen wir die Ruine Güssenburg, bei Hermaringen das Schloss Burgberg, schon 1209 erwähnt, und kommen durch Brenz mit seinem Schloss nach **Niederstotzingen (13)**, Stadt einer freien Ritterschaft bis 1806. Im Stadtteil Oberstotzingen steht ein Renaissance-Schloss, in Stetten ein Rittergut, wo „Die Württemberger Ritter" mit Turnieren und anderen Veranstaltungen das mittelalterliche Erbe pflegen. Nach Bissingen mit der mittelalterlichen Kirche und der Ruine der Eselsburg kommen wir in **Herbrechtingen (14)** an. Das Kloster wurde im 10. Jh. gegründet, die heutigen Gebäude stammen aus dem 16./17. Jh. In der Nähe die Reste des staufischen Klosters Anhausen und der Burg Falkenstein. In **Heidenheim an der Brenz (15)** waren wir schon bei der Fahrt auf der *Schwäbischen Albstraße*.

190

Deswegen wollen wir hier nur das Schloss Hellenstein erwähnen, im 11. Jh. gegründet. Auch in **Geislingen an der Steige (16)**, wohin wir über Steinheim und Söhnstetten gelangt sind, waren wir. Über der Stadt sehen wir nun nochmals die Ruine der Burg Helfenstein (um 1100). Wir fahren weiter, durch Gingen bis **Süßen (17)**, hier den Berg hinauf zur Ruine der Burg Staufeneck, zu Beginn des 13. Jh. errichtet. Die Fahrt führt nun über Ottenbach zum **Hohenstaufen (18)**. Am Fuß des Berges befinden sich die Barbarossakirche (14. Jh.) und die Dokumentationsstätte zur Geschichte der Staufer. Auf dem Berg thront die Stammburg der Staufer, errichtet im 11. Jh., ruiniert im Bauernkrieg 1525. Der Blick schweift weit übers Land, unterhalb sehen wir **Göppingen (1)**, wo unsere Rundfahrt enden wird.

Kulinarische Köstlichkeiten
Bei den schon früher erwähnten Spezialitäten aus der schwäbischen Küche lebt es sich hier wie ein Kaiser im Stauferland.

Blick auf das Stauferland.

81 Hohenzollernstraße

Highlights
Die Burgen und Schlösser der Hohenzollern in Glatt, Haigerloch, Hechingen, Sigmaringen, Hohenfels, Wildenstein und Balingen.

Anfahrt
Über die A 81, Ausfahrt Sulz am Neckar, erreichen wir den Sulzer Ortsteil Glatt.
Radwege und der Zollern-Wanderweg begleiten diese Ferienstraße.

Tourist-Information
Arbeitsgemeinschaft
Hohenzollernstraße
Kurverwaltung Glatt
Im Schloss
72172 Sulz-Glatt
Tel. 0 74 82 / 3 16
Fax 0 74 82 / 72 49

Seit 1061 sind die Zollern in Schwaben bekannt; Mitte des 16. Jh. nannte sich das Adelsgeschlecht Hohenzollern, das über ein Gebiet vom Neckar bis zur Donau herrschte. 1191 kam Graf Friedrich III. durch Heirat in den Besitz der Burggrafenschaft Nürnberg, seine Söhne teilten sich das Territorium. Die fränkische Linie wurde evangelisch, erhielt 1417 die brandenburgische Kurwürde, 1618 als polnisches Lehen das Herzogtum Preußen, das zur Großmacht wurde. Seit 1871 waren die preußischen Könige zugleich deutsche Kaiser. Im Machtwahn griff das Deutsche Reich unter Wilhelm II. 1914 nach der Weltherrschaft, löste den Ersten Weltkrieg aus – und 1918 musste der Kaiser auf den Thron verzichten. Die schwäbischen Hohenzollern blieben katholisch, dienten den Habsburgern, wurden Fürsten, und traten nach 1848 ihre Staaten an Preußen ab.

Die Ferienstraße mit dem fürstlichen Namen führt uns auf 230 km Länge rund durch die Hohenzollernschen Lande. Unsere Tour beginnt in **Glatt (1)**, das unter wechselnder Herrschaft stand, zuletzt dem Kloster Muri in der Schweiz gehörte, als es 1806 zu Hohenzollern-Sigmaringen gelangte. Das Wasserschloss von 1513 beherbergt auch ein Bauernmuseum. Über Horb fahren wir nach **Haigerloch (2)**, der hohenzollerischen Residenzstadt im Eyachtal. Im ehemaligen Felsenbierkeller unter der Schlosskirche ist das Atomkellermuseum zu besichtigen, wo während des Zweiten Weltkrieges – zum Glück vergeblich – deutsche Forscher an der Atombombe bastelten. Die Fahrt führt uns weiter, über Rangendingen und Stein, wo ein rekonstruierter römischer Gutshof Mittelpunkt eines großen Freilichtmuseums ist, nach **Hechingen (3)**, überragt von der Burg Hohenzollern, dem Stammsitz der Hohenzollern auf einem Vorberg der Schwäbischen Alb. 1819 besuchte der junge preußische Kronprinz Friedrich Wilhelm die Anlage, die längst eine Ruine war. Ab 1850, inzwischen König, ließ er die Burg im neugotischen Stil neu erbauen. In der Christus-Kapelle befanden sich bis 1991 die Särge von Friedrich dem Großen und seinem Vater, die heute in Potsdam stehen.

In zwei großen Schleifen fahren wir nun über Bisingen, Onstmettingen, Hausen,

Burg Hohenzollern über Hechingen.

81

Melchingen und Stetten nach **Trochtelfingen (4)**. Die Fachwerkstadt wird vom Schloss der Grafen von Werdenberg beherrscht. Über Ganselfingen und Neufra kommen wir zur B 32, die uns nach **Sigmaringen (5)** bringt. Das Schloss der Hohenzollern, reich ausgestattet mit Kunstschätzen, erhebt sich auf einem Fels über der Donau.

Wir verlassen die Bundesstraße, fahren über Habsthal mit seinem Kloster – wir sind im Bereich der *Oberschwäbischen Barockstraße* – und Ostrach, dem südöstlichsten Punkt der Hohenzollernschen Lande, und über Pfullendorf zum **Schloss Hohenfels (6)**. Das Deutschordensschloss zwischen Herdwangen-Schönach und Kalkofen in der Nähe des Bodensees kam 1806 in den Besitz der Hohenzollern. Nun führt die Straße nach Norden, über Meßkirch erreichen wir **Leibertingen (7)**, wo über der Donau die große mittelalterliche Burg Wildenstein aufragt. Im Ortsteil Thalheim, den wir hinter uns gelassen haben, befindet sich ein kleines Jagdschloss der Hohenzollern. Bei Hausen im Tal, umgeben von Burgruinen und dem Schloss Werenwag, folgen wir dem Lauf der Donau bis **Beuron (8)**. Das Kloster Beuron ist eine Benediktiner-Erzabtei mit großer Bibliothek und prächtiger Barockkirche. Bei Schwenningen teilt sich die Hohenzollernstraße. Die westliche Route führt über Meßstetten, die östliche über Stetten am kalten Markt, wo viele Baudenkmäler seit dem 13. Jh. zu sehen sind, und Straßberg mit seiner Burg. Beide Routen treffen sich in Ebingen, einem Stadtteil von **Albstadt (9)**, dem „Herz der Schwäbischen Alb". Von hier erreichen wir auf der B 463 **Balingen (10)**. Die Zollern gründeten 1255 diese Stadt, in der außer vielen Baudenkmälern auch ein Zollernschloss zu sehen ist.

Hier teilt sich wieder die Hohenzollernstraße. Die westliche Route führt nach Schömberg und Rosenfeld, beides Orte voller Sehenswürdigkeiten, um in Haigerloch zu enden. Die östliche Route folgt dem Lauf der Eyach, führt durch Owingen, wo die älteste erhaltene Kirche des Hohenzollernlands steht, die Weilerkirche St. Georg aus der Zeit um 1200. Von hier ist bald **Haigerloch (2)** erreicht.

Feste und Veranstaltungen

In Haigerloch werden von Mai bis Juni Schlosskonzerte gegeben, in Beuron gibt es durchs ganze Jahr Klosterkonzerte, in Sigmaringen werden im Juni Schlosskonzerte veranstaltet und am Fastnachtsdienstag findet das historische Bräuteln rund um den Marktbrunnen statt, bei dem die Brautpaare des letzten Jahres zur Schau gestellt werden, in Schömberg gibt es im Oktober den Leonhardsritt mit der Tiersegnung; Heimatfeste verschiedener Art werden überall gefeiert.

Kulinarische Köstlichkeiten

Die schwäbischen Hohenzollern pflegten auch die Spezialitäten der schwäbischen Küche zu genießen, die wir seit unserer ersten schwäbischen Ferienstraße kennen und lieben.

Idyllische Straße

Highlights
Römermuseum in Mainhardt, Diebachsee bei Fichtenberg, Pferdemarkt in Gaildorf, archäologischer Park in Welzheim, Arboretum in Sulzbach/Murr, Mammutbäume und Georg-Kropp-Museum in Wüstenrot.

Anfahrt
Die Orte entlang der Ferienstraße sind über die Autobahnen A 7, A 8 und A 81 sowie über die Bundesstraßen B 14 und B 19 sowie über Landstraßen zu erreichen. Abseits der Autostraße gibt es einen ausgeschilderten Radrundweg und einen Wanderweg.

Tourist-Information
Touristikgemeinschaft
Neckar-Hohenlohe-Schwäbische Alb
Am Markt 9
74523 Schwäbisch Hall
Tel. 07 91 / 75 13 85
Fax 07 91 / 75 13 75
www.schwaebischhall.com
E-Mail: touristik@schwaebischhall.de

Die Idyllische Straße ist ein Rundkurs und ungefähr 130 km lang. Sie führt durch ein einzigartiges Ferien- und Erholungsgebiet, vorbei an Wäldern und Wiesen, alten Mühlen und Überresten und Nachbildungen des Limes.

Wir beginnen unsere idyllische Tour in **Mainhardt (1)**, einem Luftkurort in 500 m Höhe im Naturpark Schwäbisch-Fränkischer Wald. Über Oberrot mit der Bonifatiuskirche und dem Sägemühlmuseum fahren wir weiter nach **Fichtenberg (2)**, idyllisch gelegen in einer faszinierend schönen und vielgestaltigen Landschaft.

Unser nächstes Ziel ist **Gaildorf (3)** am Kocher, im Herzen des Limpurger Landes. Das Alte Schloss, die ehemalige Residenz der Schenken, war ursprünglich ein Wasserschloss und ist gut erhalten. In dem Neuen Schloss befindet sich heute das Rathaus. Wegen der schönen Aussicht wandern wir auf den 458 m hohen Kirgel, den Gaildorfer Hausberg, und besteigen den hölzernen Aussichtsturm. Eisenbahnfreunde unternehmen eine Fahrt mit dem Kochertalexpress nach **Untergröningen (5)**. Ebenfalls im Kochertal liegt **Sulzbach-Laufen (4)**, wo wir uns bei gemütlichen Spaziergängen durch Wald und Feld erholen, bevor wir weiter fahren nach **Untergröningen (5)**. Zu den Sehenswürdigkeiten gehören das Schloss, die Schlosskirche mit der Wallfahrtsmadonna, das von den Kindern so beliebte Wildschweingehege und eine Fahrt mit dem Kochertal-Express nach **Gaildorf (3)**. Über Eschach mit der Johanniskirche und ihrem prächtigen Hochaltar gelangen wir nach **Gschwend (6)**, einem lieblichen Ort und ein Paradies für Wanderer.

Der nächste Ort, den wir anfahren, heißt **Welzheim (7)**, ein Luftkurort, idyllisch gelegen und beliebt wegen seiner prickelnden „Champagnerluft". Sehenswert ist der archäologische Park im Ostkastell und die Römerabteilung mit Ausgrabungsfunden im Städtischen Museum.

Über Kaiserbach mit dem Ebnisee und Althütte fahren wir nach **Murrhardt (8)**, wo wir auf idyllischen Gassen durch die Altstadt bummeln und uns im Hochsommer im Waldsee erfrischen können. Nun fahren wir durchs Murrtal nach **Sulzbach/Murr (9)**. Hier bewundern wir das Schloss

Lautereck, die Kirche St. Ulrich und das Arboretum, in dem parkähnlichen Wald gedeihen 20 unterschiedliche Baumarten aus Asien und Nordamerika.

Über Spiegelberg gelangen wir nach **Wüstenrot (10)**. Diese weit verzweigte Gemeinde liegt in einer reizvollen Landschaft zwischen Lautertal und Brettachtal. In Wüstenrot besuchen wir auch das Georg-Kropp-Museum; 1921 gründete der Namensgeber des Museums in Wüstenrot die 1. Deutsche Bausparkasse. In dem Museum wird die Geschichte der Bausparkasse erzählt. Von hier geht´s zu unserem Ausgangsort **Mainhardt (1)** zurück.

Oberschwäbische Barockstraße

Eine Fahrt entlang der rund 500 km langen Oberschwäbischen Barockstraße ist ein sinnliches Vergnügen: Schlösser, Kirchen und Klöster, sanfte Hügel, weite Wiesen und überall einladende Gasthäuser. Sie werden entdecken, dass Barock hierzulande ein Lebensgefühl ausdrückt und alles einschließt, auch das Essen und Trinken.

Diese Tourismusstraße teilt sich in vier Routen: Die 380 km lange *Hauptroute* beginnt in **Ulm (1)** und führt zu über 30 Orten mit bekannten und weniger bekannten barocken Sehenswürdigkeiten. Zuerst besichtigen wir das gotische Ulmer Münster mit dem höchsten Kirchturm (161 m) der Welt. Der Innnenraum wurde erst im 19. Jh. vollendet. Kurz hinter Ulm besichtigen wir das Kloster Wiblingen mit seiner Bibliothek.

82

Feste und Veranstaltungen
Pferdemarkt in Gaildorf im Februar; Bluesfest in Gaildorf alle 3 Jahre im Sommer; Auf der Wacht, Internationale Moto-Cross-Veranstaltung in Gaildorf; Lichterfest in Murrhardt im Juni; Sommerpalast in Murrhardt im Juli; Welzheimer Heimattag alle 5 Jahre; Dorfplatzfest in Wüstenrot alle 2 Jahre; Weinfest in Welzheim im Oktober.

Kulinarische Köstlichkeiten
Entlang dieser Ferienroute bieten zahlreiche Gasthäuser ein spezielles Mühlenvesper an. Andere Spezialitäten sind Maultaschen in vielfältigen Zubereitungen, Hausmacher Wurst mit kräftigem Brot und Most. Siehe hierzu die Beschreibung der „Schwäbischen Weinstraße".

Die Meuschenmühle an der Idyllischen Straße in Alfdorf.

83

Highlights
Kloster Wiblingen bei Ulm, der welthöchste Kirchturm in Ulm; Blutritt, die längste Reiterprozession Europas in Weinheim, Heiliges Grab in Laupheim, Predigerbibliothek in Isny, Barock-Basilika in Weingarten, Jörg-Zürn-Altar in Überlingen, Treppenhaus von Balthasar Neumann im Neuen Schloss in Meersburg, Dreiländerfahrt um den Bodensee; Stiftsbibliothek in St. Gallen, Martinsturm in Bregenz, Basilika in Ottobeuren, Silberschatz in der Kirche von Kißlegg.

83

Anfahrt

Ulm ist über die Autobahnen A 7 und A 8, die anderen Orte entlang der Tourismusstraße auf den Bundesstraßen B 14, B 30, B 32 und B 311 sowie auf Land- und Kreisstraßen zu erreichen. Zwischen Donau und Bodensee gibt es einen ausgeschilderten Radwanderweg,

Tourist-Information

Gebietsgemeinschaft
Allgäu-Bodensee-Oberschwaben
Ravensburger Straße 1
88331 Bad Waldsee
Tel. 0 75 24 / 94 13 43
Fax 0 75 24 / 94 13 45

Feste und Veranstaltungen

Für Musikliebhaber gibt es fast das Jahr über entlang der Oberschwäbischen Barockstraße Barockkonzerte in meist historischen Gebäuden; St.-Georgs-Ritt, Reiterprozession in Ochsenhausen und Umgebung im Mai; Blutritt, die längste Reiterprozession Europas in Weinheim und Umgebung im Mai; Sommernachtsfest in Neukirch-Goppertsweiler im Juni; Öchslefest mit historischem Handwerkermarkt in Ochsenhausen im Juni; Lichterprozession in Bad Wurzach im Juli; Kinder- und Heimatfest mit historischem Umzug in Isny im Juli; Hl. Blutfest mit großer Reiterprozession in Bad Wurzach im Juli; Internationale Orgelkonzerte auf der historischen Gabler-Orgel in Weingarten Juli / August; Museumsfest in Wolfegg im September.

Weiter geht's über Laupheim mit der schönen barocken Stadtpfarrkirche St. Peter und Paul, dem Wahrzeichen der Stadt. Die St.-Leonhards-Kapelle birgt ein Heiliges Grab. Von Laupheim gelangen wir nach **Biberach (2)**, wo wir einen Altstadtbummel machen und die Stadtpfarrkirche St. Martin mit dem stimmungsvollen Innenraum bewundern. Unser Weg führt uns weiter über Rot an der Rot (Ausgangspunkt der *Ostroute*) nach **Bad Wurzach (3)**, der kleinen Residenz am Ried. Glanzstück ist im Schloss das „schönste Barock-Treppenhaus Oberschwabens", das sich durch drei Stockwerke zum Deckengemälde des heidnischen Götterhimmels hinaufschwingt. Sehenswert außerdem die kleine Rokoko-Hauskapelle in Maria Rosengarten und die barocke Wallfahrtskirche auf dem Gottesberg mit der Hl.-Blut-Reliquie.

Unser nächster Ort liegt eingebettet zwischen Seen und Mooren, er heißt **Kißlegg (19)**, und hier besichtigen wir das Neue und das Alte Schloss. Dieser Ort ist auch der Endpunkt der Ostroute. Nun geht's weiter nach **Isny (4)**, wo sich hinter der unscheinbaren Fassade der St.-Georgs-Kirche eine „Rokokoperle des Westallgäus" verbirgt. Nebenan befindet sich die Nikolaikirche, deren einzigartige Predigerbibliothek noch Handschriften aus dem 13. Jh. enthält. Über Tettnang fahren wir jetzt nach **Langenargen (5)** mit der stattlichen Barockkirche St. Martin. Bevor wir unser nächstes Ziel anfahren, sehen wir schon von weitem die beiden 55 m hohen Kuppeltürme der Schlosskirche, dem Wahrzeichen der Zeppelinstadt **Friedrichshafen (6)**. Sehenswert ist am Hafen der Hafenbahnhof, der das Zeppelinmuseum beherbergt.

Von hier wenden wir uns wieder nordwärts und fahren über Ravensburg, die Stadt der Türme und Tore, nach **Weingarten (7)** mit der mächtigen Basilika. Sie gilt als Höhepunkt süddeutschen Barocks und ist die größte Barockbasilika Deutschlands. In **Bad Waldsee (8)** können wir uns an der barocken Pfarrkirche St. Peter ebenso erfreuen wie an dem „schönsten gotischen Rathaus Oberschwabens". Weiter führt uns der Weg über Bad Schussenried und Bad Buchau nach **Riedlingen (9)**, Ausgangspunkt der Westroute. Hier besichtigen wir die Weilerkapelle, deren Ausstattung zu den sehenswerten Volksheiligtümern Oberschwabens gezählt wird. Bald schon erreichen wir den Wallfahrtsort **Zwiefalten (10)**, wo wir im zweitürmigen Münster den überreichen Innenraum voller Pracht und Glanz bewundern. Über Ehingen mit seinen unzähligen barocken Baudenkmälern und Blaubeuren mit der herrlichen Klosterkirche fahren wir zurück nach **Ulm (1)**.

Die rund 140 km lange *Westroute* beginnt in **Riedlingen (9)**. Von hier gelangen wir auf dieser Route über Ertingen und Saulgau nach **Meßkirch (11)** mit der Stadtkirche. Die Anbetung der Hl. Drei Könige ist ein Glanzstück in leuchtenden Farben des weltweit anerkannten „Meisters von Meßkirch".

Über Pfullendorf mit der schönsten Doppeltoranlage im Bodenseegebiet und der herrlichen Stadtpfarrkirche St. Jacob fahren wir nach **Überlingen (12)**, wo wir im Münster den großartigen Hochaltar von Jörg Zürn bewundern. Unser nächster Ort ist **Meersburg (13)** mit der ältesten Burg Deutschland, dem Alten Schloss. Im Neuen Schloss stehen wir staunend vor dem Treppenhaus des berühmten Balthasar Neumann. Danach kommen wir nach **Friedrichshafen (6)**, dem Endpunkt der Westroute.

Die *Südroute* ist rund 120 km lang und eine Dreiländerfahrt: Wir starten in **Konstanz (14)** und fahren von hier in die Schweiz nach **St. Gallen (15)**. Besondere Beachtung verdient die Christuskirche, die einstige Benediktiner-Abtei Petershausen (heute Archäologisches Landesmuseum), das Rosengarten-Museum und das Rathaus. St. Gallen in der Schweiz ist eine alte Kloster- und Bischofsstadt. Die barocke Kathedrale ist ein prachtvolles Gebäude, und im ehemaligen Kloster sehen wir die weltberühmte Stiftsbibliothek. Jetzt passieren wir die Grenze nach Österreich und fahren über Hohenems mit der beherrschenden Pfarrkirche St. Karl Borromäus nach **Bregenz (16)**. Die Stadt hat sich als Wahrzeichen den Martinsturm gewählt, den ersten Barockbau am Bodensee.

Wieder zurück in Deutschland fahren wir über Lindau nach **Kressbronn (17)** mit verschiedenen Pfarrkirchen und bäuerlichen Gotteshäusern.

Die *Ostroute* ist knapp 100 km lang und beginnt im Allgäu bei Rot an der Rot zwischen **Biberach (2)** und **Bad Wurzach (3)**. Rot liegt abgelegen in einem

Kulinarische Köstlichkeiten
Unwiderstehlich gut schmecken Allgäuer Kässpatzen mit goldbraun gerösteten Zwiebeln, probieren Sie auch die verschiedenen Zubereitungen mit Maultaschen. Auch wenn sie hier nicht wachsen, Linsen werden in Oberschwaben entlang der Barockstraße mit Spätzle aufs köstliche zubereitet. Zu oberschwäbischen Barockgerichten zählen die Laugenbrezelsuppe, die Bratbrennsuppe, grüne Knöpfla, braune Knöpfla, Speckknöpfla, Bauernknöpfla, Semmelknöpfla, Knöpfla waren die Vorgänger der Spätzle; Nonnefürzla (süßes Fettgebäck) und Buebespitzla (Schupfnudeln) werden noch heute zubereitet.

lieblichen Wiesental und besitzt eine vielfältige Klosteranlage mit süßen Zwiebeltürmchen und zwei doppelhaubigen Türmen. In Memmingen bewundern wir die barocke Rathausfassade, die St.-Martins-Kirche mit dem herrlichen Chorgestühl und die Frauenkirche mit den bedeutenden Fresken aus dem 15. Jh.. Weiter geht unsere Fahrt über Ottobeuren, wo wir die Basilika, eine der schönsten deutschen Barockkirchen bewundern, nach **Kempten (18)**. Die Vierflügelanlage der Residenz mit Hofgarten und der Orangerie zeugen von dem barockem Selbstbewusstsein der Herrschenden; grandios und atemberaubend schön die St.-Lorenz-Basilika.

Über Leutkirch nähern wir uns dem Ziel: **Kißlegg (19)**, einem Luftkurort zwischen Seen und Mooren. Das Ortsbild wird geprägt von zwei Schlössern und der Kirche St. Gallus und Ulrich. Der berühmte Silberschatz stammt aus der Augsburger Silberschmiede.

Badische Weinstraße

Highlights
Baden-Baden, Affentaler Weinfest in Bühl, St. Georgener Weintage in Freiburg, Gengenbach im Kinzigtal, Kaiserstuhl-Tuniberg, Lörrach im Dreiländereck mit der Burgruine Rötteln.

Anfahrt
Die Orte entlang der Badischen Weinstraße sind über die Autobahn A 5 zu erreichen.
Rechts und links dieser Tourismusstraße gibt es ausgeschilderte Rad- und Wanderwege.

Tourist-Information
Info und Prospektservice Schwarzwald
c/o Tourismus Service GmbH
Yorckstraße 23
79110 Freiburg
Tel. 07 61 / 89 79 79 79
Fax 07 61 / 89 79 79 89
E-Mail: service@tourismus-service.com

Hier kommen Feinschmecker und Freunde guter Weine voll auf ihre Kosten. Rund 180 km lang ist die Badische Weinstraße, an der Winzer und Winzergenossenschaften, gemütliche Gasthöfe und einladende Hotels jeden Gast aufs Herzlichste willkommen heißen. Baden ist das drittgrößte Weinanbaugebiet in Deutschland, hier gedeihen neben Müller-Thurgau, Riesling (hier auch als Klingelberger bezeichnet) und Weißburgunder auch Silvaner, Muskateller und Gewürztraminer, aber auch roter und weißer Spätburgunder und Ruländer (Grauburgunder). Darüber hinaus gibt es eine Reihe interessanter Neuzüchtungen wie Scheurebe, Nobling, Kerner und Bacchus. Zahlreiche Winzer lassen Sie ihre Weine kosten und häufig dürfen Sie auch einen Blick in den Weinkeller werfen.

Wir beginnen unsere Tour, die durch fünf Regionen (Ortenau, Kaiserstuhl, Breisgau, Tuniberg und Markgräflerland) führt, in **Baden-Baden (1)**, der weltberühmten Kur- und Festspielstadt (siehe hierzu die Beschreibung der *Schwarzwald-Hochstraße*). Von hier fahren wir nach Bühl, wo die berühmten Zwetschgen gedeihen und wo an den Hängen die

berühmten Affentaler Weine wachsen, und weiter nach **Kappelrodeck (2)**, das sich auch Erstes Schwarzwälder Wein- und Edelbranddorf nennt. Knapp 500 Kleinbrenner beziehen ihr Obst von den umliegenden rund 50 000 Obstbäumen.

Über Offenburg, Hauptstadt der Ortenau, mit den schönen Fachwerk-, barocken und klassizistischen Bauten, und Gengenbach, dem wohl schönsten Städtchen im Kinzigtal, kommen wir nach **Lahr (3)**, einer ehemaligen römischen Siedlung.

Weiter führt unser Weg über Kenzingen mit einer denkmalgeschützten Altstadt und Riegel nach **Endingen (4)**. Von hier können wir kreuz und quer durch das Gebiet Kaiserstuhl-Tuniberg fahren, vorbei an sanften Weinbergen und durch idyllische Winzerdörfer. Besuchen Sie Orte wie Sasbach, Amoltern, Achkarren und Bickensohl und die vielen anderen Dörfer. Überall werden Ihnen die edelsten Weine angeboten.

Über Vogtsburg fahren wir nach **Breisach (5)** (siehe hierzu die Beschreibung der *Grüne Straße - Route Verte*). Über Bad Krozingen und Staufen gelangen wir nach **Müllheim (6)**, inmitten des Markgräflerlandes gelegen. Wenn wir Glück haben, findet gerade eines der zahlreichen Wein- oder Sektfeste statt.

Kurz vor unserem Ziel fahren wir über den Töpferort Kandern nach **Lörrach (7)** am Dreiländereck Deutschland – Schweiz – Frankreich. Wir machen einen ausführlichen Stadtbummel und besichtigen am Alten Marktplatz die Stadtkirche, deren Turm fast 500 Jahre alt ist, während die Kirche selbst aus dem Jahr 1817 stammt. Nachdem wir uns mit einem Glas südbadischem Wein gestärkt haben, können wir hinüberfahren nach Basel oder wir machen uns auf zur etwa 4 km entfernten Burgruine Rötteln, wo im Sommer Festspiele stattfinden.

Kaiserstuhl-Tuniberg-Info
Marktplatz 16
79206 Breisach
Tel. 0 76 67 / 94 01 55
Fax 0 76 67 / 94 01 58

Feste und Veranstaltungen
Internationales Grauburgunder Symposium am Kaiserstuhl und Kirschenfest in Endingen im Mai; Aktion offener Winzerkeller zwischen April und Oktober; Weinmesse in Bühlertal im März; Blütensonntag in Lahr im März; Winzerhock und Weinfest in Vogtsburg (Kaiserstuhl) im April und Pfingsten; Oberrheinische Frühjahrsausstellung in Offenburg im April; Müllheimer Weinmarkt im April; Waldulmer Weintage in Kappelrodeck im April; Regio-Messe in Lörrach April / Mai; Wein- und Maifest in Sasbach (Kaiserstuhl) April / Mai; St. Georgener Weintage in Freiburg im Mai; Mittelalterliche Winzertage in Baden-Baden in Juni; Brunnenfest in Gengenbach im Juni; Weindorf in Lörrach im Juni; Affentaler Weinfest in Bühl im Juli; Winzerfest in Sasbach (Kaiserstuhl) im August; Zwiebelkuchenfest in Vogtsburg (Kaiserstuhl) im September.

Kulinarische Köstlichkeiten
Zu den badischen Spezialitäten gehören Spargel, Speck und Schinken, Spätzle und Knöpfle, Zwiebelkuchen und junger Wein.

Blick auf die Rebhänge des Kaiserstuhls.

85 Badische Spargelstraße

Highlights
Schwetzinger Schloss mit seinen Parkanlagen, Schwetzinger Festspiele, Barockschloss mit der Balthasar-Neumann-Treppe in Bruchsal, Karlsruher Schloss, Barockschloss in Rastatt.

Anfahrt
Die Badische Spargelstraße führt parallel zur Autobahn A 5. Die einzelnen Orte sind auf Landstraßen, Kreisstraßen und Bundesstraßen zu erreichen.

Tourist-Information
Bürgermeisteramt Reilingen
Hockenheimer Straße 1-3
68799 Reilingen
Tel. 0 62 05 / 95 22 09
Fax 0 62 05 / 95 22 10
www.kurpfalz-online.de/reilingen
E-Mail: reilingen@kurpfalz-online.de

Tourismus-Verband
Baden-Württemberg
Esslinger Straße 8
70182 Stuttgart
Tel. 07 11 / 23 85 80
Fax 07 11 / 2 38 58 99
www.tourismus-baden-wuerttemberg.de
E-Mail: info@tourismus-baden-wuerttemberg.de

Prospektservice
Baden-Württemberg
c/o TIBS GmbH
Yorckstraße 23
79110 Freiburg
Tel. 07 61 / 89 79 79 79
Fax 07 61 / 89 79 79 89

Wer kann schon zu dem königlichen Gemüse Nein sagen? Spargel wird wie die süßen Erdbeeren von allen Feinschmeckern mit Ungeduld im Frühjahr erwartet. Die deutsche Spargelsaison ist kurz: Etwa ab Mitte April bis zum 24. Juni werden die weißen Stangen gestochen. Während dieser Zeit sorgt die heimische Gastronomie für abwechslungsreiche Spargelgerichte, und es finden hübsche Spargelfeste statt. Wer mag, kann beim Ernten zuschauen, am Wegesrand werden fast überall neben den Feldern frisch gestochene Spargel angeboten. Zur Freude vieler Spargelesser wird die Spargelsaison von manchen Landwirten ein paar Tage nach dem 24. Juni hinausgezögert, aber dann ist endgültig Schluss. Die Pflanzen müssen Kraft schöpfen, um im nächsten Frühjahr wieder in voller Pracht geerntet werden zu können.

Wir beginnen unsere rund 140 km lange kulinarische Tour natürlich am besten während der Saison. Ausgangspunkt ist die weltberühmte Spargelstadt **Schwetzingen (1)**, wo wir uns vor Fahrtbeginn in einem der zahlreichen schönen Gasthäuser an Spargel laben. Spargel ist kein preiswertes Essvergnügen, Spargelanbau und -ernte erfordern mühsame Handarbeit und die hat bekanntlich ihren Preis. Natürlich bewundern wir nach dem fürstlichen Mahl das herrliche Schwetzinger Schloss mit einem der schönsten Gärten Deutschlands und dem Rokokotheater.

Über Hockenheim mit der berühmten Rennstrecke gelangen wir nach **Reilingen (2)**. Hier machen wir einen Spaziergang entlang dem Spargel- und Tabaklehrpfad. Das historische Dorfgemeinschaftshaus mit dem Heimatmuseum und eine original erhaltene fränkische Hofanlage wird ebenfalls besucht. Über St.-Leon-Rot und Hambrücken fahren wir nach **Bruchsal (3)**. Die Stadt liegt in der Oberrheinebene und am Rande des Kraichgaus. Hier finden wir den größten europäischen Spargelmarkt. Zu den Sehenswürdigkeiten gehören das Barockschloss mit dem weltberühmten Treppenhaus von Balthasar Neumann.

Von Bruchsal fahren wir über Büchenau und Friedrichstal nach **Linkenheim-Hochstetten (4)**. Ohne diesen Umweg können wir auch von Waghäusel nach **Graben-Neudorf (5)** und **Linkenheim-Hochstetten (4)** gelangen. Graben-Neudorf ist die größte Spargelanbaugemeinde in Baden-Württemberg. Und wer einmal eine Spargelkönigin sehen möchte, besucht im Mai das beliebte Neudorfer Spargelfest. Unsere nächste Rast machen wir in der ehemaligen großherzoglichen badischen Residenzstadt **Karlsruhe (6)**. Zu den Sehenswürdigkeiten gehören das Schloss mit dem Badischen Landesmuseum und dem schönen Garten, hinter dem sich die Majolika-Manufaktur mit dem Museum befindet.

Über Bietigheim fahren wir nach **Rastatt (7)**, wo in der Südwestdeutschen Saatzucht, dem größten nationalen Spargelzuchtbetrieb, der erste rein männliche Spargel auf der Welt gezüchtet wurde. Von hier gelangen wir über Rauental und Iffezheim nach **Hügelsheim (8)**, wo wir auf jeden Fall frischgekochten Spargel mit den schneckenförmigen Hügelsheimer Pfannkuchen probieren. Weiter geht's über Stoffhofen und Lichtenau nach **Scherzheim (9)**, der vorläufigen Endstation auf der Badischen Spargelstraße.

Feste und Veranstaltungen
Spargelball in St. Leon-Rot im April; Schwetzinger Festspiele Mai / Juni; Spargelsamstag in Schwetzingen im Mai; Neudorfer Spargelfest im Mai; Spargelsonntag (verkaufsoffener Sonntag) in Reilingen im Mai; Spargelfest in Bruchsaal-Büchenau im Mai; Neudorfer Spargelmarkt im Juni; Spargelmarkt in Walldorf im Juni; Spargelfest in Hügelsheim im Juni; Asparaguslauf in Graben-Neudorf im Juni.

Kulinarische Köstlichkeiten
Während der Spargelsaison von Mitte April bis 24. Juni gibt es überall entlang dieser Tourismusstraße Spargelgerichte für jeden Geschmack: Spargelsalat mit Garnelen, Spargelsuppe mit Lachsstreifen, gekochter Stangenspargel mit Hügelsheimer Pfannkuchen, knusprige Spargeltorte, Spargelgratin mit Frühlingsgemüse, raffinierte Spargeltoasts, gebackener Spargel mit Kräutersoße und vieles mehr. Dazu mundet vorzüglich ein gut gekühlter badischer Wein.

„Die Spargelfrau", eine lebensgroße Skulptur in Schwetzingen.

86

Schwarzwald-Bäderstraße und Bertha-Benz-Straße

Highlights
Schmuckmuseum in Pforzheim, Pforzheimer Mess, Calw im Nagoldtal, Hauff´s Märchenmuseum in Baiersbronn, Erlebnisbad „Palais Thermal" in Bad Wildbad, Baden-Baden mit der Caracalla-Therme.

Anfahrt
Pforzheim ist über die Autobahn A 8; Baden-Baden über die A 5, Freudenstadt über die A 5 und die Bundesstraßen B 28 und B 294, Calw über die A 8 und B 463 und Mannheim über die A 5 und A 67 zu erreichen. Im Schwarzwald gibt es eine Vielzahl an ausgeschilderten Rad- und Wanderwegen.

Tourist-Information
Info und Prospektservice
Schwarzwald
c/o Tourismus Service GmbH
Yorckstraße 23
79110 Freiburg
Tel. 07 61 / 89 79 79 79
Fax 07 61 / 89 79 79 89
E-Mail: service@tourismus-service.com

Touristik Nördlicher Schwarzwald
Am Waisenhausplatz 26
75172 Pforzheim
Tel. 0 72 31 / 1 79 29
Fax 0 72 31 / 35 76 91
www.noerdlicher-schwarzwald.de
E-Mail: touristik@noerdlicher-schwarzwald.de

Stadtinformation
Marktplatz 1
75175 Pforzheim
Tel. 0 72 31 / 45 45 60
www.pforzheim.de
E-Mail: stadtinformation-pforzheim@t-online.de

Schwarzwald-Bäderstraße

In keiner anderen Gegend finden wir so viele Kneipp-, Heilklima-, Thermal- und Mineralkurorte wie im Schwarzwald. So verbindet die rund 270 km lange Bäderrundstraße denn auch zahlreiche Kurorte.

Wir starten in **Pforzheim (1)**, „der Goldstadt im Schwarzwald". Hier, wo Enz, Nagold und Würm zusammenfließen, befindet sich das Zentrum der deutschen Schmuck-, Silber- und Uhrenindustrie. Zu den Sehenswürdigkeiten gehören das einzigartige Schmuckmuseum im Reuchlinhaus mit Originalen aus fünf Jahrtausenden, das technische Museum der Pforzheimer Schmuck- und Uhrenindustrie, das Rathaus mit dem schönen Glockenspiel am Marktplatz, der Alpengarten und ein freigelegter römischer Gutshof.

Von hier kommen wir nach **Calw (2)**, schön im Nagoldtal gelegen, umkränzt von dunklen Tannenwäldern. Wir bummeln durch die gemütliche Altstadt mit den hübschen Fachwerkhäusern und besuchen neben dem großen Hermann-Hesse-Museum (der Dichter wurde hier geboren) die Klosteranlage, die Jagdschloss-Ruine in Hirsau und die Renaissanceschloss-Ruine, in der die von Ludwig Uhland besungene Ulme grünte, und die über 900 Jahre alte Aureliuskirche. Die Strecke von hier bis Altensteig ist die abwechslungsreichste dieser beliebten Ferienstraße.

Über Neubulach (hier können wir ein Silberbergwerk besichtigen) gelangen wir nach **Nagold (3)**, einem alten Städtchen mit prachtvollen Fachwerkbauten. Sehenswert sind die Burgruine Hohennagold, die über 1200 Jahre alte Remigiuskirche und das fürstliche Keltengrab in Heidenbühl.

Unser Weg führt weiter über Altensteig, ein malerisches Städtchen mit einem romantischen Schloss, und Dornstetten nach **Freudenstadt (4)** (siehe hierzu die Beschreibung der *Schwarzwald-Hochstraße*). Nachdem wir Rippoldsau-Schapbach im wildromantischen Wolftal passiert haben, fahren wir nach **Baiersbronn (5)**, einem der waldreichsten Urlaubsorte im Schwarzwald. Hier können wir uns prächtig erholen, wandern oder angeln, zu den eiszeitlichen Karseen spazieren oder die Münsterkirche und Hauffs Märchenmuseum besuchen. Über Seewald-Besenfeld mit der Nagold-Talsperre Erzgrube kommen wir nach **Bad Wildbad (6)**, einem beliebten Kurort mit vorbildlichen Kurmitteleinrichtungen. Hier lassen wir uns im Erlebnisbad „Palais Thermal" fürstlich verwöhnen. Zwi-

202

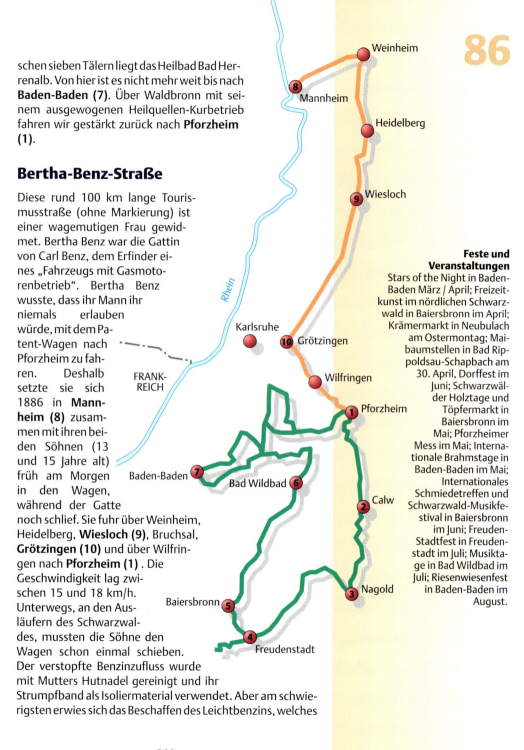

schen sieben Tälern liegt das Heilbad Bad Herrenalb. Von hier ist es nicht mehr weit nach **Baden-Baden (7)**. Über Waldbronn mit seinem ausgewogenen Heilquellen-Kurbetrieb fahren wir gestärkt zurück nach **Pforzheim (1)**.

Bertha-Benz-Straße

Diese rund 100 km lange Tourismusstraße (ohne Markierung) ist einer wagemutigen Frau gewidmet. Bertha Benz war die Gattin von Carl Benz, dem Erfinder eines „Fahrzeugs mit Gasmotorenbetrieb". Bertha Benz wusste, dass ihr Mann ihr niemals erlauben würde, mit dem Patent-Wagen nach Pforzheim zu fahren. Deshalb setzte sie sich 1886 in **Mannheim (8)** zusammen mit ihren beiden Söhnen (13 und 15 Jahre alt) früh am Morgen in den Wagen, während der Gatte noch schlief. Sie fuhr über Weinheim, Heidelberg, **Wiesloch (9)**, Bruchsal, **Grötzingen (10)** und über Wilfringen nach **Pforzheim (1)**. Die Geschwindigkeit lag zwischen 15 und 18 km/h. Unterwegs, an den Ausläufern des Schwarzwaldes, mussten die Söhne den Wagen schon einmal schieben. Der verstopfte Benzinzufluss wurde mit Mutters Hutnadel gereinigt und ihr Strumpfband als Isoliermaterial verwendet. Aber am schwierigsten erwies sich das Beschaffen des Leichtbenzins, welches

Feste und Veranstaltungen
Stars of the Night in Baden-Baden März / April; Freizeitkunst im nördlichen Schwarzwald in Baiersbronn im April; Krämermarkt in Neubulach am Ostermontag; Maibaumstellen in Bad Rippoldsau-Schapbach am 30. April, Dorffest im Juni; Schwarzwälder Holztage und Töpfermarkt in Baiersbronn im Mai; Pforzheimer Mess im Mai; Internationale Brahmstage in Baden-Baden im Mai; Internationales Schmiedetreffen und Schwarzwald-Musikfestival in Baiersbronn im Juni; Freudenstadtfest in Freudenstadt im Juli; Musiktage in Bad Wildbad im Juli; Riesenwiesenfest in Baden-Baden im August.

86

Ein erfrischendes Bad in einer der schönen Anlagen an der Bäderstraße – hier in der Albtherme Waldbronn.

Kulinarische Köstlichkeiten
Stärken Sie sich mit Schwarzwälder Schinken, Speck oder Schäufele, trinken Sie dazu das vielgerühmte Zwetschgen- oder Kirschwasser, Bier oder badischen Wein, und versuchen Sie auf jeden Fall die echte Schwarzwälder Kirschtorte und Zwetschgenkuchen mit Bühler Zwetschgen. Andere Köstlichkeiten sind Tannenhonig, Zwiebelkuchen mit jungem Wein, Wild- und Pilzgerichte sowie feine Speisen mit Süßwasserfischen.

es literweise nur in Apotheken gab. Von **Pforzheim (1)** telegrafierte sie dem Gatten, der jetzt erst begriff, dass dies die erste Fernfahrt in der Automobilgeschichte war und dass sie einer Frau gelungen war. Ihr zu Ehren findet alle zwei Jahre im Sommer (August 2000) ein Oldtimertreff auf der dann ausgeschilderten Route von Mannheim nach Pforzheim statt.

87

Highlights
Baden-Baden, Bühler Höhe, Bühler Zwetschgenfest, Hornisgrinde, Mummelsee, Deutschlands größter Marktplatz in Freudenstadt, Barockresidenz in Rastatt, Murgtal, die größte überdachte und befahrbare Holzbrücke in Forbach.

Schwarzwald-Hochstraße und Schwarzwald-Tälerstraße

Schwarzwald-Hochstraße

Diese Straße im Nordschwarzwald ist rund 70 km lang und verbindet das mondäne Baden-Baden mit Freudenstadt. Kenner bezeichnen sie auch als „Königin der Schwarzwaldstraßen". Ungefähr die Hälfte der Strecke, von Baden-Baden bis zur Hornisgrinde auf der B 500 ist besonders abwechslungsreich und erlaubt sagenhafte Ausblicke übers Rheintal bis zu den Vogesen.

Wir beginnen in **Baden-Baden (1)**, einer Stadt, die aufs Beste Modernes mit Tradition, Ruhe mit städtischem Leben in sich vereint. Langsam nähern wir uns dem **Bühler Höhengebiet (2)** und genießen malerische Ausblicke. Hier, im Land der aromatischen Zwetschgen, können wir auch Weinkeller besichtigen und den edlen Affentaler Wein kosten (siehe hierzu die Beschreibung der *Badischen Weinstraße*). Wenn wir den höchsten Gipfel des nördlichen Schwarzwaldes, die Hornisgrinde mit 1164 m erreicht haben, sollten wir eine Bergwanderung unternehmen, die auch unsportlichen Zeitgenossen Spaß macht. Auf dem Gipfel erfreut eine herrliche Aussicht des Wanderers Auge und Herz. Am Fuße der Hornisgrinde liegt der **Mummelsee (3)**, ein urtümlicher Eiszeitrest. Weiter führt uns der Weg zum Schliffkopf (1055 m), hier ist ein vielfältiges Naturschutzgebiet für Wanderer und Spaziergänger. Auch von **Kniebis (4)** aus können wir schöne Wanderungen auf den rund 1000 m hohen Kniebis unternehmen, bis wir nach wenigen Autominuten **Freudenstadt (5)**, einen heilklimatischen Kurort, erreichen.

Schwarzwald-Tälerstraße

Diese rund 100 km lange Tourismusstraße beginnen wir in **Rastatt (6)**. Diese Europastadt mit zwei Rheinübergängen ins Elsass ist die älteste Barockresidenz am Oberrhein. Über Gaggenau kommen wir nach **Gernsbach (7)**. Die prächtigen Häuser in den historischen Straßen zeugen von dem einstigen Wohlstand Gernsbachs. Der Ort war Hauptsitz der Murgschifferschaft. Die Baumstämme wurden zu Flößen zusammengebunden und auf gefahrvollem Weg ins Tal geschafft. Sägemühlen, Papiermühlen und Flößerstationen brachten den Menschen Wohlstand, so dass die Bezeichnung „Fugger des Murgtales" durchaus seine Berechtigung hatte.

Unser nächstes Ziel heißt **Forbach (8)**, im wildromantischen Murgtal gelegen. Die Ferienregion Forbach erstreckt sich zwischen Schwarzwald-Hochstraße und Schwarzwald-Tälerstraße. Zu den Sehenswürdigkeiten gehören die größte, freitragende, überdachte und befahrbare Holzbrücke, die Schwarzenbach-Talsperre, das einzigartige Dorf- und Heimatmuseum, das Naturschutzdenkmal Giersteine und ein Wildgehege.

Anfahrt
Baden-Baden und Rastatt sind über die Autobahn A 5, Freudenstadt über die Bundesstraßen B 28, B 294, B 462 und B 500, Alpirsbach über die B 294 und B 462 zu erreichen.
Entlang der Ferienstraßen gibt es ausgeschilderte Rad- und Wanderwege.

Tourist-Information
Info und Prospektservice Schwarzwald
c/o Tourismus Service GmbH
Yorckstraße 23
79110 Freiburg
Tel. 07 61 / 89 79 79 79
Fax 07 61 / 89 79 79 89
E-Mail: service@tourismus-service.com

Touristik Nördlicher Schwarzwald
Am Waisenhausplatz 26
75172 Pforzheim
Tel. 0 72 31 / 1 79 29
Fax 0 72 31 / 35 76 91
www.noerdlicher-schwarzwald.de
E-Mail: touristik@noerdlicher-schwarzwald.de

87

Feste und Veranstaltungen
Historisches Vereinsfest in Rastatt im Mai; Internationale Brahmstage in Baden-Baden im Mai; Jazz im Kloster in Alpirsbach im Juni; Shakespeare-Sommertheater Juni / Juli in Baden-Baden; Baden-Badener Sommernächte im Juli; Wandertreff, Treffpunkt der Sternwanderer in Freudenstadt mit Abschlussfest im August; Große Woche Iffezheim in Baden-Baden August/September; Rastatter Herbstjahrmarkt im September; Bühler Zwetschgenfest im September.

Kulinarische Köstlichkeiten
Siehe hierzu die Beschreibung der Route 86: Schwarzwald-Bäderstraße.

Romantischer Blick ins Reichental, ein Seitental der Murg.

Über Schönmünzach und Schönegründ gelangen wir nach **Klosterreichenbach (9)**, einem Ortsteil von Baiersbronn. Hier empfehlen wir den Besuch der Münsterkirche und des Hauff-Märchenmuseums. Weiter geht's dann bis **Freudenstadt (5)** und von hier über Loßburg nach **Alpirsbach (10)**. Der Luftkurort liegt in einer reizvollen Landschaft und verfügt über ein großes Wegenetz für Wanderer und Spaziergänger.

88

Highlights
Uhrenindustriemuseum in Villingen-Schwenningen; Titisee, Gutachtalbrücke bei Neustadt-Titisee; Deutsches Uhrenmuseum in Furtwangen; höchste Wasserfälle in Deutschland in Triberg, Burgfest in Waldkirch, großartige Landschaften, schindelgedeckte Schwarzwaldhäuser, klare Forellenbäche, dunkelgrüne Wälder.

Deutsche Uhrenstraße und Schwarzwald-Panoramastraße

Deutsche Uhrenstraße
Dieser erlebnisreiche Rundkurs ist rund 320 km lang und führt durch die wunderschöne und vielfältige Landschaft des südlichen und mittleren Schwarzwaldes. Entlang dieser Route gibt es eine Reihe Sehenswürdigkeiten und reizvolle Museen rund um die Uhr. Einige der Uhrenfabriken gewähren Einblick in ihre Produktion.

Seit dem 17. Jh. werden im Schwarzwald Uhren gefertigt: Trompeter- und Flötenuhren, Bilder- und Rahmenuhren, Wächterkontrolluhren und Schottenuhren, Regulatoren und Doppelglockenwecker bis hin zu modernen Quarz- und Funkuhren. Schon im Jahr 1840 gab es in vier Erdteilen und 23 Ländern Niederlassungen Schwarzwälder Uhrenhändler.

88

Anfahrt
Villingen-Schwenningen ist über die Autobahn A 81, andere Orte entlang der Uhrenstraße über die Bundesstraßen B 31, B 33, B 462 und B 500 zu erreichen.
Waldkirch ist über die A 5, und Hinterzarten über die B 31 zu erreichen. Wanderungen und Radwanderungen sind auf Teilstrecken parallel der Ferienstraßen möglich.

Wir beginnen unsere Autotour in **Villingen-Schwenningen (1)**, einem beliebten Kurort mit drei Museen, die Uhren gewidmet sind: das Uhrenmuseum, das Uhrenindustriemuseum und das Franziskanermuseum. In Vöhrenbach besuchen wir das Uhrmacherhäusle und die Bruderkirche und fahren weiter nach **Neustadt-Titisee (2)**, wo wir uns in der Heimatstube über die Geschichte der Uhrmacherei informieren. Weitere Sehenswürdigkeiten sind das Münster und die Gutachtal-

Einst ein typisches Bild im Schwarzwald: der Uhrenträger.

Anfahrt

Villingen-Schwenningen ist über die Autobahn A 81, andere Orte entlang der Uhrenstraße über die Bundesstraßen B 31, B 33, B 462 und B 500 zu erreichen.
Waldkirch ist über die A 5, und Hinterzarten über die B 31 zu erreichen. Wanderungen und Radwanderungen sind auf Teilstrecken parallel der Ferienstraßen möglich.

Tourist-Information

Arbeitsgemeinschaft
Deutsche Uhrenstraße
Im Bahnhof Schwenningen
78054 Villingen-Schwenningen
Tel. 0 77 20 / 28 12 08
Fax 0 77 20 / 82 12 07

Info und Prospektservice
Schwarzwald
c/o Tourismus Service GmbH
Yorckstraße 23
79110 Freiburg
Tel. 07 61 / 89 79 79 79
Fax 07 61 / 89 79 79 89
E-Mail: service@tourismus-service.com

Feste und Veranstaltungen

Jahrmarkt in Waldkirch im März; Blütenwanderwochen im Glottertal im April; C-Turnier für Zweispänner-Kutschen in St. Märgen im Mai; Kunst & Kultur Festival in Glottertal im Juni; Nationales und Internationales Blasmusikfestival in Villach-Schwenningen im Juni; Internationales Orgelfest mit Stadtfest in Waldkirch im Juni; Seenachtsfest in St. Georgen im Juni;

brücke, das höchste Brückenbauwerk des Schwarzwaldes. Weiter geht's über **St. Märgen (3)** mit der Uhrenausstellung im Rathaus und über Glottertal nach **Waldkirch (4)**. Nach einem Bummel durch die historische Altstadt mit den pittoresken Fachwerkhäusern bewundern wir im Elztalmuseum Spieluhren und alte Orgeln. In Gütenbach besichtigen wir Großuhrwerke und die Turmuhr des Gütenbachers Philipp Furtwängler. Die Uhrenfabrik Heinzmann stellt hier traditionelle Schwarzwälder Kuckucks- und Schilduhren her. Sodann fahren wir weiter nach **Furtwangen (5)** und besichtigen hier das Deutsche Uhrenmuseum. Sehenswert sind zudem die Donauquelle an der Martinsquelle, die Hexenlochmühle sowie die Aussichtstürme Brend und Stücklewald. In Triberg entdecken wir im Schwarzwaldmuseum eine umfangreiche Uhrensammlung und in der Uhrenfabrik Hubert Herr schauen wir dem Schnitzer über die Schulter und beobachten, wie eine Kuckucksuhr entsteht. Die größte Kuckucksuhr der Welt steht beim Eble Uhrenpark in Triberg-Schonachbach.

Wir fahren weiter nach **Schramberg (6)**, besichtigen das Stadtmuseum und die astronomische Uhr am Rathaus. Auch in St. Georgen können wir Uhrensammlungen im Rathaus und im Heimatmuseum bestaunen. Unser weiterer Weg führt uns nach **Rottweil (7)**. Am Heilig-Kreuz-Münster gibt es die steinerne Sonnenuhr und im Salinenmuseum die Salinenuhr zu besichtigen.

Wir nähern uns langsam wieder unserem Ausgangspunkt. Aber zuvor betrachten wir schöne Wanduhren in der Heimatstube in Trossingen. Dann fahren wir über Bad Dürrheim zurück nach **Villingen-Schwenningen (1)**.

Schwarzwald-Panoramastraße

Diese wunderschöne Straße durch den Schwarzwald ist rund 50 km lang. Sie führt uns auf kurvenreicher Straße durch ein landschaftlich außerordentlich reizvolles Gebiet, teilweise entlang der *Deutschen Uhrenstraße*.

Für unsere schöne Tour starten wir in **Waldkirch (4)** und fahren durch den Kandelwald, vorbei am 1242 m hohen Kandel, und über St. Peter nach **St. Märgen (3)**. Nach wenigen Kilometern verlassen wir wieder die Deutsche Uhrenstraße, die hier zum Titisee führt. Wir fahren die schmale Straße vorbei an der 1190 m hohen Weißtannenhöhe bis nach **Hinterzarten (8)**.

Den Eisenbahnfreunden empfehlen wir die Fahrten mit den Schwarzwälder Museumseisenbahnen.

Grüne Straße – Route Verte

89

Routenkennzeichnung der grenzüberschreitenden Grünen Straße – Route Verte.

Die grenzüberschreitende *Grüne Straße – Route Verte* ist rund 250 km lang und verbindet die einzigartigen Regionen des südlichen Schwarzwaldes, des Elsass und Lothringens. Mit Unterstützung der Europäischen Union entstand als deutsch-französisches Gemeinschaftsprojekt ein gut ausgeschilderter Radwanderweg entlang dieser Ferienstraße.

Wir beginnen mit unserer Tour in **Titisee-Neustadt (1)**. Bei sommerlich schönem Wetter erfrischen wir uns im kristallklaren Wasser des Titisees. Von hier fahren wir weiter über die beliebten Urlaubsorte Hinterzarten und Kirchzarten nach **Freiburg im Breisgau (2)**. Wir bummeln durch die hübsche Altstadt mit ihren „Bächle" und „Gässle" und besichtigen das berühmte gotische Münster. Über Tiengen gelangen wir nach **Breisach (3)**. Schon von fern grüßt uns das St.-Stephans-Münster. Von hier oben genießen wir einen herrlichen Rundumblick über Schwarzwald, Vogesen und das weite Rheintal. Über den Rhein kommen wir nach Neuf-Brisach in Frankreich. Der Grundriss dieser Stadt in der Oberrheinebene gleicht einem Stern. Von hier fahren wir nach **Colmar (4)**, der charmanten

Highlights
Titisee, Isenheimer Altar in Colmar, Narzissenfest in Gérardmer, das „blühende Dorf" Le Tholy, das Bollwerk von Uxegney und die „Wasserstadt" Vittel.

Anfahrt
Titisee-Neustadt ist über die Autobahn A 5 und die Bundesstraße 31 zu erreichen. Colmar in Frankreich auf der anderen Rheinseite über die A 35, andere Orte in Frankreich über die B 415 und B 417.
Rechts und links dieser Ferienstraße gibt es ausgeschilderte Rad- und Wanderwege.

Tourist-Information
Breisach-Touristik
Marktplatz 16
79206 Breisach
Tel. 0 76 67 / 94 01 55
Fax 0 76 67 / 94 01 58

Info und Prospektservice
Schwarzwald
c/o Tourismus Service GmbH
Yorckstraße 23
79110 Freiburg
Tel. 07 61 / 89 79 79 79
Fax 07 61 / 89 79 79 89
E-Mail: service@tourismus-service.com

89

Feste und Veranstaltungen
Narzissenfest in Gérardmer im April; Oldtimer-Treff in Hinterzarten im Juni; Bergfest in Hinterzarten im Juli; Festspiele Breisach zwischen Juni und September an Samstagen und Sonntagen; Breisacher Bezirksweinfest im August; Schwarzwälder Volksmusik-Festival in Titisee-Neustadt im Oktober.

Kulinarische Köstlichkeiten
Schwarzwälder Kirschtorte, Schwarzwälder Schinken, Elsässer Sauerkraut mit kernigem Schweinefleisch und würziger Wurst oder mit feinen Edelfischen, Gugelhupf, Zwiebelkuchen, Munsterkäse, Wildgerichte in den Vogesen, Käsespezialitäten von Le Tholy.

Hauptstadt des Elsässer Weins. Zu bestaunen sind hier neben dem Gerber-Viertel mit den malerischen Fachwerkhäusern und Kanälen das Bartholde-Museum und der Isenheimer Altar im Unterlindenmuseum.

Weiter geht's über das malerische Turckheim, wo heute noch um 22 Uhr der Nachtwächter mit Laterne und Hellebarde seine Runde dreht, nach **Munster (5)**, den Ort, den wohl jeder Käseliebhaber kennt. Dieser kräftige Gaumenschmaus wird hier aus würziger Vogesenmilch hergestellt und sollte unbedingt probiert werden. Von Gérardmer, herrlich am See gelegen und eingerahmt von bewaldeten Hängen, fahren wir ins „blühende Dorf" **Le Tholy (6)**, einem Zentrum für feine Käsespezialitäten. Schon bald erreichen wir die Hauptstadt der Vogesen, **Épinal (7)**. Zu den Sehenswürdigkeiten gehören die Basilika St. Maurice, das Archäologische Museum, das Museum für alte und zeitgenössische Kunst und das Bilderbogenmuseum. Nicht weit von hier ist das Bollwerk von Uxegney zu bestaunen.

Über die „Wasserstadt" Vittel, die grüne Insel in einem außergewöhnlichen Naturgebiet, fahren wir nach **Contrexéville (8)**. Auch aus dieser Stadt ist das Thermalwasser weltberühmt.

90

Highlights
Lindau am Bodensee, Sennereien entlang der Westallgäuer Käsestraße; die Königsschlösser Neuschwanstein, Hohenschwangau und Schloss Linderhof; Garmisch-Partenkirchen mit der Zugspitze, Tegernsee, Schliersee mit Spitzingsee, Gletschergarten, Königssee und Watzmann.

Deutsche Alpenstraße, Spitzingstraße und Westallgäuer Käsestraße

Deutsche Alpenstraße
Diese herrliche Straße am Rande der nördlichen Alpen ist rund 400 km lang und führt durch eine vielfältige Landschaft, geprägt durch Voralpen und Hochalpen. Im Laufe der Jahrhunderte entstand hier eine reiche Kulturlandschaft, wo bayerisches Brauchtum gepflegt wird, das größtenteils religiösen Ursprungs ist. Hier erleben wir noch lustige Bauernhochzeiten, bunte Kirchweihen, große Fronleichnamszüge, hier sind Volksmusik, Zither- und Blasmusik zu Hause.

Wir beginnen unsere große Panoramatour in **Lindau (1)**, der schönen bayerischen Stadt am Bodensee mit dem milden Klima. Auf unserem weiteren Weg gelangen wir nach **Schei-**

degg (2). Wir bewundern die ständig wechselnden Aus- und Einblicke in die Landschaft und erreichen schon bald **Lindenberg (3)**. Weiter geht's über Weiler nach **Oberstaufen (4)**, dem einzigen Schroth-Kurort Deutschlands. Am Eingang zum Illertal passieren wir Immenstadt und kommen von hier nach **Hindelang (5)**, einem beliebten Kurort mit gepflegten Häusern und Grünanlagen. Ab hier empfiehlt sich ein niedriger Gang, denn auf dem folgenden rund 6 km langen Straßenstück müssen wir über 100 Kurven und Kehren bewältigen. In dem schönen und vielbesuchten Urlaubsort Nesselwang können wir uns in einem der vorzüglichen Gasthäuser stärken für die Weiterfahrt über Pfronten nach **Füssen (6)** mit dem Hohen Schloss. Von hier machen wir einen kurzen Abstecher zum Benediktiner-Kloster St. Mang und natürlich besichtigen wir die Königsschlösser Neuschwanstein und Hohenschwangau und Schloss Linderhof.

Bevor wir nach **Garmisch-Partenkirchen (7)** kommen, fahren wir über Steingaden mit der schönen Wieskirche und über Oberammergau, weltberühmt wegen seines Passionsspiels. Garmisch-Partenkirchen ist ein internationaler Wintersportort. Wir genießen hier vor der herrlichen Kulisse des Wettersteingebirges mit der Alp- und Zugspitze einen einmaligen Blick aufs Hochgebirge. Der Riessersee und die Partnachklamm mit ihren steilen Felswänden zählen zu den landschaftlichen Attraktionen dieses Gebietes. Über Mittenwald, berühmt als Ferienort und durch seinen Geigenbau, und den Sylvenstein-Stausee gelangen wir nach **Bad Tölz (8)**. Wenn wir auf den Abstecher nach Tölz verzichten, erreichen wir nach dem Stausee den Achsenpass. Von hier führt die Straße hinunter ins Tegernseer Tal und über Wildbad Kreuth nach **Tegernsee (9)**. Dieser Ort entwickelte sich im 8. Jh. aus einem Benediktiner-Kloster. Wir besichtigen die Klosterkirche mit den schönen Fresken und stärken uns danach im Bräustüberl im ehemaligen Kloster mit einer zünftigen Brotzeit und Herzoglich Bayerischem Tegernseer Bier.

Weiter geht's über Bad Wiessee und Gmund nach **Schliersee (10)**, einem schönen, beschaulichen Ort am gleichnamigen See. Über Oberaudorf und Aschau fahren wir nach **Ber-

Anfahrt
Die Orte entlang der Deutschen Alpenstraße sowie der Spitzingstraße und der Westallgäuer Käsestraße sind über die Autobahnen A 7, A 8, A 93, A 95 und A 96 zu erreichen. Entlang den drei Ferienstraßen gibt es zahlreiche beschilderte Rad- und Wanderwege sowie spezielle Wege für Mountainbike-Fahrer.

Tourist-Information
Arbeitsgemeinschaft
Deutsche Alpenstraße
Nördliche Hauptstraße 7
83700 Rottach-Egern
Tel. 0 80 22 / 92 73 70
Fax 0 80 22 / 9 27 37 50

Tourismusverband
Allgäu/Bayerisch-Schwaben
Fuggerstraße 9
86150 Augsburg
Tel. 08 21 / 3 33 35
Fax 08 21 / 3 83 31
www.btl.de/allgaeu-bayerisch-schwaben
E-Mail: tourismus@allgaeu-bayerisch-schwaben.btl.de

Gäste-Information Schliersee
Bahnhofstraße 11A
83727 Schliersee
Tel. 0 80 26 / 6 06 50
Fax 0 80 26 / 60 65 20
www.schliersee.de
www.spitzingsee.de
E-Mail: tourismus@schliersee.btl.de

Touristikverband Lindau-Westallgäu
Landratsamt Lindau
Stiftsplatz 4
88105 Lindau
Tel. 0 83 82 / 27 01 36
Fax 0 83 82 / 27 01
E-Mail: tourismus@landkreis-lindau.de

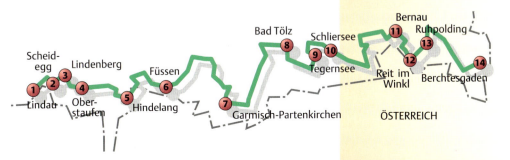

90

Feste und Veranstaltungen
Seefeste am Tegernsee im Juli; Hornschlittenrennen in Garmisch-Partenkirchen am Dreikönigstag; Kultursommer für alle am Ufer des Bodensees an den letzten zehn Tagen der Sommerferien in Baden-Württemberg; Ravensburg spielt im September; am Spitzingsee gibt's jedes Jahr im August das Sommer- und im Februar das Winterbergfest mit Skifasching am Faschingsdienstag auf der Unteren Firstalm; das Seefest findet am Schliersee von Ende Juli bis Anfang August statt. Entlang der Westallgäuer Käsestraße gibt es einmal im Jahr an einem Sonntag einen Radlwandertag mit anschließendem Stadtfest, anlässlich dieses Festes haben die Käsereien geöffnet.

Kulinarische Köstlichkeiten
Entlang der Alpenstraße werden Süßwasserfische aufs Köstlichste zubereitet; versuchen Sie auch das kräftige Bauernomelett, den echten oberbayerischen Schweinsbraten und die ofenfrische Kalbshaxe oder den Kirschbröselkuchen. Auf den bewirtschafteten Almen gibt's frischen Almkäse und Schmalznudeln. Die Spezialitäten entlang der Käsestraße heißen Kässpatzen, Käsesalat, Käserösti, Käsevesper mit Allgäuer Milch und Allgäuer Emmentaler, Obatzda (angemachter Käse), Käsesuppe, Käsespieß und Käseschnitzel, aber auch deftige Braten und würzige Krautgerichte erfreuen Gaumen und Magen.

nau (11) und machen einen Abstecher zum Chiemsee mit Schloss Herrenchiemsee und dem Benediktinerinnen-Kloster auf der Fraueninsel. Über Grassau kommen wir nach **Reit im Winkl (12)**, einem typischen Gebirgsdorf. Die Straße führt nun bergab nach **Ruhpolding (13)**, das ein Zentrum des bayerischen Tourismus ist. Auf unserem Weg zum Ziel passieren wir den Gletschergarten und fahren über Ramsau nach **Berchtesgaden (14)** mit Königssee und Watzmann (siehe hierzu auch die Beschreibung der *Deutschen Ferienroute Alpen – Ostsee*).

Spitzingstraße

Diese rund 6 km lange Straße ist Teil der *Deutschen Alpenstraße*. Sie führt von **Schliersee-Neuhaus (10)** hinauf zum Ortsteil Spitzingsee. Sehenswert ist neben der herrlichen Landschaft rund um den See die St.-Leonhard-Kirche in Fischhausen.

Westallgäuer Käsestraße

Die etwa 45 km lange Ferienstraße führt vorbei an Käsereien und Gasthöfen, die typische Allgäuer (Käse-)Spezialitäten anbieten. In fast allen Sennereien besteht die Möglichkeit, zuzusehen, „wie die Löcher in den Käse kommen". Die Tour beginnt in **Scheidegg (2)** und führt über Bremenried und Oberreute nach Hopfen und Harbatshofen. Dann geht es weiter über Grünenbach und Röthenbach nach **Lindenberg (3)**.

Blick auf den Spitzingsee mit Schlierseer Bergen.

Ortsregister (aufgeführt sind die Stationen der Ferienstraßen, die im Text nummeriert sind)

Aalen (BW) 120, 183, 186
Abtsroda 125
Abtswind 151
Achern 141
Adelberg 190
Adenau 93
Ahrenshoop 22
Ahrweiler 92
Albstadt (BW) 185, 193
Alfeld 37
Algenrodt 106
Alhausen 54
Allenbach (RP) 106
Alpirsbach 206
Alsbach (RP) 87
Alsfeld 40
Altena 82
Altenahr 92, 93
Altenkirchen (Westerwald) 80
Alzey 30
Amberg (Oberpfalz) 158, 171
Amelungsborn 58
Amorbach 145
Angermünde 66
Anklam 22
Annaberg-Buchholz 28, 73
Annweiler 140
Apen 43
Arendsee 60
Arnsberg 83
Arnsburg 118
Arnstadt 29, 165
Arras, Burg 95
Arzbach-Augst 117
Arzberg 169, 170
Asbacherhütte 106
Aschaffenburg 119, 128, 131, 151
Assel 16
Assenheim 91
Assmannshausen 113
Auen (RP) 105
Auerbach (Bergstraße) 147
Augsburg 179
Aulendorf 187

Bacharach 111
Bachem 92
Bad Bergzabern 30, 140, 143
Bad Berka 134
Bad Berleburg 85
Bad Berneck 170
Bad Bodendorf 91
Bad Boll 189
Bad Buchau 187
Bad Camberg 122
Bad Ditzenbach 186
Bad Driburg 54
Bad Dürkheim 30, 142
Bad Ems 89, 116, 117
Bad Essen 37, 47
Bad Frankenhausen 158
Bad Fredeburg 85
Bad Freienwalde 66
Bad Gandersheim 58
Bad Grönenbach 188
Bad Hersfeld 40
Bad Homburg v. d. Höhe 122
Bad Hönningen 117
Bad Iburg 47, 59
Bad Königshofen 177
Bad Kösen 70
Bad Köstritz 79
Bad Kreuznach 30, 104
Bad Laasphe 86
Bad Laer 47
Bad Langensalza 29
Bad Lauchstädt 134
Bad Mergentheim 178, 180, 182
Bad Münster-Ebernburg 104
Bad Neuenahr 91
Bad Oeynhausen 51, 138
Bad Orb 127
Bad Pyrmont 35
Bad Schönborn 142
Bad Schussenried 187
Bad Schwalbach 115
Bad Sobernheim 104
Bad Steben 155, 156
Bad Sulza 70
Bad Tölz 211
Bad Überkingen 186
Bad Urach 185, 186
Bad Vilbel 91
Bad Waldsee 187, 196
Bad Wildbad 202
Bad Wildungen 39
Bad Windsheim 149, 162
Bad Wörishofen 188
Bad Wurzach 187, 196, 197
Badbergen 45
Baden-Baden 141, 198, 203, 204
Baiersbronn 202
Balingen 193
Balve 82, 83
Bamberg 131, 174
Bärnau 168
Barßel 44
Bartholomä 190
Bauersberg 125
Baunach 177
Bayreuth 70, 160, 169
Beerfelden 146
Beilstein (BW) 90, 181
Bekond 101
Bendorf 117
Bensheim 144, 147
Berchtesgaden 25, 212
Bergen-Enkheim (Frankfurt am Main) 129
Berkenthin 32
Bernau (BB) 65, 211
Bernkastel-Kues 102
Bersenbrück 45
Bertradaburg 96
Beuron 193
Beuster 60
Beverungen 53
Biberach 184, 196, 197
Bickenbach 147
Biedenkopf 41, 88
Bingen 105, 149
Bischofsheim (HE) 129
Bischofsheim an der Rhön 125
Bissingen unter Teck 184
Bitburg 93
Bitche 141
Blankenhain 75
Blaubeuren 184
Bleckede 19
Böbingen 120
Bochum 49
Bockenau 105
Bockenem 38
Bockenheim a. d. Weinstraße 142
Boden (bei Montabaur) 87
Bodenwerder 137
Böhming 121
Boitzenburg 66
Bökendorf 55
Bollendorf 95
Boltenhagen 21
Bonn 80
Boppard 30, 109, 110
Borgentreich 53
Bornheim (Frankfurt a. Main) 129
Brackenheim 181
Brakel 54, 55
Bramsche 46, 59
Brandenburg (Havel) 28
Braubach 30
Braunfels 90
Braunschweig 38, 56
Bredstedt 12
Bregenz 197
Breisach 199, 209
Bremen 13, 14, 34, 138
Bremerhaven 12
Bremervörde 14
Brenkhausen 52
Breungeshain 123
Brockscheid 93
Bruchsal 142, 200
Bruchweiler 106
Brunsbüttel 12
Buchen (Odenwald) 119, 146
Büdingen 24, 123
Bühl (bei Baden-Baden) 141, 204
Bunde 14
Bundenbach 107
Bundenthal 139
Burg (SH) 13
Burgbernheim 175
Burghaslach 153, 154
Burgjoß 127
Burgsalach 121
Burgsponheim 105
Bürgstadt 145
Burladingen 185
Bürresheim 96
Butzbach 90, 118
Bützfleth 16

Calw 202
Campen (bei Krummhörn) 61
Celle 18, 24, 38
Cloppenburg 14
Coburg 166, 169
Cochem 95, 102
Colmar 209
Contrexéville 210
Corvey 53, 58
Coswig 68
Creglingen 178
Cuxhaven 12

Dahn 139, 141
Darmstadt 147
Dasburg 95
Daulgau 187
Daun 93, 96, 98
Deggendorf 132
Deidesheim 143
Delmenhorst 14
Demmin 22
Dernau 92
Dessau 28
Detmold 35
Dettelbach 150
Dettingen an der Erms 184
Detzem 101
Die 5 Sterne 153
Diesbar-Seußlitz 68
Diesdorf 62
Dinkelsbühl 24, 179
Dischingen 186, 190
Donauwörth 179
Donzdorf 190
Dörmbach 125
Dortmund 49
Dorum 12
Dresden 28, 67
Drochtersen 16
Dudeldorf 96
Duderstadt 38
Duisburg 50
Dürbheim 185

Eberbach, Kloster 114
Ebern 177
Ebersdorf (TH) 78
Eberswalde 66
Ebrach 153
Echzell 118
Eckartsberga 64, 134
Edenkoben 143
Egestorf 33
Eichstätt 24, 121
Einbeck 35, 37
Eining 121
Eisenach 29, 76, 134
Ellingen 121
Elmshorn 13
Elpersdorf 175
Eltmann 177
Eltville 114
Eltz, Burg 95
Emden 14
Emmelshausen 109
Endingen 199
Engerhafe 61
Engstingen 185
Ensch 101
Épinal 210
Eppenbrunn 140
Erbach i. Odenwald 24, 145
Erfurt 71, 76, 134
Erkertshofen 121
Erlangen 160
Erlensee-Rückingen 118
Ermsleben 63, 64
Erwitzen 55
Eschwege 40
Essen 48

Esslingen 182
Ettlingen 30, 142
Eyendorf 33

Faurndau 189
Fell 101
Feuchtwangen 179
Feudingen 86
Fichtelberg 170
Fichtenberg 194
Fischbach (bei Idar-Oberstein) 106
Fladungen 126
Flammersfeld 81
Fließem 96
Föhren 100
Forbach 205
Frankenberg, Schloß 150
Frankfurt am Main 91, 129, 130, 133
Frauenau 166
Freiberg (SN) 74
Freiburg (NI) 16
Freiburg im Breisgau 209
Freisen-Oberkirchen 99
Freudenberg (Main) 145
Freudenstadt 202, 206
Freyburg 69
Freyung 166
Friedberg (bei Augsburg) 179
Friedberg (HE) 30, 91
Friedrichshafen 196, 197
Friesoythe 14
Fritzlar 40
Fulda 30, 41, 134
Fürstenau 45
Fürth (Odenwald) 146
Furth im Wald 167
Furtwangen 208
Füssen 180, 211

Gaildorf 194
Garmisch-Partenkirchen 211
Gedern 30
Geiselwind 153
Geisenheim 113
Geislingen an der Steige 186, 191
Gelnhausen 41
Gelsenkirchen 50
Gemünden (RP) 108
Georgsmarienhütte 47
Gera 79
Gernrode 57
Gernsbach 205
Gerolstein 97
Gerolzhofen 150, 153
Gersfeld 125
Giengen an der Brenz 190
Gießen 88
Girkhausen 85
Glashütte (SN) 28
Glatt 192
Glückstadt 12
Gondorf 98
Göppingen 189
Gorleben 20
Goslar 28, 29, 38, 56
Gößweinstein 174
Göteldorf 176
Gotha 76, 134
Göttingen 24, 58, 136
Graben-Neudorf 200
Gräfenthal (TH) 75
Greetsiel 14
Greifenstein 90
Greifswald 22
Greiz 79
Groß Schönebeck 65
Groß-Ammensleben 57
Großbottwar 181
Großenbach (NW) 80
Großer Feldberg 122
Großerlach-Grab 120
Großkrotzenburg 118
Groß-Umstadt 42
Grötzingen 203
Grumbach 164
Grünberg (HE) 41
Grünstadt a. d. Weinstraße 142
Gschwend 194
Gunzenhausen 121
Guttenberg, Burg 173

Hagen (NW) 49, 83
Haguenau 141
Haigerloch 192
Halberstadt 28, 57
Halle (Saale) 64
Hallgarten 114
Halsheim 121
Halver 82
Hamburg 13, 17
Hameln 35, 59, 138
Hamm 49, 80
Hammelburg 152
Hanau am Main118, 130, 133, 135
Hannover 18
Hannoversch Münden 35, 40, 58
Harburg (bei Nördlingen) 179
Hardheim 146
Haßfurt 153, 176
Hattenheim 114
Hattingen (NW) 50
Hauenstein (RP) 139
Hechingen 192
Heide (SH) 12, 13
Heidelberg 148, 172
Heidenheim a. d. Brenz 186, 190
Heilbronn 173, 180
Heiligenstadt (TH) 136
Heimersheim 91
Helmbrechts 155
Helmstedt 57
Heppenheim 146, 147
Herborn 90
Herbrechtingen 190
Herbstein 124
Hermeskeil 109
Herrstein 106
Herscheid 82
Hesseneck 146
Hessenpark 122
Hildesheim 56
Hille 51
Hillscheid 88, 117
Himmerod 96
Hindelang 211
Hinterweidenthal 139
Hinterzarten 208
Hirschaid 166
Hirschau 168
Hirschberg (TH) 78
Hirschhorn 172
Hitzacker 20, 37
Hochheim am Main 41, 115
Hochstadt (Maintal) 129
Hochstetten-Dhaun 108
Hof (Franken) 156, 160, 169
Hofheim in Unterfranken 176
Hohenfels, Schloss 193
Hohenrechberg, Burg 190
Hohensolms 90
Hohenstaufen 191
Hohenstein-Bernloch 184
Hohenwepel 53
Hoher Berg 128
Höhr-Grenzhausen 87
Hollern-Twielenfleth 15
Holm-Seppensen 33
Holte-Bissendorf 59
Holzhausen (bei Porta Westfalica) 52
Holzhausen an der Haide 116, 117
Holzminden 37
Homberg/Efze 24
Hornbek 31
Hornburg 38
Hösbach 128
Hove 15
Höxter 35, 53, 54, 58, 137
Hoya 34
Hügelsheim 201
Hüllhorst 51
Hungen 91
Husum 12
Huysburg 63

Idar-Oberstein 106
Ilbeshausen 124
Ilmenau 77
Ilsenburg 63
Ingelfingen 180
Ingelheim 149
Iphofen 151
Ippesheim 150, 176
Iserlohn 83
Isny 196
Itzehoe 13
Itzwörden 16

Jagsthausen 120
Jena 77
Jerichow 62
Joachimsthal 65
Johannisberg (Rheingau) 114
Jork 14, 15

Kallmünz 171
Kamp-Bornhofen 113
Kapersburg 118
Kappelrodeck 199
Karlsruhe 30, 142, 201
Karlstadt 152
Kassel 35, 136, 137
Kasselburg 96, 97
Kaub 112
Kehdingen 16
Kell am See 109
Kempfeld 106
Kempten 198
Kenn 100
Kesselstadt (Hanau) 130
Kipfenberg 121
Kirchberg (Hunsrück) 109
Kirn 108
Kirschweiler 106
Kißlegg 196, 198
Kitzingen 151, 152
Kleindeinbach-Rotenbachtal 120
Kleiner Feldberg 117
Kleinsassen 125
Klingenberg am Main 151
Kloster Gröningen 63
Klosterreichenbach 206
Klotten 98
Klüsserath 101
Kniebis 205
Knittlingen 183
Koblenz 103 109
Königsberg in Bayern 176
Königslutter 57
Königstein (BY) 171
Königstein (HE) 122
Königstein/Elbe 71
Könnern 28
Konstanz 197
Konz 102, 103
Köwerich 101
Kraichtal 142
Kressbronn 197
Kreuzwertheim 151
Kreve 60
Kronach 155, 156, 158, 169
Kronberg (HE) 91
Kronberg 122
Kröv 102
Kühlungsborn 21
Kulmbach 158
Kyllburg 96

Lahnhof 88
Lahnstein 89, 116
Lahr (BW) 199
Lam 167
Landau in der Pfalz 142, 143
Landsberg am Lech 179
Langenargen 196
Langenselbold 123
Lanzenhain 124
Laubach 90
Laucha 69
Lauda-Königshofen 178
Lauenburg 19, 31
Lauffen 181
Lauscha 165
Lauterbach (HE) 124
Lautertal (Odenwald) 145
Lautertal (Vogelsberg) 124
Layen, Burg 105
Le Tholy 210
Leer 14, 44
Lehesten 164
Leibertingen 193
Leimen 148
Leipzig 71, 134
Leiwen 101
Lemberg 140
Leutenberg 163
Lich 90
Lichtenstein-Honau 184
Limburg 30, 41, 89
Lindau am Bodensee 210
Lindenberg (Allgäu) 211, 212
Lindenfels 145
Linkenheim-Hochstetten 200
Loburg 63
Longen 101
Longuich 101
Lorch (BW) 120, 183, 190
Lorch am Rhein 113
Lorchhausen 113
Loreley 112
Lörrach 199
Lorsch 144
Lübbecke 51
Lübeck 17, 21, 23, 32
Lüdenscheid 82

Ludwigsburg (BW) 156, 158, 162, 169, 181
Lug (RP) 139
Lüneburg 18, 24, 31
Lychen 65

Magdeburg 62, 63
Mainhardt 120, 194
Mainz 149
Malchin 26
Malchow 26
Mannheim 172, 203
Marbach am Neckar 181, 183
Marburg 88, 135
Marienberg (SN) 28, 73
Marienmünster 54
Marienthal (Ahr) 92
Markberg 127
Markt Nordheim 150
Marktheidenfeld 151
Marktredwitz 169
Marl 49
Marsberg 84
Martinstein 105
Marx 61
Mayen 96
Mayschoß 92
Medebach 84
Meersburg 184, 197
Mehring 101
Meinerzhagen 81
Meiningen (TH) 29, 30, 70, 77
Meißen (NW) 51, 52
Meißen (SN) 28, 68, 71
Meldorf 12
Melle 47
Melle-Oldendorf 59
Menden (Märkischer Kreis) 83
Merseburg 64, 71
Merzalben 140
Merzig 103
Meßkirch 197
Meßstetten 185
Mettlach 99
Metzingen 182
Michaelstein 63
Michelbach 151
Michelstadt 42, 145
Miltenberg 42, 119,145, 151
Minden 34, 35, 51
Mölln 18, 31
Mönchsondheim 176
Mönchsroth 121
Monreal 96
Monzingen 105
Moormerland 44
Morbach (Hunsrück) 109
Mossautal 146
Mühlhausen (TH) 39
Mülheim an der Ruhr 50
Müllheim (BW) 199
Mummelsee 205
Münchsteinach 154
Münsingen 184
Munster 210
Münzenberg 90
Murrhardt 120, 194

Nachrodt-Wiblingwerde 83
Nackenheim 149
Nagold 202
Naila 155, 156
Nassau 116
Nattheim 186
Naumburg (Saale) 64, 69, 134
Naurath 100
Nebra 68
Neckarsulm 180
Nennig 99, 102
Neresheim 186
Netphen 80
Neuenheerse 53
Neuenkirchen i. Oldenburg 46
Neuerburg 96
Neuhäusel 88, 89
Neumagen-Dhron 102
Neustadt am Rübenberge 34
Neustadt an der Aisch . . 150, 154, 161
Neustadt an der Waldnaab . . . 168
Neustadt an der Weinstraße . . 30, 142, 143
Neustadt-Titisee 207, 209
Neuwied 81, 117
Niebüll 12
Niederbronn-les-Bains 141
Niederburg 96
Niederhausen (Nahe) 104
Niederstotzingen 190
Nieheim 55
Nienburg (NI) 28, 34, 36, 64
Nohfelden 99
Nonnweiler 99
Nordhalben 156
Nördlingen im Ries 179, 186
Northeim 58
Nürburg 96
Nürburgring 93
Nürnberg 131, 161, 168, 173
Nürtingen 184

Oberburg 96
Oberdachstetten 175
Oberelsbach 125
Oberhausen (bei Kirn) 108
Oberhausen (Nahe) 104
Oberhausen (NW) 50
Oberkirchen (Sauerland) 85
Obernburg (Main) 119
Oberstaufen 211
Oberursel 122
Oberwesel 111
Ochsenfurt 152
Oderberg 66
Odernheim 104
Oestrich-Winkel 114
Offenbach am Main 130, 133
Öhringen 120, 180
Oldenburg i. Oldenburg 14
Oppendorf 51
Oppenheim 149
Orscholz 99
Osnabrück 46, 47, 59
Osterburken 119
Ostercappeln 47
Osterholz-Scharmbeck 14
Ottobeuren 188

Paderborn 35
Papenburg 14, 44
Passau 132, 158, 166
Patersberg 112
Pegnitz 171
Perl 99, 102
Peterberg 100
Petershagen 51
Pforzheim 202, 203
Pfünz 121
Pirmasens 140
Pirna 67
Plaue 75
Plauen 29
Plettenberg 82
Plön 17
Pohlheim 118
Pölich 101
Pömbsen 55
Poppenhausen 125
Poppenstruth 124
Porta Westfalica 51, 52
Prenzlau 66
Preußisch Oldendorf 51
Prüm 96
Puderbach 86
Puttgarden 23
Pyrmont, Burg 95

Quakenbrück 45
Quedlinburg 38, 57

Radebeul 67
Rahden 51
Rainau 120
Randersacker 152
Ransbach-Baumbach 87
Rastatt 141, 201, 205
Ratzeburg 17, 32
Raumland 86
Rech 92
Recklinghausen 49
Regensburg 121, 131, 171
Reichelsheim (Odenwald). 42, 145
Reichenbach (TH) 75
Reichenberg (RP) 112
Reilingen 200
Reinhardsachsen 119
Reit im Winkl 212
Reutlingen 184
Rhaunen 109
Rheder 54
Rheinbrohl 117
Rheindiebach 111
Rheinsberg 26
Rhens 110
Ribnitz-Damgarten 22
Riebau 60
Riedlingen 196
Riol 101
Rittersdorf 96
Rohrberg 62
Ronneburg 123
Rostock 21
Rotenburg an der Fulda 40
Roth an der Our 93, 95
Rothenburg ob der Tauber . . . 178
Röttingen 178
Rottweil 208
Rüdesheim 113
Rudolphstein 156
Rudolstadt 29, 75, 77, 158
Ruhpolding 212
Rumbach 139

Saalburg 117
Saalfeld (Saale) 29, 75
Saarburg 103, 109
Sababurg 137
Sachsenhausen (Frankfurt am Main) 128
Sahrendorf 33
Salzhausen (NI) 33
Salzwedel 37, 60
Sassenhausen 87
Satzvey 96
Sauerthal 112
Saverne 141
Schauenburg 136
Schauren 106
Scheibe-Alsbach 75
Scheidegg 210, 212
Scheiden 99
Scheinfeld 154
Scherzheim 201
Schillingsfürst 178
Schlangenbad 115
Schleich 101
Schleiz 79
Schliersee 211
Schliersee-Neuhaus 212
Schlitz 41
Schlüchtern 135
Schlüsselburg 51
Schlüsselfeld 153
Schmalkalden 39
Schmitten 122
Schnackenburg 20
Schönecken 96
Schongau 179
Schöningen 57
Schortens-Sillenstede 60
Schotten 123
Schramberg 208
Schriesheim 148
Schwäbisch Gmünd 120, 190
Schwäbisch Hall 173
Schwalmstadt 40, 136
Schwangau 180
Schwarzenbach (Franken) 156
Schwedt 66
Schweich 100
Schweigen 144
Schweigen-Rechtenbach 140
Schwetzingen 200
Seckbach (Frankfurt am Main) 129
Seeheim-Jugenheim 147
Seitenroda 75
Selb 169
Seligenstadt 42, 118, 131
Sellin 26
Senheim 95
Serrig 103
Siedlinghausen 85
Siegburg 80
Siegen 80
Sigmaringen 193
Simmertal 108
Solms 90
Sonneberg 165
Sonnenbühl 185
Spechtsbrunn 162
Speyer 142, 148
Sprötze 33
St. Gallen 197
St. Goar 111
St. Goarshausen 112
St. Märgen 208
St. Wendel 100
Stade 14, 15, 17, 36
Stadthagen 35
Stadtlauringen 177
Stadtsteinach 155
Staffelstein 169
Stapelmoor 61
Staßfurt 28
Steinach (TH) 162
Steinalben 140

Steinau an der Straße . . . 127, 135	Travemünde 17	Wallerstein 179
Steingaden 180	Trebur 42	Wallhausen (RP) 105
Steinheim (Hanau) 130	Trechtingshausen 111	Walporzheim 92
Steinkirchen (NI) 15	Trendelburg 39	Waltershausen 165
Steinwand 125	Trier 102	Waltrop 49
Stockstadt am Main 119	Trochtelfingen 193	Warstein 84
Stolberg (ST) 39	Troisdorf 80	Wäschenbeuren 190
Stralsund 22, 26	Trossingen 185	Wasserburg am Inn 25
Strasbourg 141	Tübingen 183	Weener 14
Stuttgart 183	Tuttlingen 185	Wegscheide 127
Süderlügum 12		Weiden (Oberpfalz) 167, 168,
Sugenheim 150, 154	Überlingen 197	169
Sulzbach/Murr 194	Uehlfeld 161	Weidenhausen 86
Sulzbach-Laufen 194	Uelzen-Oldenstadt 60	Weikersheim 178, 180
Sulzbach-Rosenberg 168, 171	Uffenheim 150, 154	Weilerbach 95
Sulzfeld am Main 152	Ulm 195	Weilrod 122
Süßen 191	Undeloh 33	Weiltingen 121
	Unna 49	Weimar 71, 76, 134, 158
Tauberbischofsheim 146, 178	Untergröningen 194	Weingarten 196
Tauberrettersheim 152	Uslar 35	Weinheim (Bergstraße) 147
Tauberscheckenbach 150		Weinsberg 180, 183
Tauberzell 150	Veitshöchheim 151	Weinstadt 182
Tegernsee 211	Verden 34, 138	Weisel 112
Templin 65	Villingen-Schwenningen 207	Weiskirchen-Rappweiler 99
Tettens 61	Volkach 151	Weißenburg 121
Teuschnitz 156	Voltlage 46	Weißenfels 134
Thalfang 109		Wellmich 113
Theilenhofen 121	Wachenbuchen 129	Welzheim 120, 194
Theuern 171	Waiblingen 182	Wertheim 131, 145
Thorn 102	Walbeck 62	Wesel (NI) 33
Thörnich 101	Waldfisch-Burgalben 140	Wetzlar 41, 88, 90
Tilleda 64	Waldkirch 208	Weyerbusch 80
Tobertitz 29	Walkenried 57	Wicker 115
Todtenhausen 51	Walldürn 119, 146	Wiebelsheim 176
Torgau 28	Wallenfels 156	Wies (bei Steingaden) 180
Traben-Trarbach 102	Wallenhorst 59	Wiesbaden 115

Wiesen (Spessart) 128
Wiesensteig 186
Wiesloch 148, 203
Wiesmoor 43
Wilhelmsbad (Hanau) 130
Wilhelmshaven 14
Willebadessen 53
Willingen 84
Windischeschenbach 169
Winterberg (Sauerland) . . . 84, 85
Winterfeld 60
Wirges 87
Wischhafen 12, 16
Wismar 21
Wissembourg 141
Wissinghausen 85
Witten 49
Wittenberg 28, 71
Wittmund 14
Wolfenbüttel 38
Wölfesheim 91
Wormeln 53
Worms 144, 149
Wunstorf 59
Würzburg 131, 145, 150, 151,
152, 178
Wüstenrot 195
Zeitz 64
Zell an der Mosel 102
Ziegenrück 29
Zierenberg 39
Zirndorf 166
Zwickau 73
Zwiefalten 196
Zwingenberg 147

Bildnachweis

Einbandvorderseite: Mauritius, Mittenwald/Mehlig; Einbandrückseite: Beckmann/Fremdenverkehrsverband Osnabrücker Land; Seite 1: Stefan Wiener; 2/3: TG Neckar-Hohenlohe-Schwäbischer Wald; 5: Fremdenverkehrsverband Lüneburger Heide; 12: Foto: Kurverwaltung Cuxhaven; 15: Stade Tourismus; 18: Fremdenverkehrsverband Lüneburger Heide; 19/20: Fotos: Verkehrsverein Elbtalaue, Bleckede; 21: Hanjo Volster, Wismar; 22: Erhard Pansegrau, Berlin; 25: Wolfgang Freimark/Berchtesgadener Land; 26: Deutsche Alleenstraße e.V.; 29: MEV; 30: Stefan Wiener; 32: Tourismusverband Alte Salzstraße; 33: Urlaubsland Romantische Heide, Hanstedt; 34: Archiv FVV, Hameln; 36: Verkehrsamt Wetzlar; 38-42: Deutsche Fachwerkstraße; 44: Archiv Südliches Ostfriesland; 45: Fremdenverkehrsverband Osnabrücker Land; 47: Beckmann/Fremden-verkehrsverband Osnabrücker Land; 48: Peter Liedtke/KVR; 51: Atelier Pfleiderer, Minden; 53, 55: Hruners, Corveyer Land Touristik, Höxter; 56: Rudolf Uthoff/FVG Elm-Lappwald; 58: Romanik Agentur Niedersachsen; 61-64: TV Sachsen-Anhalt; 66: Gesellschaft zur Erforschung und Förderung der Märkischen Eiszeitstraße, Eberswalde; 67: Lehmann's Seuplitzer Weinstuben; 69: FVG Saale-Unstrut-Elster, Freyburg; 70: Volkmar Hesse/Fürstenstraße der Wettiner; 72: Fürstenstraße der Wettiner; 73: Archiv Silberstraße; 74: H. P. Wolf/Thüringer Porzellanstraße e.V.; 76: THLFV/P. Brix; 78: Reußische Fürstenstraße, Mohlsdorf; 80: Westerwald-Touristik; 83: Märkischer Kreis; 84/85: Deutsche Spielzeugstraße e.V.; 86: Verkehrs- und Heimatverein Girkhausen; 89: Westerwald Gäste-Service; 90: Stadtverwaltung Lich; 92,94: Touristik-Service, Bad Neuenahr-Ahrweiler; 96: Klaus Tiepelmann; 98: Vulkaneifel Touristik; 100: Naturpark Saar-Hunsrück Informationszentrum; 101: Römische Weinstraße; 103: Tourist-Information Verbandsgemeinde Schweich; 104: Martin Kämper; 106: Verbandsgemeindeverwaltung Herrstein; 108: Martin Kämper; 110: Rhein-Touristik im Tal der Loreley; 112: Verkehrsverein Loreley-Burgenstraße; 114: Stefan Wiener; 116: Hessisches Staatsbad Schlangenbad; 119: Verkehrsamt Bad Homburg; 120/121: Verein Deutsche Limes-Straße; 123: S. Raal; 126: Fremdenverkehrsverband Rhön e.V.; 128: S. Raal; 129-137: Stefan Wiener; 138: Günter Wendel/Tourist-Information Südwestpfalz; 141: Foto: C. Fleith, vis-à-vis; 144: Gert Zorn/Südl. Weinstraße; 146: Arge Nibelungen-Siegfried-Straße; 148: Stefan Wiener; 150: Tourist-Information Steigerwald; 152: Stefan Wiener; 154: FV Ebrach; 156: Die Porzellanstraße, Selb; 157: DDM, Neuenmarkt; 159: Stefan Wiener; 160: Erhard Pansegrau; 163: Fremdenverkehrsverband Thüringer Schiefergebirge; 164: König/Fremdenverkehrsverband Thüringer Schiefergebirge – Obere Saale; 165: Deutsche Spielzeugstraße e.V.; 167: Tourismusverband Ostbayern; 168: Kiedrowski; 170: Die Porzellanstraße; 171: FVV Ostbayern; 173: Die Burgenstraße; 175: Amt für Kultur und Touristik, Ansbach; 177-182: Stefan Wiener; 184: Jochen Keute; 186: Touristik-Gemeinschaft Schwäbische Alb; 188: Städtisches Kur- und Verkehrsamt; 191: FVG Stauferland; 192: Touristik-Gemeinschaft Schwäbische Alb; 195: Touristikgemeinschaft Neckar-Hohenlohe-Schwäbische Alb; 199: Kaiserstuhl-Tuniberg-Info, Breisach; 201: Bürgermeisteramt Reutlingen; 204: Touristik Nördlicher Schwarzwald; 206: Gebietsgemeinschaft Nördlicher Schwarzwald; 207: Deutsche Uhrenstraße, Villingen-Schwenigen; 209: Christopher Meyer/Tourismus Südlicher Schwarzwald; 212: Artur Laun/Gäste-Information, Schliersee.